KB239478

포스트PC의 주역

정보가전과 무선인터넷

Information Appliances & Mobile Internet

가림M&B

포스트PC의 주역

정보가전과 무선인터넷

김광희 지음

가림 M&B

포스트 PC의 주역
정보가전과 무선인터넷

2001년 10월 10일 제1판 1쇄 발행
2002년 10월 15일 제1판 2쇄 발행

지은이/김광희
펴낸이/강선희
펴낸곳/가림M&B

등록/1999. 1. 18. 제5-89호
주소/서울시 광진구 구의동 57-71 부원빌딩 4층
대표전화/458-6451   팩스/458-6450
홈페이지 http://www.galim.co.kr
e-mail galim@galim.co.kr

값 12,000원

ⓒ 김광희, 2001

ISBN 89-89107-21-0 13320

가림출판사 · 가림M&B · 가림Let's의 홈페이지(http://www.galim.co.kr)에
들어오시면 가림출판사 · 가림M&B · 가림Let's의 신간도서 및 출간 예정 도서
를 포함한 모든 책들을 만나실 수 있습니다.
온라인 서점을 통하여 직접 도서 구입도 하실 수 있으며 가림 홈페이지 내에서
전국 대형 서점들의 사이트에 링크하시어 종합 신간 안내 및 각종 도서 정보,
책과 관련된 문화 정보를 받아보실 수 있습니다.
또한 홈페이지 방문시 회원으로 가입하시면 신간 안내 자료를 보내드립니다.

머리말

당신은 현자(賢者)인가?

세계적 권위의 기술미래학자 제임스 캔턴(James Canton)은 그의 저서 "TECHNOFUTURE(1999)"에서 기존 「적자생존」(Survival of the Fittest)의 논리를 21세기로 연장하여 해석한다면, 21세기의 적자(適者)는 미래를 내다보고 대비하는 현자(賢者)가 될 것이다"라고 지적하였다.

인간이 동물과 다른 점은 미래를 예측하고 그에 대비하는 능력이며 이는 21세기에 가장 필요한 경쟁력이라는 것이다. 즉, 치열한 경쟁 환경 아래 생존하기 위해서는 무엇보다 앞으로 다가올 미래를 내다볼 수 있는 능력을 갖추어야 한다는 「현자생존」(Survival of the Smartest)을 가리키고 있는 것이다.

세상이 바뀌고 있다. 그것도 엄청난 스피드로…!

미국 법무부는 지난 9월 초 마이크로 소프트(MS)사를 두 개로 분할하려는 노력을 중단하고, MS가 자사의 인터넷 브라우저와 윈도 운영체제를 불공정하게 묶어 판매한 데 대한 소송도 포기하겠다고 밝혔다. 이로 인해 MS의 기업 분할 위험은 사라지게 되었다.

그러나 이번 판결에서 주목해야 할 것은, MS의 독점금지 혐의가 없다는 것이 아니라, 가까운 장래에 해소될 가능성이 훨씬 컸기 때문에 내려진 판결이기도 하여 MS가 마냥 즐거워할 일만은 아닌 듯 싶다.

재판이 시작된 1998년 당시, MS의 PC용 운영체제(OS), 「Windows」의 시장 점유율은 90%를 넘어, PC와 소프트웨어 각 사에 엄청난 영향력을 행사하고 있었다. IT(Information Technology) 산업의 원동력이라고도 할 수 있는 자국기업 MS를 사법부가 굳이 제소하게 된 경위는 다음의 2가지 목적 때문이다.

하나는 OS의 독점력을 남용하여 강력한 상술로 활용, 라이벌 제품을 배제하였다는 점이고, 또 하나는 OS에 인터넷 접속기능 등의 통합이었다. 당시 PC는 정보 기기의 중심적 존재로 그 기술의 근간을 쥐고 있었던 기업은 MS였다. 사법부는 MS가 OS를 핵으로 인터넷과 미디어, 컨텐츠 등 차세대 유력 산업을 계속적으로 지배하는 것을 우려하였다.

그러나 현실은 재판을 뛰어넘는 속도로 인터넷이 보급되고 있으며, 그로 인해 MS의 독점구도는 서서히 붕괴되고 있다. 그 배경에는 휴대전화와 휴대정보단말기(PDA) 등의 모바일 기기, 컴퓨터와 가전을 융합한 정보가전 등의 대두가 그것이다. 미국 인터넷 접속 기기에 차지하는 PC 비율은 2000년 90%에서 2004년에는 60%까지 떨어질 것으로 예상됨에 따라, 탈(脫) PC의 움직임이 가속화되고 있다.

이제 더 이상 PC가 IT 산업의 주역은 아니다. IT 산업의 견인차는 네트워크 기기 등 기업의 정보 시스템, 모바일 기기, 정보가전 등으로 시프트함으로써 MS의 독점에 따른 시장 위협은 그 힘을 잃게 된 것이다.

이제 포스트(Post) PC 시대를 준비하자!

이 책에서는 근래 포스트 PC의 주역으로 급부상하고 있는 정보가전(Information Appliances)과 무선인터넷(Mobile Internet), 그리고 이를 구현하기 위한 관련 테크놀러지(Technology)를 체계적으로 소개함으로써 독자에게 21세기 현자(賢者)가 되기 위한 지침을 제공하고 있다.

끝으로 출판 기회를 주신 가림출판사의 강선희 사장님과 장연수 국장님, 이선희 과장님 그리고 직원 여러분들에게 진심으로 감사의 마음을 전하고 싶다. 그리고 가정과 교직 생활을 충실히 양립하고 있는 사랑하는 아내(연미)와 공유할 시간을 갖지 못해 늘 미안한 아들(대한)에게 이 자리를 빌어 고마움을 전하고 싶다.

2001년 9월

상리 14번지 연구실에서

김 광 희

Contents

로봇가전(Robot Appliances)   *3*

홈 네트워킹(Home Networking)   *4*

5 블루투스(Bluetooth)

6 IPv6(Internet Protocol Version 6)

제 2 부 무선인터넷 혁명

IMT-2000 (3G) (Third Generation)　1

2 4세대(Fourth Generation)

3 자바(Java)

4 m-커머스(m-commerce)

Information Appliances
Mobile Internet

제 1 부
정보가전 혁명

Information Appliances
정보가전

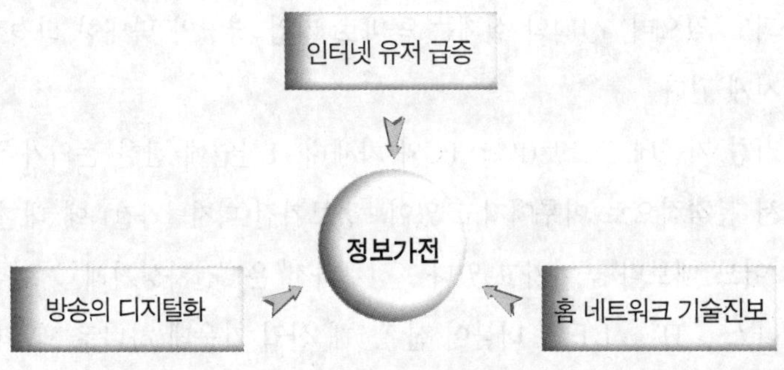

　가전과 인터넷이 결합된 정보가전산업은 이미 21세기를 주도할 산업 (Leading Industry)의 가장 유력한 후보 가운데 하나로 거론되고 있다. 여기에는 디지털 기술과 네트워크 기술의 진보가 그 배경이 되고 있음은 두말할 여지도 없으나, 동시에 급속한 인터넷의 가정 내 보급과 e-비즈니스 시장의 확대 등 시장 측면에서 보아도 정보가전 비즈니스는 본격적인 단계로 진입하고 있다고 하겠다.

포스트 PC의 주역

전세계 IT(Information Technology) 업계를 둘러싸고 차세대 기술 확보 경쟁이 어느 때보다 치열하다. 하루가 다르게 변하는 IT분야에서 차세대 유망제품 기술의 확보 여부가 기업의 생사와 직결된다. 그로 인해 어떤 기술과 제품이 잠재성을 가지고 있는지를 예견할 수 있는 판단력이 한층 요구되고 있으며, 선택의 실패는 곧바로 기업 경영의 막대한 타격으로 이어지게 된다.

이러한 가운데 포스트(Post) PC와 차세대 IT산업에 관한 논의가 국내 외에서 본격적으로 이루어지고 있어 「정보가전(디지털가전)」에 대한 관심이 어느 때보다 높아가고 있다. "정보가전"은 '전자상거래', '컨텐츠 비즈니스', 'IT', 'BT'와 더불어 신흥 5대 산업 가운데 하나로 제2의 가전혁명을 촉발시킬 수 있는 태풍의 눈으로 급속히 부각되고 있다.

이른 아침 냉장고에 남아 있는 음식물의 종류와 갯수, 유효기간을 정확히 파악하고 있는 주부는 얼마나 될까? 체중과 체지방률의 수치를 자동적으로 집계해주며 아울러 진단과 처방까지 내려주는 장치가 가정 내에 설치되어 있다면 가족의 건강관리는 한층 수월해질 것이다.

1주간 분량의 텔레비전 방송을 전부 녹화하여 두었다가 휴일에 좋아하는 "대하드라마"나 "코미디" 프로그램만 집어내어 볼 수 있다면 지금까지의 녹화예약과 같은 번거로운 작업은 사라지게 될 것이다.

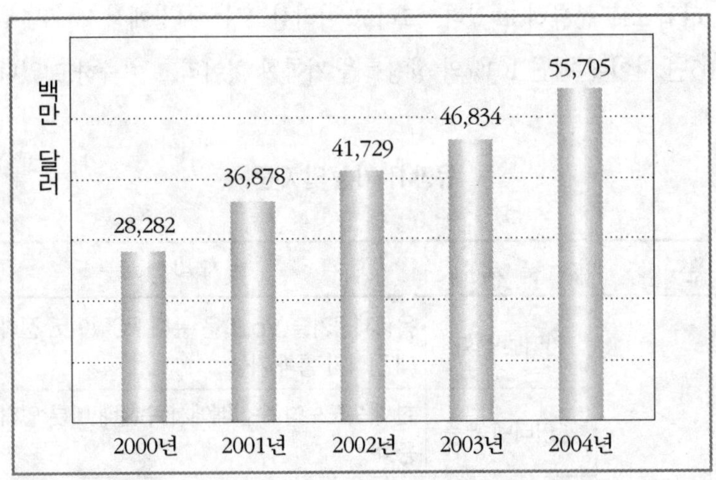

참조) 2001년 이후는 전망치.
출전) 삼성경제연구소.

각 가정의 디지털화가 급속히 진전됨으로써 거의 모든 전자 기기가 인터넷에 접속하여 IP(Internet Protocol)를 부여받고 상호간에 정보를 교환하는 시대가 다가오고 있다. 냉장고 그 자체가 스스로 안에 들어있는 내용물을 관리하고, 부족한 음료수나 식료품을 자동으로 주문하거나, 세탁기가 내용물의 특성을 스스로 파악하고서 물의 온도와 세제량을 컨트롤하는 것도 이제 더 이상 SF 영화 속에서나 나올법한 얘기가 아니다. 이것을 가능케 하는 정보가전의 대부분은 이미 실용화 단계에 진입하고 있다.

"Cahners In-Stat Group"에 따르면, 정보가전의 출하대수는 2005년까지 2,000만대를 넘을 것으로 예측하고 있다. 그러면서 정보가전을 3개의 세그먼트로 분류하고 있는데, 그 하나는 라디오와 아날로그 텔레비전 등의 가전에 인터넷 기능을 탑재한 타입, 또 하나는 인터넷 접속이 가능한 냉장고 등의 대형 가전제품 타입, 마지막 하나는 e-메일에 특화한 기기 타입으로 분류하고 있다. 그리고 이러한 모든 시장에서 2000년부터 2005년 사이에 매년 101%의 성장률을 기록할 것이라고 예측하고 있다.

◇ 유망 IT 기술 및 제품 ◇

분 야	품 목	발전 방향
차세대 인터넷 기술	인터넷 전화	음성제공기술(VoIP)을 통해 PC없이도 전화기 대 전화기 통화 가능
	광인터넷 제품	현재 속도보다 수십배에서 수천배 빠른 인터넷 등장
	네트워크 정보가전	인터넷으로 집안의 모든 가전제품을 통합 제어
	정보보호 시스템	인터넷에서의 개인정보 및 거래내역 유출 완벽하게 방지
	전자화폐	온라인 거래는 물론 교통카드 · 결제카드로 사용가능한 스마트카드로 진화
무선통신	IMT-2000	화상전화는 물론 동영상 · 교통정보서비스 등 다양한 멀티미디어 부가서비스 채택이 가능하도록 기술발전
	광대역 무선전송 제품	무선을 통해 동영상 · 음성 · 온라인 쇼핑
	이동통신단말기	현재 데스크톱 PC 수준의 성능으로 진화 예정
소프트웨어	3D 애니메이션 및 게임엔진	디지털 사진 수준의 3차원 그래픽 및 입체음향의 게임과 애니메이션
	가상현실기술	3차원 영상인식 기반의 가상 환경기술 및 제품

기초기술	생체측정시스템	홍체인식 · 얼굴인식에서 혈관 · DNA 인식 등으로 확대
	음성처리시스템	컴퓨터와 사용자 음성간의 100% 완벽한 연결 가능
기 타	디지털 TV · 위성제품	고화질 · 고음질의 TV를 보면서 인터넷 이용이 가능. 위성방송으로 다양한 쌍방향 컨텐츠 제공
	GPS이용 교통정보제품	위성을 이용하여 지능형 교통시스템 · 자동항법장치 개발 가능
	기록가능 DVD	현재보다 화질 · 음질이 좋으면서 기록 · 재생이 자유로운 제품 등장. 플레이어는 속도 수십배 증가

출전) 중앙일보〔2001. 3. 26〕.

2 정보가전이란?

새로운 밀레니엄의 개막과 더불어 「인터넷 가전」(Internet Appliances) 또는 「디지털 가전」(Digital Appliances), 「정보가전」(Information Appliances)이라 불리는 새로운 IT혁명이 눈앞에 전개되고 있다.

　정보가전산업은 이미 우리나라 21세기를 주도할 산업(Leading Industry)의 가장 유력한 후보 가운데 하나로 거론되고 있다. 여기에는 디지털 기술과 네트워크 기술 진보가 그 배경이 되고 있음은 두말할 여지도 없지만, 동시에 급속한 인터넷의 가정 내 보급과 e-비즈니스 시장 확대 등 시장 측면에서 보아도 정보가전 비즈니스는 본격적인 단계로 진입하고 있다고 보여진다.

　정보가전 구상은 현재 해외 선진 가전 메이커(특히, 일본 메이커)들을 주축으로 실용화 직전 단계까지 와있으며, 일부 정보가전은 이미 실용화되고 있다. 최근에는 국내에서도 LG전자 등을 중심으로 가전 메이커들이 실용화에 힘쓰고 있다.

　그럼 정보가전이란 구체적으로 무엇을 가리키는가?

　필자는 정보가전의 개념을 다음과 같이 정의하고자 한다. 아날로그 가전의 성숙화와 디지털 가전의 등장, 가정 내 PC 보급과 성능 향상, 그리고 인터넷을 비롯한 정보통신 인프라스트럭처 확대와 같은 근래 움직임 가운데 가전제품과 컴퓨터, 통신기기가 점차 단체(單體)로 수렴되고 있다. 즉, 가전제품과 같이 사용하기 편리하면서도 통신 기능을 갖추고 나아가 PC와 같이 디지털 정보를 초고속으로 처리할 수 있는 새로운 가정용 기기가 출현하고 있다. 이 새로운 가정용 기기가 다름 아닌 「정보가전」(Information Appliances)인 것이다.

　바꾸어 말해, 가전제품, 컴퓨터, 통신기기라고 하는 독자적인 발전 프로세스를 거쳐 온 하드웨어가 근래의 디지털 기술, 네트워크 기술의 진보를 통해 정보가전이라고 하는 형태로 융합되고 있는 것이다. 이 융합한 하드웨어(하드웨어 계통 비즈니스)는 다양한 서비스와 컨텐츠(소프트웨어 계통 비즈니스)와 다시 접목, 그 활용가치가 확대됨으로써 새로운

◇ 정보가전의 개념도 ◇

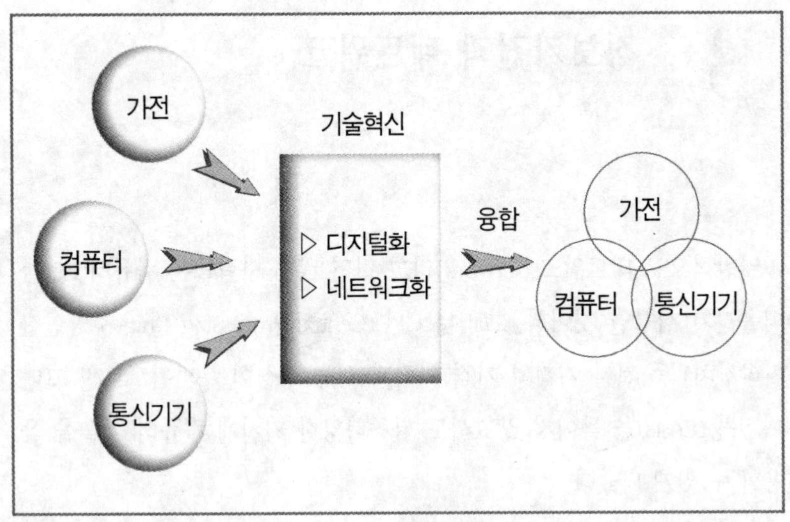

출전) Fujitsu Research〔2000〕.

비즈니스 기회를 창출할 수 있게 되었다.

　이러한 새로운 비즈니스가 바로 정보가전 비즈니스다. 그리고 이와 같은 일련의 융합(접목)을 떠받치면서 촉진제로 작용하고 있는 것이 디지털 방송과 홈 네트워크 기술과 같은 기반 기술의 진보라 하겠다.

# 정보가전과 네트워크

일반적으로 네트워크(Network)라고 하면 많은 사람들은 컴퓨터(PC)를 떠올리기 십상일 것이다. 그러나 CPU(Central Processing Unit; 중앙연산처리장치) 등 전자 기기의 가격 하락과 성능 향상이 부가됨으로써 그다지 비용(Costs)을 들이지 않고서도 다종다양한 기기에 컴퓨터 기술을 응용할 수 있게 되었다.

그에 따라 가전의 세계에서도 기기 본체에 기록된 기존 데이터만이 아니라 제3의 기기(호스트 컴퓨터 등)로부터 다양한 데이터를 받아들이려고 하는 것은 어쩌면 당연한 흐름이라 하겠다. 그리고 이러한 개념이 실행으로 옮겨져 탄생한 것이 바로 정보가전이다.

그럼 정보가전이 네트워크와 융합함으로써 장래 어떠한 형태로 진화하게 될까?

인터넷의 보급으로 주목을 받고 있는 것이 음악과 영화, 게임소프트 등 네트워크를 통해 유저(User)가 필요로 할 때 구입해 PC에 그대로 저장해 둘 수 있다는 점이다. 그러나 아무리 인터페이스(Interface)가 사용하기 쉽다고 해도 유저에 따라서는 PC는 조작이 까다로운 존재이며, 게다가 저장한 데이터를 실제 사용 기기로 전송해야 하는 복잡한 절차를 거쳐야 한다.

예를 들면, 근래 많은 유저들이 인터넷 접속이 가능한 PC를 활용하여 음악을 청취하고 있다. 그러나 책상 위에 놓인 PC 이외의 장소에서 음악을 청취하려고 하면 MP3 플레이어 등에 전송하지 않으면 안 된다. 이것이 MP3 플레이어 자체로부터 곧바로 인터넷에 접속할 수 있다면 PC를 일부러 개재하거나 하지 않고 곧바로 듣고 싶은 음악을 다운로드 받아 청취할 수 있게 된다.

이처럼 정보가전이 네트워크로 이어지게 되면, 복잡 다단한 과정을 거치지 않고도 무수한 데이터(컨텐츠)를 자유롭고 편리하게 활용할 수 있다. 음악을 듣고 텔레비전을 보거나 하는 등 그 활용 목적이 명확하게 확립된 가전이라면 PC보다도 훨씬 편리하게 네트워크 활용이 가능할 것이다.

나아가 데이터 송수신만이 아니라 인터넷 접속을 통해 가전제품을 원격지에서도 컨트롤(Control)할 수 있게 된다. 물론 컨트롤 기기는 PC가 아니라 유저 전용의 소형단말기(PDA)나 휴대전화면 충분하다.

예를 들면, 자택으로 귀가하기 수분 전에 자신의 방에 설치된 에어컨 스위치를 휴대전화로 작동(ON)하고, 냉장고의 내용물을 체크하여 부족한 식료품을 근처의 할인마트에 주문할 수도 있다.

가전제품과 인터넷이라는 지금까지 전혀 무관한 위치에 있던 양자를 상호 융합시킴으로써 킬러 애플리케이션(Killer Application)의 등장 가능성은 더욱 높아지게 될 것이다.

4 정보가전의 의의

우리들이 생활하고 있는 가정 내부를 자세히 들어다보면, 냉장고, 세탁기, 텔레비전, 오디오, 비디오, 전자레인지 등 다양한 가전제품이 존재하고 있음을 발견할 수 있다. 이러한 제품 가운데는 마이크로 프로세스(Micro Processor)라고 하는 컴퓨터가 들어있는 것들이 있다. 타이머(Timer) 기능 등 초보적인 기능에서부터 식료품에 맞추어 요리 방법마저 바꾸게 하는 고도의 기능을 갖춘 것까지 기능적인 차이는 있으나 한결같이 컴퓨터 기능이 갖추어진 가전제품임에는 틀림이 없다.

0과 1의 신호로 이루어지는 디지털 데이터는, 그 데이터를 대폭적으로 압축할 수 있다. 이러한 압축기술이 발달을 거듭하면, 보다 많은 정보를 전달할 수가 있으며, 보다 장시간, 보다 고화질 저장이 가능하게 된다. 이미 이러한 압축 기술을 통해 일반 전화회선으로도 영상과 음악 등 대용량 데이터를 보낼 수 있게 되었다. 이전에는 문자(Text)만 보내는 것이 고작이었던 PC가 이제는 텔레비전과 동일한 화질의 동영상마저 인터넷을 통해 주고받을 수 있게 된 것이다.

또 하나는 흔히 소형화라고 하면 곧바로 디지털 카메라나, CD 플레이어, 디지털 비디오카메라, DVD 등을 생각하기 쉽다. 그러나 소형화만으로는 디지털화 본래의 혜택을 받을 수 없다. 인터넷과 같은 네트워크를 활용하여 정보의 송수신이 달성됨으로써 비로소 본래 의미로서의 정보가전이라고 할 수 있다.

◇ 정보가전 등장 프로세스 ◇

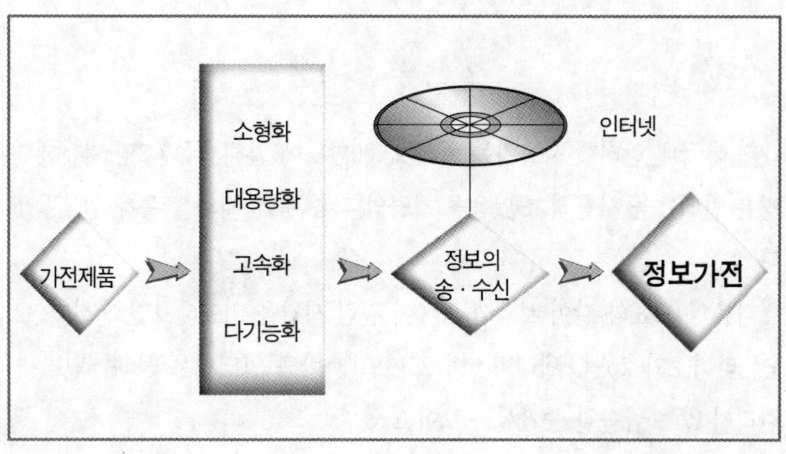

정보가전 배경(1)
— 인터넷 사용자의 급증 —

　현재 국내 인터넷 사용자는 거의 2,500만명에 달해, 국민 2명 가운데 1명은 인터넷을 사용하고 있음을 최근의 각종 통계 결과를 통해 알 수 있다.

　다음의 도표와 같이 보급률 20%에 걸린 시간을 비교해보면 전화가 32년, 라디오가 26년, 텔레비전이 25년인데 반해 인터넷은 불과 5년밖에 걸리지 않는 급속한 증가세를 보이고 있다.

◇ 기술보급의 속도 ◇

기 술	발명 연도	보급률 20%에 걸린 시간
전 기	1873년	42년
전 화	1876년	32년
라디오	1906년	26년
TV	1926년	25년
전자레인지	1953년	29년
PC	1975년	14년
인터넷	1991년	5년

출전) Forbes〔1997. 7. 7〕.

인터넷 사용자가 이처럼 급속히 증가하고 있는 이유 중의 하나로 유용한 컨텐츠(Contents; 정보의 내용)와 애플리케이션(Application; 사용법, 용도)이 충실해짐으로써 인터넷이 가지는 유인력이 한층 높아졌기 때문이다.

인터넷상에는 다양한 컨텐츠를 게재한 웹 사이트가 수없이 존재하고 있으며, 사용자는 자신의 목적에 적합한 정보를 전세계로부터 순식간에 끄집어내어 열람할 수 있다. 나아가 동료에게 e-메일을 보내거나 경매(Auction)에 참가하여 상품을 매매하고 은행의 잔액 조회 및 입금 등 편리하면서도 다양한 기능을 활용할 수 있다.

현재 인터넷상에서 구현되는 e-비즈니스를 비롯하여 인터넷을 활용하기 위해 가장 많이 사용하는 정보 기기는 두말할 여지없이 PC(Personal Computer)다. 그러나 여전히 고령자층을 중심으로 PC 활용에 어려움을 겪고 있는 사용자가 존재한다. 그로 인해 인터넷을 보다 손쉽게 활용할 수 있는 정보 기기라는 점 때문에 정보가전에 대한 기대감은 날로 높아가고 있다.

전세계에서 그 유례를 찾아보기 힘들만큼 빠른 속도로 국내 인터넷(네트워크) 환경이 구축됨으로써 정보가전에 관한 가능성은 어느 나라보다 훨씬 크다고 보여진다.

정보가전 배경(2)
— 디지털 방송 —

근래 국내외 방송 인프라스트럭처에 큰 변혁의 물결이 몰려오고 있다. 그 주역은 다름 아닌 방송의 디지털화라 할 수 있겠다.

텔레비전 방송은 크게 지상파 방송, BS(Broadcasting Satellite; 방송위성을 사용) 방송, CS(Communication Satellite; 통신위성을 사용) 방송, 케이블 텔레비전의 4가지로 분류할 수 있다. 현재는 대부분이 아날로그 신호로 방송되고 있지만, 이것을 전부 디지털 신호로 바꾸어 보내려고 하는 것이 "방송의 디지털화"이다. 나아가 지상파 방송과 케이블 텔레비전 역시 향후 10년 이내에는 모두 디지털 방송으로 대체되게 될 것이다.

디지털 방송이 아날로그 방송에 비해 뛰어난 점은, 첫째, 전송하는 정보를 압축할 수 있어 전파의 이용 효율이 높아 한번에 대량용 정보를 흘릴 수 있다. 둘째, 디지털 신호여서 잡음 등에 강하고 건물과 눈비 등의 영향을 적게 받는다.

이와 같은 우위성 때문에 디지털 방송은 시청자에게는 다음과 같은 메리트를 안겨다주게 될 것이다.

■ 다중채널

시청할 수 있는 채널의 수가 늘어나게 된다. 방송의 디지털화로 아날로그 방송에서는 실현하기 어려웠던 전문성이 높은 프로그램을 시청자

◇ 디지털 방송 Vs. 아날로그 방송 ◇

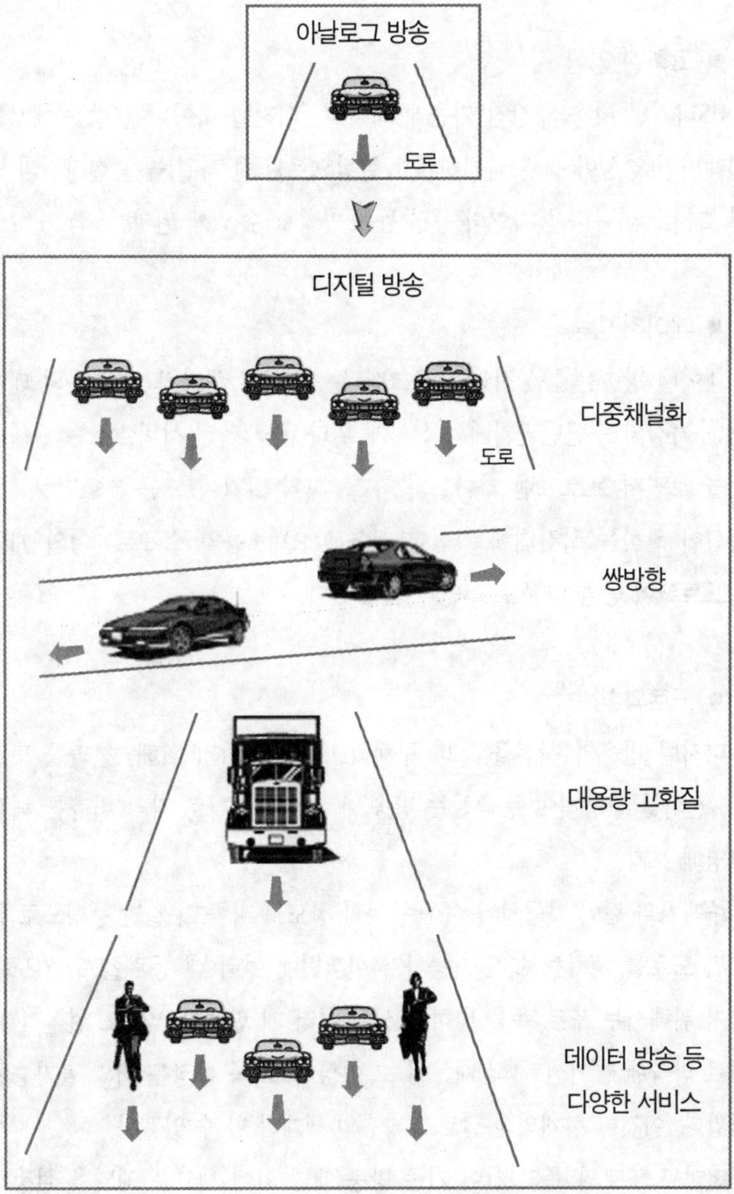

아날로그 방송
도로
디지털 방송
다중채널화
도로
쌍방향
대용량 고화질
데이터 방송 등
다양한 서비스

는 즐길 수 있게 된다.

■ 고화질 영상

BS디지털 방송의 장점 가운데 하나인 "디지털 하이비전 방송"에서는 텔레비전 영상이 훨씬 섬세하게 표현됨으로써 한 차원 높은 현장감과 영상 그리고 아름다운 자연의 풍경 등을 만끽할 수 있게 된다.

■ 데이터 방송

데이터 방송은 통상적인 프로그램과는 별도로 문자와 영상 등의 데이터를 가정의 수신단말기에 송신하게 된다. 구체적인 서비스로는 텔레비전을 보면서 프로그램 가이드와 뉴스, 지역 일기예보 등을 화면상에서 자신이 원하는 시간대에 끄집어낼 수 있으며, 음악 소프트웨어와 게임 소프트웨어 등을 다운로드 받을 수도 있다.

■ 도로와 방송

디지털 방송의 장점을 보다 구체적으로 설명하기 위해, 전파를 도로에, 전파를 활용하여 송출하는 방송 채널을 자동차로 각각 비유를 해서 설명해 보자.

주택가와 같이 자동차가 겨우 통과할 정도로 비좁고, 일방 통행으로 규정된 도로를 생각해보자. 자동차가 한꺼번에 여러 대 통과할 수 있도록 하기 위해서는 도로 폭을 넓혀 차선을 여러 개 만들고 싶어도 현실적 문제로 양쪽에 늘어선 주택 때문에 그 이상 도로 폭 확장은 거의 불가능에 가깝다. 이것이 현재의 아날로그 방송의 세계라 할 수 있겠다.

전파도 도로의 폭과 같이 기존 방송 채널 외에 새로운 채널을 설정하려고 해도 그것은 불가능하다. 방송업계는「전파는 유한(有限) 자원」이라는 원칙 아래 면허를 받은 일부 사업자에 의한 과점시장을 형성하고 있다.

하지만 디지털 기술을 이용함으로써 보다 많은 정보를 압축할 수 있게 되었다. 도로와 자동차에 비유하면, 도로 폭은 더 이상 확장이 불가능하지만 그 곳을 통과하는 자동차의 크기는 작게 만들 수 있다. 자동차를 소형화함으로써 같은 폭의 도로라도 몇 배 넓게 사용할 수가 있으며, 사용 방법에 따라 몇 가지 새로운 서비스도 가능하게 된다. 이것이 바로 방송을 디지털화하는 최대의 장점인 것이다.

구체적으로 표현하면, 먼저 자동차를 소형화할 수 있다면, 같은 넓이의 도로라도 여러 개 차선을 만들 수가 있다. 이것이 다중채널 방송 실현인 것이다.

두 번째 장점으로 지금까지 해당 도로 폭에서는 운행이 불가능하였던 초대형 자동차도 소형화함으로써 그 도로를 운행할 수 있게 된다. 이것이 고화질 방송, 즉 디지털 하이비전 방송의 실현이다.

세 번째 장점은 도로를 넓게 사용할 수 있게 됨으로써 지금까지 일방통행이었던 것을 양방향 통행으로 규정할 수 있다. 이것이 이른바 쌍방향 서비스의 실현으로 지금까지 시청자는 정보를 일방적으로 받아들이기만 하였으나, 앞으로는 시청자 측으로부터도 정보 발신이 가능하게 된다는 것을 의미한다.

마지막으로 도로를 넓게 사용할 수 있게 됨으로써 그 가운데 일부는 현재 그대로 자동차가 달리도록 사용하면서도 나머지 부분을 그 이외의 용도로도 사용해 보려는 시도가 이루어진다. 텔레비전 방송만이 아니라 각종 정보를 쌍방향으로 주고받을 수 있는 데이터 방송도 가능하며, 앞으로 기술혁신을 통해 현재 시점에서는 상상도 할 수 없는 새로운 서비스가 등장할 가능성도 있다.

이처럼 방송이 디지털화 됨으로써 수백개 회사 규모의 다중채널방송이 실현됨과 동시에 고화질 디지털 하이비전 방송도 가능하게 되고, 나아가 시청자와 방송국 사이의 쌍방향 서비스도 가능하게 되어, 전혀 새로운 서비스의 등장도 기대된다.

7 정보가전 배경(3)
― 홈 네트워킹 기술의 진보 ―

앞으로 등장하게 될 정보가전의 특징 가운데 하나는 "정보 기기 사이의 상호 접속이 가능"하다는 점을 들 수 있겠다. 이러한 정보 기기간의 상호 접속을 통해 구축되는 가정 내 네트워크를 가리켜 근래 「홈 네트워킹(Home Networking)」이라고 부르고 있다.

홈 네트워킹의 최종 모습으로 상정되고 있는 것은 가정 내의 모든 정보가전이 하나의 홈 네트워크로 연결되는 환경이라 하겠다. 즉, AV 기기와 PC 나아가 에어컨과 냉장고, 세탁기 등의 백색가전, 조명기구와 목욕탕, 화장실 등 편의시설이 정보가전의 네트워크로 통합되는 방향으로 개발이 진행되고 있다.

앞으로는 가정 내 전원의 ON/OFF를 자동적으로 제어하여 전기료를 절약하거나 혈압 등의 건강 데이터가 의료기관으로 자동 전송되어 자택에 휴식을 취하며 건강진단을 받거나, 외출지에서도 냉장고의 내용물을 확인할 수 있는 등 우리들의 생활은 한층 고도화, 지능화될 것이다.

시각을 바꾸어 보면, 홈 네트워킹의 실현은 정보가전 애플리케이션의 폭을 크고, 넓게 하여 정보가전이 가진 부가가치를 한층 끌어올리게 될 것이다. 현재도 IEEE1394와 블루투스(Bluetooth), ECHONET, HAVi, Jini, UPnP, HomePNA 등 홈 네트워크를 지탱하는 다양한 기반 기술의 개발이 이루어지고 있으며, 이로 인해 홈 네트워킹 구현이 눈앞에 다가오고 있다.

이와 같은 배경 때문에 정보가전 비즈니스의 파급에 대한 기대감이 시장에서 날로 높아가고 있다.

◇ 통신규격 및 제어규격 계통 비교 ◇

통신규격 계통	
IEEE1394 (www.1394ta.org)	홈 네트워크의 규격으로서 유망한 IEEE1394 규격의 추진단체
HomePNA (www.homepna.org)	가정 내의 전화선을 사용한 네트워크 규격 설정, 추진단체
무선 LAN (www.wlana.com)	IEEE802.11 규격을 중심으로 하는 무선 LAN 규격. 기업, 가정 양쪽을 커버한다.
3G	차세대 휴대전화 규격, 2Mbps의 데이터 통신이 가능하며 가정 내 기기의 표시, 원격조작단말기의 용도로 기대된다.
HomeRF (www.homere.org)	가정용 무선 LAN 규격 설정, 추진단체. HomeRF 2.0과 SWAP 등을 추진

HomePlug (www.homeplug.com)	전력선을 사용한 홈 네트워크 규격, 추진단체.
Bluetooth (www.bluetooth.com)	휴대전화, PC, 비디오 등 단말 사이의 간이무선통신규격. 10m 정도의 단거리에서 이용한다는 것을 전제로 하고 있다.
X-10(www.x10.org)	110v의 전력선을 사용한 기기의 제어규격. 가전기기, 조명 등 콘센트에 이어진 기기 제어를 목표로 한다.
제어규격 계통	
BACnet (www.bacnet.org)	빌딩·오토메이션용 규격. 빌딩의 공조와 조명관리 등을 행한다.
HAVi(www.havi.org)	Home Audio Video Interoperability의 머릿글자. IEEE1394를 축으로 한 홈 네트워크 추진단체.
LonMark (www.lonmark.org)	빌딩, 가정, 공장, 교통관계기기의 상호 운용규격을 추진하는 단체.
CeBus (EIA Standard)	디바이스의 국제제어규격. 전력선, 무선, 적외선, 동축, 전화선, 관섬유, AV기기를 커버한다.
HomeAPI (www.homeapi.org)	산업용 제어기기의 홈 네트워크 추진단체.
LonWorks (www.lonworks.org)	통신기기와 제어기기(빌딩과 공장)를 통합하는 플랫폼.
EIB(www.eiba.com)	Embedded Control for Smart Homes의 머릿글자. OSI에 의한 전화선, 전력선용 통신규격.
HomeP&P	CEBus를 규격화한 EIA의 확대규격. CAL을 사용하여 IEEE1394 등에도 대응.
UniversalP&P (www.upnp.org)	PC와 주변기기의 P2P 네트워크 규격. 홈 PC 관련으로 홈 네트워크에도 확대
기 타	
CMMEND (www.commend.org)	유럽기업의 홈 네트워크 규격 프로젝트. IEEE1394 등 각종 기존 규격 통합을 목표로 하는 상위 아키텍처.
OSGI(www.osgi.org)	오픈 규격 추진단체.

출전) http://www.ryojikoike.com

◇ 가정 내 통신규격 비교 ◇

전화선

HomePNA 규격 : 최대 32Mbps, 장래는 100Mbps까지 확장가능. 기존 전화선을 사용함으로 구축이 매우 간단. 기기는 Plug & Play에 대응. 저가격.

전력선

HomePlug 규격 : 최대 10Mbps. 향후 20, 40, 80Mbps도 계획 중. 기존의 와이어를 채용, 셋업이 간단하며 새로운 커넥트가 필요없음. 문제는 잡음이 많다.

무선 LAN

배선이 필요없으므로 설치가 간단. 전체적으로 가격이 떨어지고 있어 보급이 확대. 이동성이 뛰어난 것이 특징.

801.11 규격 : 802.11a는 6~54Mbps
　　　　　　　802.11b는 최대 11Mbps
HiperLAN2 규격 : 6~54Mbps
HomeRF 규격 : 최대 2Mbps
Bluetooth 규격 : 속도는 1Mbps 이하

IEEE1394

이미 가전제품에 다수 장착되고 있다. CAT5, 광섬유에 실험 완료.

IEEE1394a는 100~400Mbps
IEEE1394b는 800~3,200Mbps

출전) http://www.ryojikoike.com

◇ 정보가전 배경 ◇

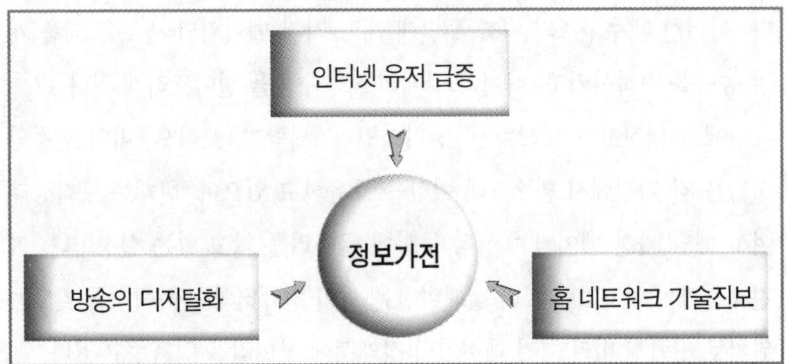

제2의 가전혁명

일반적으로 가전 메이커에게 있어 매출액이 급속히 증가하는 시기는 다음 그림에서 나타나고 있는 「제1의 S커브」라고 하겠다. 바꾸어 말하면, 양적인 성장커브라 볼 수 있다. 그러나 사용자가 한정되어 있는 시장에서 내구재인 가전제품이 포화상태를 이루게 되면 급속한 성장이 멈추어 정체되는 것은 어쩌면 당연한 이치다. 대부분의 사용자가 현재 시장에 나와 있는 가전제품을 가정에 1대씩 보유하게 되면 성장은 그 시점에서부터 정체하게 된다.

성장이 둔화되면 가전 메이커의 매출액은 자연히 떨어지게 된다. 이와 같이 유저가 늘어나지 않는 이른바 「제로섬(Zero Sum)」게임에서는 가전 메이커 사이의 경쟁은 요금인하 경쟁으로 자연히 흐르게 된다.

이렇게 되면 경쟁 메이커 모두가 자신들의 재무구조를 악화시키게 된다. 이러한 재무구조의 악화로 인해 해당 가전 메이커의 새로운 제품 개발 능력을 저하시키고, 나아가 업계의 A/S 수준을 떨어뜨리게 된다

실제로 냉장고나 텔레비전, 전자레인지, 세탁기, 오디오, 비디오 등의 시장은 각 가정에서 최소 1대 이상을 보유하고 있으며, 현재는 포화상태여서 해당 가전 메이커는 성장 둔화에 골머리를 앓고 있는 실정이다. 가전제품의 주역이었던 컬러 텔레비전은 이미 컴퓨터의 출하대수를 밑도는 위치로 전락해 버려 가전 메이커의 장래성에 불안감을 던져주고 있다.

그러나 가전제품이 네트워크와 접목됨으로써 새로운 부가가치가 발생하게 되면 정보가전으로의 대체수요가 발생하여 제2의 성장기를 맞을 수 있는 것이다. 말하자면, 정보가전은 가전 메이커 전체의 구세주로 거듭날 수 있음을 의미한다.

현재 정보가전 그 자체의 정의에 대한 방법이나 영역 등이 결정되어져 있지 않아 시장규모를 정확히 예측하기는 어렵지만, 현재의 가전제품시장 규모를 능가할 것은 분명한 사실이다. 그리고 이것은 국내에 한정된 사안이 아니라 전 세계가 시장이라는 점을 감안하면 정보가전 비즈니스는 그 전망이 대단히 밝다고 하겠다.

이처럼 새로운 도약 기회를 제공한 것이 바로 아래 그림에 표시된「제2의 S커브」창출이라 하겠다. 다시 말해, 종전의 가전제품에다가 네트워크가 결합된 가전제품을 내놓음으로써 새롭고 다양한 응용방법과 소비시장을 개척, 또 한번 도약의 계기를 만들 수 있다.

◇ 제2의 가전혁명 ◇

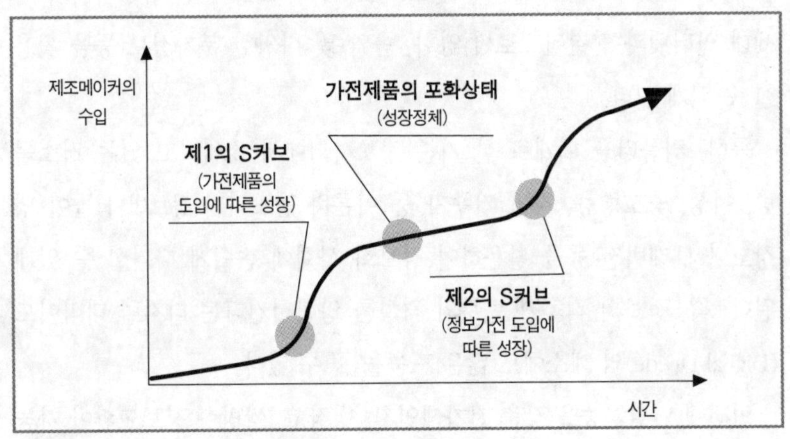

9 정보가전 비즈니스

정보가전 비즈니스는 향후 호텔, 건강의료, 교육, 금융서비스 등의 분야에서 특히 급속한 성장이 기대된다. 그 가운데서도 건강의료 관련부문에서는 정보가전에 많은 기대를 걸고 있다. 이미 무선 LAN을 사용하여 병원의 병실 안에 설치된 "Web Tablet"에 환자의 기록표를 송신하는 등의 사용방법과 가정 내에서는 고령자 및 환자와의 연락수단으로도 이용할 수 있을 것이다.

그리고 가정과 공공 시설의 시큐리티(Security) 관리와 공항, 전시회장, 역, 호텔 로비, 커피숍, 체육관 등에서의 이용도 예상할 수 있다.

그 외에도 정보가전은 이동전화 단말기 등으로 원격 제어할 수 있는 홈 시큐리티(Home Security) 기능도 제공되며, 초고속 인터넷 나아가 차세대 인터넷과 연결됨으로써 영화, 음악 및 다양한 부가정보 등을 활용할 수 있게 된다.

특히, 컴퓨터를 매개로 한 기존 정보사회에서 소외되고 있는 저소득층, 여성, 중고령층, 지방 거주자 등 이른바 정보약자(정보빈자)들이 냉장고나 텔레비전 등을 활용하여 정보화 사회에 손쉽게 다가설 수 있게 된다. 즉, 정보의 격차가 빈부의 격차를 양산시킨다는 디지털 디바이드(Digital Divide)의 해소에도 많은 도움을 줄 수 있다.

인터넷 단말기능을 갖춘 전자레인지, 냉장고, 쌍방향 정보교환이 가능한 TV 등 지능형 정보 기기로 변신한 인터넷 가전제품들이 2000년대 우리 가정의 일상생활을 혁명적으로 바꿔놓을 것이다.

또한 이들 제품은 PC보다 가격이 저렴할 뿐 아니라 사용법이 간단하여 이른바 컴맹이나 넷맹의 희망으로 떠오르고 있기도 하다.

정보가전 비즈니스에는 크게 2가지 형태가 존재한다. 첫째는 정보가전의 개발과 제조를 담당하는 "하드웨어 계통 비즈니스"이며, 다른 하나는 정보가전을 대상으로 소프트웨어 개발과 서비스 제공, 컨텐츠 제작과 송신과 같은 "소프트웨어 계통 비즈니스"를 들 수 있겠다.

그에 따라 정보가전의 범위도 다음의 그림과 같이 하드웨어 계통 비즈니스와 소프트웨어 계통 비즈니스의 2가지 영역으로 분류될 수 있겠다.

◇ 정보가전의 하드 · 소프트웨어 관련 비즈니스 ◇

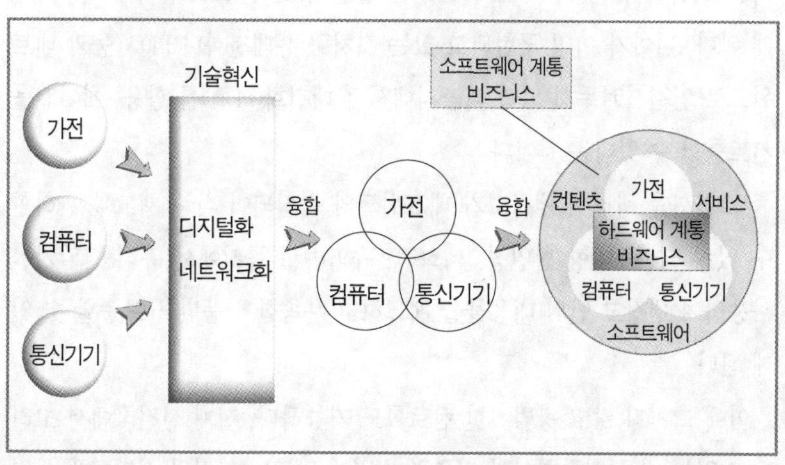

출전) Fujitsu Research〔2000〕.

정보가전의 미래

■ 정보가전의 미래

정보가전이 인터넷을 이용하여 네트워크화 되면, 가정에서 일어나게 될 가장 큰 변화는 영상 등의 정보 데이터만이 아니라 가전제품 등을 컨트롤하는 데이터(신호)도 송신할 수가 있다는 점이다. 게다가 인터넷을 사용하면, 보다 다양한 장소에서, 다양한 기기에 송신할 수 있다.

간단한 예를 들어 설명하면, 컨트롤 기기로부터 떨어진 방에 있는 에어컨 스위치의 온(ON), 오프(OFF)는 물론이고, 온도 조절까지 할 수 있게 된다. 나아가 이미 구현되고 있는 것처럼 휴대전화나 PDA 등과 네트워크로 연결시켜두게 되면 외출지에서 휴대전화(PDA)를 활용, 에어컨을 컨트롤할 수 있다는 것이다.

또 가까운 장래에 냉장고가 네트워크와 결합되어 식품 재고를 관리할 수 있게 되면, 대형 할인점, 백화점, 슈퍼마켓 등지에서 휴대 단말기를 사용하여 냉장고 안의 내용물을 체크하고 부족한 식품만을 보충할 수 있게 된다.

이에 그치지 않고 광범위한 컨트롤도 가능하다. 현재 선진국에서 고려되고 있는 것은 전력회사가 전력의 소비에 맞추어 가정의 전기제품을 컨트롤하는 것이다. 무더운 여름 기업이나 가정 등 수백만대에 달하는 에어컨이 일시에 전국에서 가동됨으로써 전력 부족현상을 일으키는 경우

가 종종 있다. 이러한 경우를 대비하여 전력회사가 각 가정에 있는 에어
컨의 설정온도를 조금씩만 올리게 되면 소비 전력이 줄어 대규모 정전
등과 같은 위험을 사전에 막을 수 있다.

■ 정보가전의 패권

네트워크화 된 정보가전에는 다양한 가능성이 존재하고 있으며 엄청
난 비즈니스 기회도 포함되어 있다. 그리고 네트워크 접속 가능성이 높
은 제품에도 여러 가지 종류가 있다.

e-메일과 인터넷이라면 휴대전화와 PDA를 통한 이용이 현재는 일반
적이다. 이것은 무엇보다도 소형이기 때문에 휴대가 간편하다는 이유에
서다. 하지만 이러한 것들이 가정 내부로 한정된다면 굳이 소형화를 가
지고 해당 메이커들이 경쟁할 필요는 없을 것이다. 가령 텔레비전의 리
모컨이 지나치게 소형화된다면 사용하기 불편할 뿐만 아니라, 관리상의
문제도 아울러 제기될 수 있다. 따라서 조작의 편의성 등을 고려한다면
오히려 알맞은 크기의 설계와 디자인이 요구된다.

단문의 e-메일을 가정에서 확인한다면 분명 휴대전화를 사용하는 것
이 편리하지만, 장문의 e-메일이라면 역시 대형 화면을 통해 읽는 것이
편리할 것이다. 대형 화면이라 함은 PC를 지칭하게 되나, 셋업에 시간이
걸리고 또한 확인을 위해 일부러 PC가 놓여 있는 장소(서재 등)로 발길
을 옮기지 않으면 안 된다.

이러한 작업들을 거실에 있는 텔레비전으로 확인할 수 있다면, 움직이
는 시간과 다른 공간으로 이동하는 것과 같은 수고를 덜 수 있게 된다.
만약 주방의 전자레인지나 냉장고로도 확인할 수 있다면 주부에게 이처
럼 편리한 기능은 없을 것이다.

■ 정보가전의 과제

정보가전이 현실 생활에서 편리하면서도 다양하게 활용되기 위해서는 다음의 3가지 선결과제가 남아 있다.

첫째, 정보가전이 서로 간단하게 연결될 수 있도록 해야 한다. 여기에는 유저가 수동으로 네트워크 설정 작업을 하지 않아도 OS(Operating System; 기본운영체제)가 자동적으로 최적 환경의 네트워크를 설정하는 「Plug & Play」를 실현하는 것이고, 다른 메이커 제품이라도 별도의 프로세스를 거치는 일없이 곧바로 데이터 교환을 할 수 있어야 한다.

둘째, 너무나 당연한 것이겠지만 구성원(가족) 누구라도 어려움 없이 조작할 수 있도록 정보가전의 사용방법이 쉽게 설정되어야 한다.

마지막으로 소비자가 특정 정보가전을 꼭 사용해보고자 하는 욕망이 생기도록 제품설계와 디자인 그리고 설정이 이루어져야 한다.

Coffee Break

인간의 DNA를 바꿔라!

인공 지능 기계가 인간을 제치고 지구를 지배한다는 영화 속의 얘기가 과연 현실로 나타날 수 있을까? 뉴턴과 아인슈타인의 물리학 계보를 잇는 당대 최고의 우주 물리학자인 영국의 스티븐 호킹 교수는 최근 독일 잡지 포쿠스와의 인터뷰에서 "그렇다"고 지적했다.

한 발 더 나아가 호킹 교수는 "컴퓨터의 발전 속도를 따라잡고 인공 지능 기계가 인간 세상을 지배하는 것을 막기 위해 유전자 조작을 통해 인간의 DNA를 바꿔야 한다"고 주장했다.

　그는 "컴퓨터 성능은 매달 2배로 좋아지고 있는 반면 인간의 능력은 발전 속도가 너무 느리기 때문에 인간의 유전자를 바꾸지 않으면 인공 지능 기계가 미래에 세상을 지배할 것"이라고 경고했다.

　호킹 교수는 또 인간의 지능을 높이기 위해 인간의 뇌와 컴퓨터를 직접 연결하는 "사이버 기술"을 가능한 한 빨리 발전시켜야 한다고 덧붙였다.

　현재로서는 호킹 교수의 주장에 대해 조금 황당하다거나 해외 토픽 정도로 가벼이 여기는 독자도 있을지 모르겠으나, 몇 년 사이 전개되고 있는 IT산업의 급속한 진보상황을 비추어 볼 때 되새겨 볼 여지가 충분하다.

출전) http://www.donga.com

Case Study
제품 사례

요즈음 우리 생활 주변에서 하루가 다르게 새롭게 얼굴을 내미는 정보가전을 접할 수 있게 되었다. 이 장에서는 선진 메이커들의 각종 정보가전 사례를 통해 그들의 제품 특성과 전략 그리고 향후 동향 등에 대해 자세히 살펴보기로 한다.

인터넷 전자레인지

지난 1999년 9월 말 일본의 샤프(Sharp)는 인터넷과 조합된 전자레인지를 세계 최초로 발매(시판가 10만엔)하였다. 그 이름은 "인터넷 전자레인지", 「아무리 현대가 인터넷 세상이라고는 하나 조리를 담당하는 전자레인지에 인터넷이라니?」라고 하는 독자도 많을 것이다.

인터넷과 전자레인지가 조합된 배경에는 다음과 같은 소박한 의문에서 출발하고 있다. 음식물에 대한 소비 패턴은 사람에 따라 제각기 다르다. 그러나 판매되고 있는 기존 전자레인지의 조리 메뉴를 보면, 고객의 소비 패턴과는 전혀 무관한 표준적인 메뉴만이 장착되어 있다.

◇ 인터넷 전자레인지(Sharp) ◇

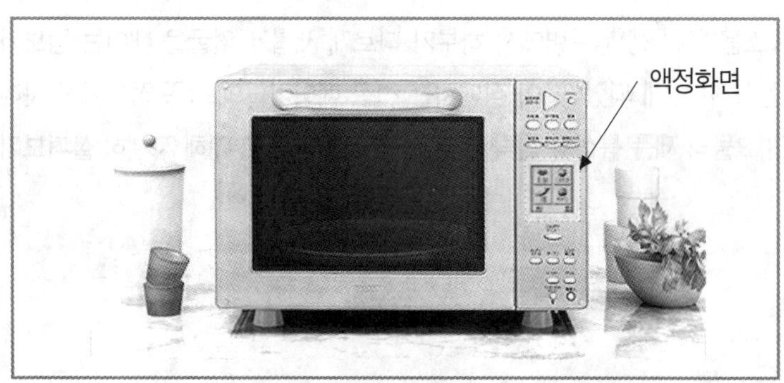

출전) http://www.sharp.co.jp/products

고기를 먹지 못하는 사람에게도 스테이크 메뉴가 준비되어 있으며, 가정에서 케이크를 만들어 본적도 없는 고객에게도 케이크 굽는 메뉴가 설정되어 있다. 자신에게 필요치 않은 조리 메뉴는 오히려 성가시다고 느끼는 사람도 적지 않을 것이다. 게다가 결혼, 아기출생, 입학과 같이 어린아이의 성장 단계에 따라 각 가정에서 만드는 식사의 종류는 자연히 바뀌게 된다. 뿐만 아니라 계절에 따라서도 식사 메뉴는 바뀐다.

이러한 각 가정의 상황을 반영하여 필요한 기능은 사용자가 나중에 추가하도록 하는 것이 인터넷 전자레인지의 특징이다. 다양한 조리 프로그램을 샤프의 홈페이지에서 다운로드 받을 수 있도록 한 것으로 고객이 자신(가족)만의 전자레인지를 만들어 가도록 설정되어 있다.

물론 기본적인 조리 프로그램은 사전에 입력되어 있다. 「감자」, 「무」, 「고기」, 「밥」 등 가정에서 빈번하게 사용하는 8종류의 식료품을 이용한 합계 65가지의 메뉴가 그것이다. 기본 메뉴 이외의 것은 인터넷으로 자신이나 가족 취향에 맞는 조리 프로그램을 다운로드 받을 수 있다. 현재 샤프의 홈페이지에는 약 400가지의 조리 프로그램이 실려 있다.

또 2000년 8월부터는 미국, 독일, 홍콩, 브라질, 오스트레일리아 등 7개국 지역 가정요리의 조리방법을 발신하는 서비스 제공도 하고 있다.

이처럼 전자레인지가 네트워크와 접목됨으로써 어떤 가능성을 가지게 될까?

현재 발매되고 있는 인터넷 전자레인지는 인터넷과의 접속이 가능한 기능만 갖추어져 있으나, 가정 내 LAN을 통해 다른 정보가전과의 접속이 가능해지면 더욱 강점을 발휘하게 될 것이다.

그 기능의 하나로 생각할 수 있는 것은 메뉴를 통한 온라인 주문과의 연계다. 메뉴에 맞춘 식료품을 주문하는 것이 아니라, 조리 방법에 관한 데이터를 전자레인지로 보내 주문한 식료품을 입수하였을 때 사용자가 조리 방법을 상세히 설정하지 않아도 버튼 하나로 조리가 가능하도록 하는 것이다.

전자레인지 그 자체를 활용하여 인터넷에 접속, 식료품에 따른 조리 방법을 찾아내는 것도 가능하다. 또 홈 서버에 접속하여 과거의 요리 데이터를 찾는 것은 물론, 반대로 지금 만든 요리 데이터를 기록해 둠으로써 그 가정의 맛과 요리의 데이터 베이스(Data Base)를 구축할 수도 있다. 이로 인해 며느리나 딸들이 고향의 맛, 어머니(시어머니)의 맛을 그대로 재현하고 계승하는 것도 그다지 어려운 일이 아닌 듯 싶다.

또 생각에 따라서는 전자레인지의 디스플레이를 본체에 설치하는 것이 아니라 조리 스페이스의 주위에 둠으로써 그 가능성이 더욱 확대될 수도 있다.

주부가 도마에서 식료품을 썰면서 전자레인지를 통해 인터넷에서 제공되는 엔터테인먼트성을 가진 드라마나 뉴스를 볼 수도 있다. 이 때 홈 서버에 텔레비전 프로그램 영상을 기록해 두면 프로그램을 도중에 정지해가면서 천천히 요리를 만드는 것도 가능하다.

가정 내 LAN을 전제로 생각한다면, 인터넷 전자레인지를 센터 컨트롤(가정 내 LAN에 접속된 기기를 집중 제어하는 컨트롤러)로 활용하여 곧바로 초인종, 전화, 전등, 목욕탕 등의 컨트롤을 할 수도 있다.

이제 전자레인지가 단순히 식품 등을 데우는 도구가 아니라, 정보 제공의 인터페이스로 등장할 날도 멀지 않았다.

◇ 인터넷 전자레인지 (Matsushita) ◇

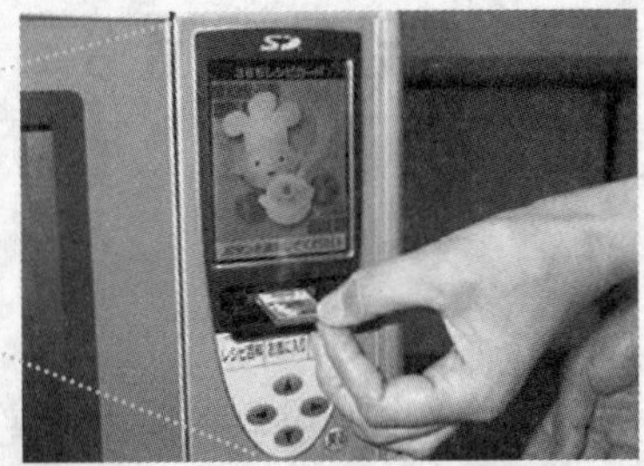

마쯔시타의 인터넷 전자레인지 「요리선생 NE-SD10」. 본체 전면의 조작부에 SD카드 슬롯을 장착하고 있다.

출전) http://www.zdnet.co.jp

◇ 인터넷 전자레인지 (Sharp) ◇

샤프가 비즈니스 쇼에 전시한 인터넷 전자레인지

출전) http://www.zdnet.co.jp

2 인터넷 냉장고

냉장고와 인터넷이라는 양자의 관계는 전혀 무관한 것처럼 느껴지지만, IT산업의 발달로 이제는 필요 불가결한 관계로 재정립되고 있다.

단순히 생각하면 냉장고에 소형 PC를 붙인 것과 같은 것으로 생각할 수 있으나, 이것만으로도 충분한 가능성을 엿볼 수 있을 것이다. 그것은 해당 냉장고가 네트워크에 항상 접속됨으로써 부엌에서도 실시간으로 정보를 접할 수 있다는 점이다. 이를 통해 요리 메뉴를 떠올리거나, e-메일 확인이나 뉴스 등을 볼 수 있다.

또 지역정보를 전달하는 포털 사이트로 접속하여 할인정보와 지역 이벤트 정보 등 각종 공지사항을 곧바로 파악할 수도 있다. 학생을 둔 가정에서는 아이의 학교에서 담임 선생님이 보낸 공지사항과 남편 직장에서 송신한 가족에 대한 메시지 등도 e-메일을 통해 전달받을 수 있게 되는 것이다.

나아가 맞벌이 부부가 학교에서 돌아온 아이에 대한 메시지 등을 남기기 위해 서재나 작은방 등 PC가 놓여 있는 장소로 번거롭게 다닐 필요도 없으며, PC를 켜는 등의 수고도 덜 수 있다.

조작 방법은 터치패널(Touch Panel) 방식으로 문자인식도 가능하여 간단한 메모 정도라면 직접 입력도 가능하다. 인터넷 검색과 장문 메일을 입력하여 송신하는 등 키보드가 필요한 조작에는 적합하지 않으나, 가까운 장소에 정보를 송수신할 수 있는 기능이 갖추어져 있다는 것만으로도 한층 윤택한 생활을 누리게 된다. 무엇보다 상시 접속환경이 구축되어야 한다는 점을 고려한다면, 가전제품 가운데 냉장고가 유일하게 24시간 전원이 들어가는 가전제품임에 주목할 필요가 있다.

냉장고에 인터넷 등 PC 기능이 추가됨으로써 더욱 응용 범위가 확대되고 있다. 예를 들면, 냉장고에 디지털 카메라를 장착하는 것도 가능하다. 사용방법으로서는 냉장고에 식료품을 넣고 끄집어 낼 때 촬영해 두면 무엇이 언제, 냉장고에 들어가 언제 소비되었는지 등의 정보를 기록할 수 있다.

그렇게 되면 냉장고에 지금 무엇이 들어 있는지를 알 수 있으며 부족한 식료품을 구입하는 것도 간단하다. 또 식료품 판매점과 계약을 맺어 식료품이 얼마 남지 않은 시점에 배달 받아 보충함으로써 최소한의 식료품을 갖추는 것도 가능하다. 이것은 가정보다도 레스토랑이나 대형 음식점 등 비즈니스 관련 분야가 훨씬 많은 혜택을 입게 될 것으로 기대된다. 식료품 체크와 보충 등이 원활히 이루어져 경리 측면의 수고를 줄임으로써 경비 절감으로도 이어지게 될 것이다.

이러한 기능의 냉장고를 가정 내 LAN으로 접속하면 부엌만이 아니라 목욕탕 등 가정 내, 나아가 휴대전화나 PDA 등을 활용하여 바깥에서 냉장고의 내용을 파악할 수도 있다. 맞벌이 부부가 귀가 도중 대형 할인점이나 슈퍼마켓에 들러 휴대전화로 자택 냉장고의 내용물을 체크하면서 쇼핑을 하는 것도 결코 꿈 같은 이야기가 아니다.

한편으로 가정 내 LAN을 사용하여 냉장고에 접속하는 것은 얼마든지 가능하지만, 현재로서는 냉장고의 내용물을 어떤 식으로 하여 인식시킬 것인가가 과제로 남아 있다.

다시 말해, 식료품을 주문하면 그것이 배달되었다고 하는 데이터는 남아 있어도 실제 냉장고의 내용물을 정확히 확인하기란 곤란하기 그지없다. 패키지 제품이라면 바코드를 이용하는 수단도 있지만, 야채 등 일반 소매시장에서 구입한 제품의 경우는 어떻게 인식시킬 것인가가 과제로 남게 된다.

물론 모든 식료품에 바코드와 같이 인식 가능한 라벨을 의무적으로 붙여 판매하도록 할 수도 있으나, 그렇게 까지 시장이 바뀌려면 해결해야 할 과제가 한두가지가 아니다.

◇ 인터넷과 냉장고 (Sharp) ◇

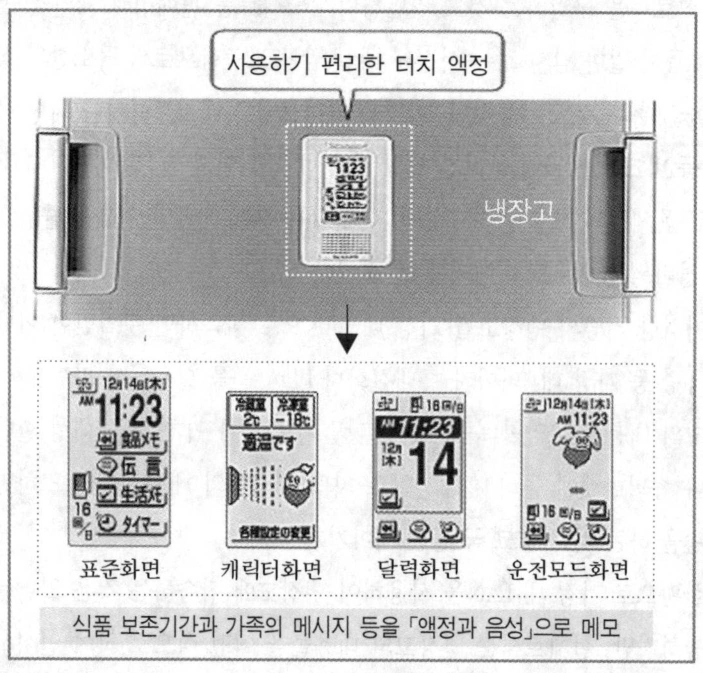

출전) http://www.sharp.co.jp

　　현재 샤프(Sharp)가 발매하고 있는 이른바 '똑똑한' 냉장고의 경우, 소비자는 구입한 식자재를 냉장고에 넣어 둘 때, 냉장고 문 앞에 달린 액정 화면에다가 해당 식자재의 보존 기간을 입력할 수 있다. 보존 기간이 만료되는 전날이 되면 액정 화면을 통해 알려주고 재고 여부도 함께 알려준다.

　　지난 2000년 11월부터 발매하기 시작한 신모델 냉장고에는 기존의 재고 관리에다가 "생활메모" 기능, 즉 쓰레기 버리는 날, 학교 행사일 등도 미리 입력해 두면 그 전날에 알려준다. 나아가 1회 약 8초 정도의 음성 메시지를 3개까지 남길 수도 있다.

◇ 인터넷 냉장고 (Matsushita) ◇

액정 디스플레이가 장착된 정보 냉장고. 액정 상부에 있는 스캐너를 활용하면 종이 문서로 된 정보를 입력할 수 있다.

출전) http://www.zdnet.co.jp

3 디오스 냉장고

LG전자가 2001년 중반 개발한 「인터넷 디지털 디오스 냉장고」는, 백색가전과 정보가전이 통합되는 가정의 홈 네트워크화에 대비, 멀티미디어 제품에 적용되던 동영상 통신기술을 세계 최초로 가전제품에 적용시킨 정보가전이다.

이 제품 개발을 위해 LG전자는 3년 동안 55명의 연구인력과 150억원의 연구비를 투자해 75건의 국내외 특허를 출원했으며, 인터넷 및 화상전화 등 모두 9가지의 첨단 디지털 기능을 구현할 수 있다고 한다.

이제 국내에서도 냉장고가 단순히 식품보관을 위한 주방가전 차원을 벗어나 가족들의 엔터테인먼트 및 정보커뮤니케이션 도구로서의 역할까지 하는 등 디지털 시대의 새로운 백색가전으로 탈바꿈하는데 성공했다.

디오스 냉장고는 고화질의 15.1인치 초박형 액정화면(TFT LCD)과 LAN 포트를 장착해 인터넷에서 쇼핑이 가능할 뿐만 아니라, 쌍방향 화상통신으로 외부에 나가 있는 가족과도 서로 얼굴을 보면서 통화할 수 있다.

또한 LCD 상단에 장착된 카메라를 이용해 가족들끼리 동영상 메시지 및 사진촬영이 가능하며 필요시 이를 재생할 수 있고, 이외에 TV 시청과 e-메일 송수신도 가능하다.

인터넷 기업들과 연계하여 인터넷에서 농산물 시세나 주식정보 등 다양한 시장정보를 실시간으로 볼 수 있으며, 특히 인터넷 사용이 미숙한 주부들을 위해 기존 웹 브라우저에 비해 훨씬 쉽게 사용할 수 있는 별도의 그래픽 사용자 환경(GUI; Graphic User Interface)을 채용하여 인터넷 사용이 보다 편리하도록 하고 있다.

이밖에도 터치패널 방식을 채용하여 쉽게 사용하도록 했으며, 뮤직박스, 전자 펜을 이용한 문자메모, 음성 메시지 기능과 기념일, 생일 등 주요 일정을 저장할 수 있는 스케줄 관리 기능도 채용하고 있다.

LCD 정보 창을 통해 냉장고의 온도상태는 물론 현재 보관중인 식품의 유효기간, 영양관련 정보, 조리방법 등 식품, 영양, 요리방법 등의 다양

◇ 인터넷 냉장고 디오스 (LG전자) ◇

- 인터넷 쇼핑은 물론 화상전화 통화도 가능
- 인터넷 사용 쉽도록 별도의 그래픽 사용자 환경 채용
- TV 시청, e-메일 사용, 요리/주식 등 다양한 정보 제공
- 멀티미디어제품에 적용되던 동영상 통신기술을 냉장고
  에 첫 적용

한 정보도 제공해 준다.

　LG전자는 인터넷 냉장고 출시 후 모니터 운영 및 1년간 무상 프로그램을 공급하는 한편, 자기 진단 기능으로 냉장고의 이상 발생시 인터넷을 통해 서비스 센터로 자동 연결되는 "사이버 서비스 기능"을 채택하였으며, "i-DDR Man"이란 전담 서비스 직원을 두고 제품상담, 서비스 등 사용 중 불편을 해결해 준다.

　그리고 디오스 냉장고 개발에 맞춰 여성과 주방 중심의 포털 서비스를 제공하는 인터넷 포털 사이트 「드림엘지」(http://www.dreamlg.com)도 오픈하였다.

　이 사이트는 「드림위즈」(http://www.dreamwiz.com)와 공동으로 개발한 냉장고 전용 포털 사이트로서 주부들이 쉽게 사용할 수 있도록 디자인했으며, 요리 및 식료품 배달, 쇼핑 등 여성과 주방 중심의 각종 편리한 서비스를 이용할 수 있다.

◇ 인터넷 냉장고를 통한 TV 시청과 화상 전화 (LG전자) ◇

인터넷 냉장고를 통해 텔레비전을 시청할 수 있다.

인터넷 냉장고를 통해 화상 전화가 가능하다.

출전) http://www.dreamlg.com

　　LG전자는 향후 국내 식료품 등의 바코드 체계가 확립되고 인터넷 쇼핑이 더욱 활성화될 경우, 식료품이 떨어지면 자동으로 부족한 물품이 가정으로 배달되는 시스템을 관련 인터넷 업체와 연결, 구축함으로써 한 차원 높은 디지털 네트워크 냉장고로 발전시켜 나갈 계획이라고 한다.

4　인터넷 냉난방

　　추운 한 겨울 외부에서 용무를 마치고 귀가, 방안에 들어섰을 때 또는 이른 새벽 집을 나서 회사로 출근, 사무실에 들어섰을 때 따뜻한 온기가 자신을 맞아 준다면 추위에 언 몸이 일시에 누그러질 것이다. 그리고 이러한 이미지는 추운 겨울 누구나 한번 정도 상상해 보았을 법하다.

　　그러한 이미지를 실현시켜 주는 냉난방기는 이미 세상에 나와 있다. 미쯔비시중공업(三菱重工業)이 지난 2000년 10월에 발매한 「e-@ir」이 그것이다. 인터넷을 통해 외출지에서 전원의 ON/OFF와 온도조절 등을 자유자재로 컨트롤할 수 있게 하였다.

　　e-@ir을 사용하기 위해서는 사전에 인터넷을 이용할 수 있는 자택(사무실)의 컴퓨터와 에어컨을 케이블로 접속해 두면 된다. 그러면 인터넷

을 통하여 사용자의 지시를 받은 컴퓨터가 케이블을 통하여 에어컨을 컨트롤하는 시스템이다.

조작은 간단한 데 먼저 외출지의 컴퓨터와 휴대전화를 사용하여 e-메일에「운전, 냉방, 22℃, 환기, 습도 50%」등을 입력하여 특정 어드레스에 송신한다. 그리고 자택(사무실)의 컴퓨터에 전화를 걸어 호출음이 3회 울린 후 끊으면 된다. 물론「운냉22 환습50」과 같이 간소화 된 표현도 가능하다.

발신음 3회의 신호를 통해 컴퓨터 소프트웨어가 작동됨으로써 인터넷으로부터 메일을 자동적으로 읽고 메일의 지시대로 에어컨을 조작하게 된다. 휴대전화든 컴퓨터든 e-메일을 송신할 수 있는 기기라면 어느 것을 사용해도 원격 조작이 가능하다.

실온과 설정온도 등 에어컨의 현재 상황도 e-메일을 통해 알 수 있도록 되어 있으며, 에어컨 전원 OFF를 잊어버리거나 하는 등의 체크 방법으로도 활용할 수 있다. 예상 이상으로 잠재 수요가 많을 것으로 기대감이 높아 관련 메이커 사이에 지대한 관심을 끌고 있다. 참으로 편리한 세상이 펼쳐지고 있다.

◇ 인터넷 에어컨 e-@ir (Mitsubishi) ◇

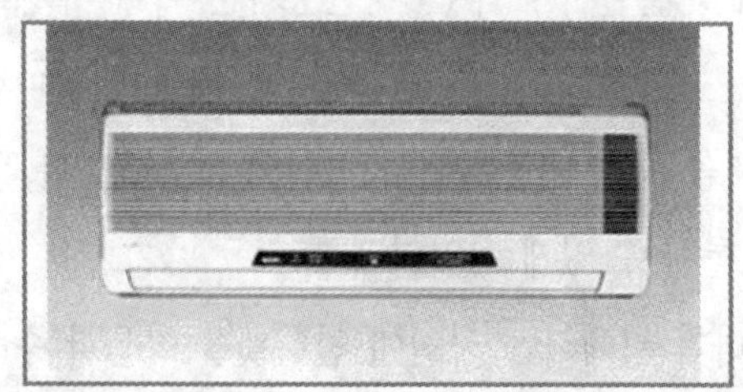

출전) http://www.mhi.co.jp

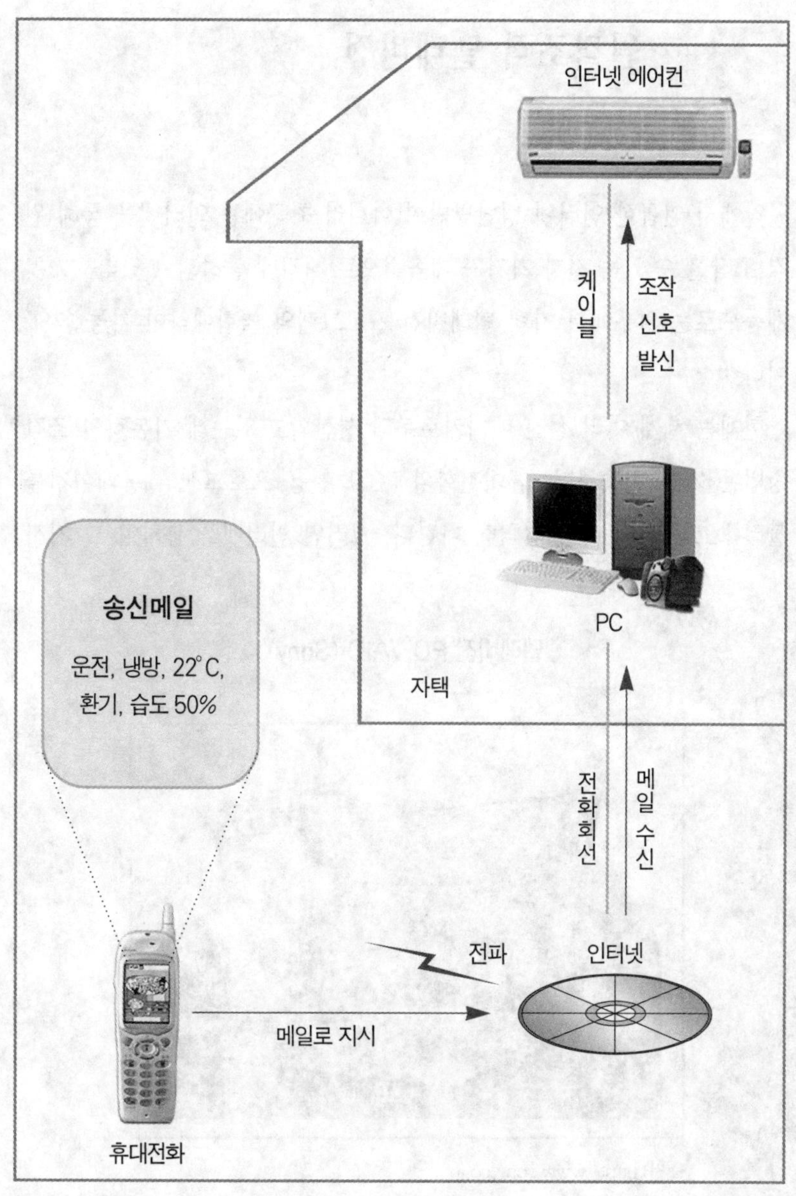

인터넷 에어컨
케이블
조작 신호 발신
PC
자택
송신메일
운전, 냉방, 22˚C, 환기, 습도 50%
전화 회선
메일 수신
전파
인터넷
메일로 지시
휴대전화

◇ 인터넷 에어컨의 이미지 ◇

## 5

원격조작 텔레비전

앞에서 언급한 인터넷 냉난방만이 아니라 최근에는 인터넷을 통해 원격 조작할 수 있는 전자 기기가 계속적으로 시장에 출하되고 있다. 그 첫 제품으로는 외부에서 자택 텔레비전 프로그램의 녹화예약이 가능한 PC이다.

현재는 세계 여러 선진 메이커로부터 생산되고 있는데 기본적인 조작 방법은 거의 비슷하다. 휴대전화와 PC로 전용 프로그램의 홈페이지를 불러내고 표시에 따라 입력해 나간다. 그러면 인터넷을 통하여 그 지시

◇ 텔레비전 PC VAIO (Sony) ◇

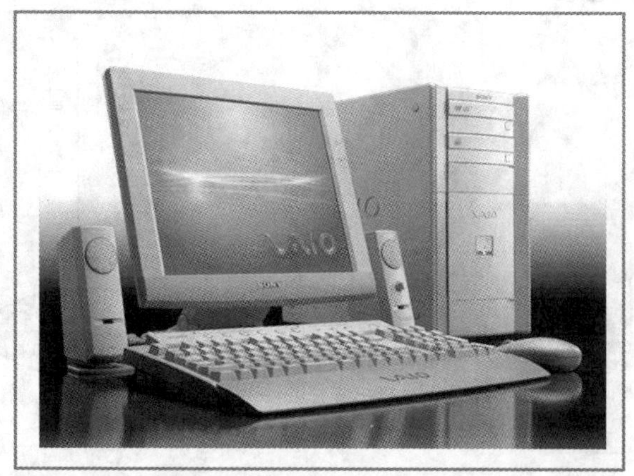

출전) http://www.sony.co.jp

를 받은 PC가 내장된 텔레비전 튜너를 사용해 녹화를 하게 된다. e-메일로 직접 지시하는 것도 가능하다.

지난 2000년 10월 샤프(Sharp)가 데스크톱 형태인 「PC-X2001」, NEC가 노트북 형태의 「LS600J/55DV」「LS55H/54DV」와 데스크톱 형태인 「VT800J/5FD」를 각각 발매한 상태다. 그리고 같은 해 12월에는 소니(Sony)가 자사 제품의 텔레비전 PC인 「VAIO」를 대상으로 외출지에서도 인터넷으로 녹화 예약할 수 있는 서비스를 시작하였다.

현재 원격 조작 텔레비전은 유저로부터 갑작스러운 모임이나 잔업, 출장 등의 경우에 매우 편리하다는 호평을 받고 있다. 게다가 예약 녹화를 잊어버리더라도 전혀 문제될 것이 없어 편리하다.

한편으로 기존의 다양한 가전제품을 외출지로부터 원격 조작할 수 있는 소프트웨어 「KMEMO Tool」(http.//www.asahi-net.or.jp~tz2s-nsmr)도 등장하고 있다. 비디오와 에어컨 이외에도 적외선 리모컨에 대응할 수 있는 가전제품이라면 대부분 조작할 수 있다고 한다.

실제로 사용하기 위해서는 이 소프트웨어 이외에 PC에 접속할 수 있는 만능 적외선 리모컨 「클로썸2+」(Crossam2 Plus)가 필요하다. 이 리모컨은 1대로 다양한 메이커의 가전제품을 한 번에 조작할 수 있는 제품이다.

다만, 다른 사람에 의한 부정 조작의 우려를 들 수 있으나, 모든 제품에 패스워드(암호)를 통해 본인으로부터의 지시인지 아닌지를 구별할 수 있게 되어 있다.

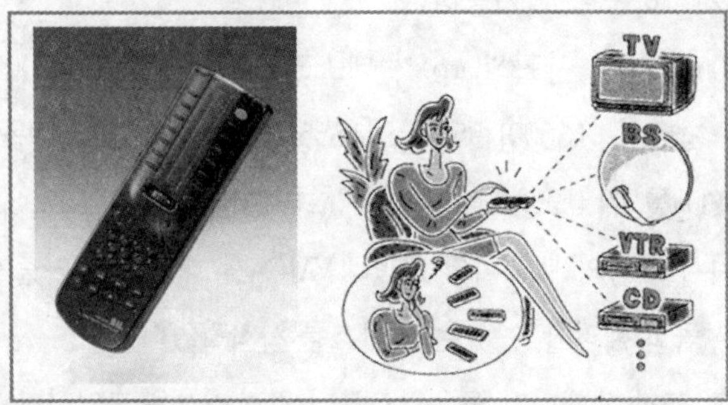

출전) http://www.halcorp.co.jp/hard/crossam

◇ 모바일 리모컨 (Matsushita) ◇

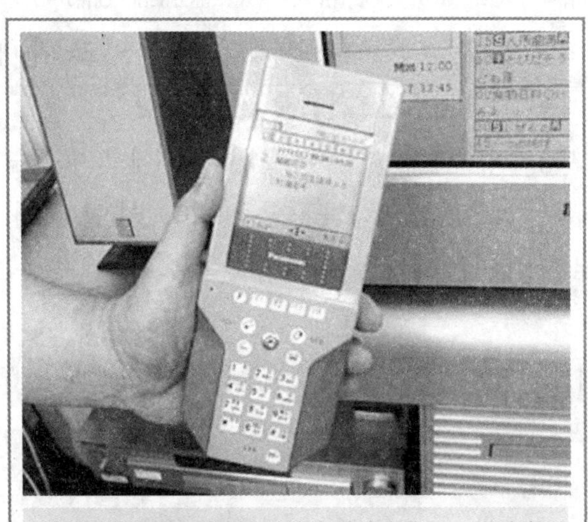

휴대전화와 리모컨을 융합시켜 가정에서는 AV 기기의 리모컨, 밖에서는 휴대전화로 이용할 수 있는 모바일 리모컨

출전) http://www.zdnet.co.jp

6 인터넷 세탁기

세탁기와 인터넷의 조합은 전자레인지나, 냉장고, 텔레비전이 네트워크화 결합되는 정도 이상의 의미를 지니며, 통상적인 관점으로 판단한다면 별로 어울리지 않는 조합이라고 할 수도 있다. 하지만 인터넷 세탁기는 아이디어 단계가 아니라 이미 해외는 물론 국내 시장에서도 제품이 소개되고 있다.

대표적인 해외 제품으로서는 이탈리아의 가전 메이커인 「Merloni」로 상품명은 「margherita2000.com」이며, 또 하나는 스웨덴의 「Electrolux」를 들 수 있겠다. 세탁기에 인터넷이 접속되어 있다는 점은 동일하지만 세부적인 컨셉은 서로 다르다.

「Merloni」의 세탁기는 세탁기 본체가 전화선이거나 휴대전화로 인터넷에 접속할 수 있도록 되어 있다. 용도는 PC와 휴대전화로 인터넷을 사용하여 원격 조작하고 외출지에서 자신의 귀가 시간에 맞추어 세탁기를 작동시키는 것이다. 또 단지 전원을 ON/OFF하는 것만이 아니라 물과 세제, 전기 소비량의 모니터링까지 가능하다.

나아가 디스플레이가 부착되어 있어 e-메일과 휴대전화 간단한 메시지(SMS)의 수신기능도 구비되어 있다. 「세탁물을 건조시켜주세요」 등과 같이 자택에 먼저 귀가한 사람에게 메시지를 남길 수도 있다. 나아가 새로운 세탁프로그램의 다운로드와 온라인 지원도 가능하다.

「margherita2000.com」은 인터넷에 대한 접속 기능을 세일즈 포인트 (Sales Point)로 하여 앞으로 오븐과 식기세척기, 냉장고 등에도 추가할 예정이라고 한다. 장래는 전기 소비량의 집계 기능도 추가함으로써 가전 제품의 에너지 소비사항 일괄 관리를 목표로 하고 있다.

다음으로 「Electrolux」의 인터넷 세탁기는 기능이 전혀 다르다. 세탁기 자체는 유저에게 무료로 배포되지만, 사용한 횟수의 데이터가 인터넷으로 「Electrolux」에 보고되어 사용료가 청구되는 시스템이다. 일종의 리스 (Lease)와 같은 형태로 사용료에 따라 요금 설정이 인터넷으로 이루어지는 것이다.

현재 국내에서도 LG전자가 최근 원격 제어가 가능한 「LG 인터넷 터보 드럼 세탁기」를 출시하고 있다. 원격 제어 기능을 탑재한 터보드럼 세탁기는 컴퓨터 뿐 아니라 휴대전화 등 무선 인터넷 단말기를 통해 언제, 어디서나 집안의 세탁기를 조작할 수 있고 세탁시간, 코스 조정 등 각종 기능을 조절할 수 있다.

◇ 인터넷 세탁기 「margherita2000.com」 (Ariston) ◇

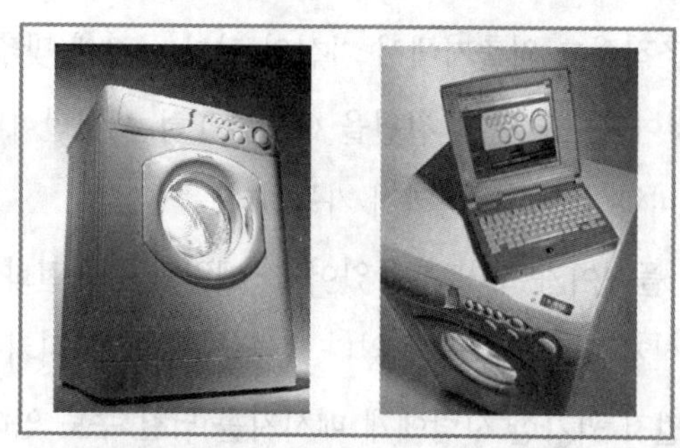

출전) http://www.margherita2000.com

◇ Electrolux의 각종 세탁기 ◇

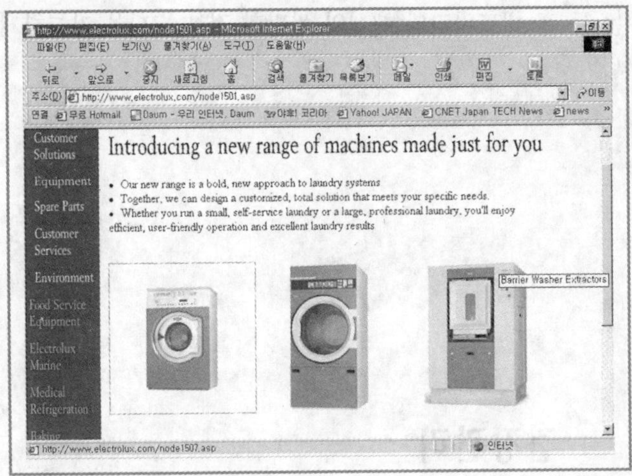

출전) http://www.electrolux.com

◇ 인터넷 세탁기의 활용 이미지 (LG전자) ◇

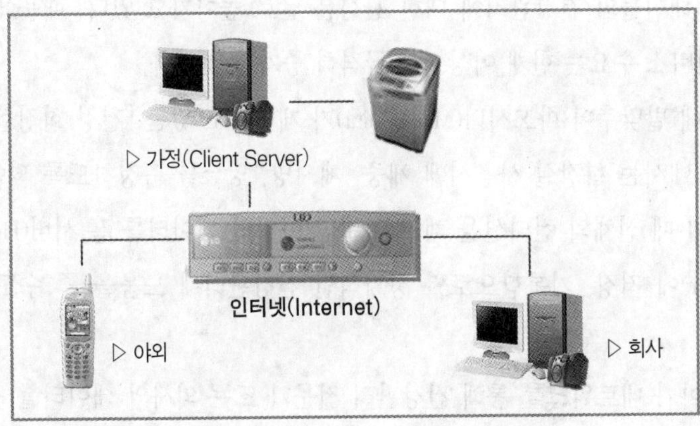

출전) http://www.dreamlg.com

또한 세탁시간이 얼마 남았는지 등 작동 상태를 확인할 수 있고 세탁 중 문제가 발생하면 이를 자체 진단하여 오작동 메시지를 휴대전화로 전송해 주는 등 홈 네트워킹의 핵심인 쌍방향 정보 교환을 가능하게 하고 있다.

 7 건강관리

사회나 직장생활 등을 통해 느끼는 과도한 스트레스나 피로 등으로 인해 현대인들의 건강관리에 대한 관심은 날로 높아가고 있다. 때문에 관련 서비스 수요는 현재 이상으로 급격히 증가할 것이다.

이에 발맞추어 마쯔시타(Matsushita)가 제안하고 있는 「건강 화장실 시스템」에서는 화장실 사용시에 체중, 체지방, 당뇨를 측정하도록 되어있다. 이 때 신체의 컨디션을 체크할 뿐만 아니라 데이터를 홈 서버(Home Server)에 저장, 기록함으로써 정기적인 건강관리에 도움을 줄 수도 있다.

나아가 네트워크를 통해 건강관리 전문가 또는 의사와 데이터를 공유하면서 건강상태에 대한 적절한 조언을 받을 수 있게 된다.

　　이처럼 화장실과 같이 적어도 하루 1회 이상 사용하는 가정 내 시설
(도구)을 인터페이스(Interface)로 활용한다는 측면에서 몸이 불편한 사
람이나 혼자 사는 노인 등의 건강상태를 파악하고 그에 걸맞는 조치를
취하는 데는 매우 효율적이라 하겠다.

　　그리고 과거 "코끼리 밥통 사건"으로 우리에게 그 이름이 알려진「象
印보온병주식회사(Zojirushi)」(http://www.mimamori.net)는 고령자의 안
부 확인에 타깃을 맞춘 보온병을 2001년 초반부터 발매하고 있다. 이것
은 고령자나 피보호자가 적어도 하루에 몇 차례 차(茶)를 마시는 습관에
착안하여 개발된 것이다.

미마모리 핫라인(http://www.mimamori.net)

비명령형 정보가전
Non-command Information Appliance

　일부 정보가전은 우리들이 일상 생활에서 쉽게 접할 수 있는 가전제품들처럼 어느새 친숙한 모습으로 다가와 있다. 기존의 정보단말기와는 달리 도입과 설치에 따른 번거로움 없이 작동 스위치만 온(ON) 위치에 두게되면 곧바로 온라인과 접속(Plug & Play)이 이루어지는 것이 정보가전의 미래상이기도 하다.

　이미 일본의 "象印보온병주식회사(Zojirushi)"가 지난 2001년 3월부터 판매하고 있는 「i-pot」은 차나 커피 등을 마시기 위해 물을 끓이는 단순한 보온병인 동시에 인터넷 접속이 가능한 제품이다. 그러나 i-pot의 가장 큰 특징은 단순히 물을 끓이거나 보온하는 기능만을 가진 것이 아니라, 해당 보온병을 사용하는 사람의 이용 기록을 웹 사이트에 발신하도록 설계되어 있다는 점이다.

　이 웹 사이트에서는 사용자가 어떤 패턴으로 차를 마시고 있는지(온수를 사용하고 있는지)를 모니터하고 있어, 사용자가 하루에 어느 정도 간격으로 차를 마시고 있는지를 파악할 수 있다. 이러한 사용자의 근황은 1일 2회 e-메일을 통해 알려주지만, 관계자 스스로 웹 사이트 체크를 통해서도 알 수 있도록 되어 있다. 이처럼 Zojirushi의 i-pot 시스템을 통해 이루어지는 서비스를 가리켜 「미마모리 핫라인(지켜보는 핫라인)」이라

부르고 있다. 미마모리 핫라인의 타깃 시장은 자식들이나 보호자들과 멀리 떨어져 생활하고 있어 직접 모니터하기 곤란한 고령자들이라 하겠다.

게다가 미마모리 핫라인의 강점은 이 제품을 사용하기 위해 고령자들이 별도의 사용법을 배울 필요가 없다는 점이다. 다음의 도표를 통해 알 수 있는 바와 같이 i-pot은 생김새는 일반 보온병과 별반 다르지 않다.

그러나 사용자가 i-pot에 물을 공급하게 되면 i-pot은 NTT DoCoMo의 데이터 패킷 통신 서비스 "DoPa"를 이용하여 후지쯔(Fujitsu)의 서버에 신호를 보낸다. 서버에서는 이를 기록하여 다시 웹 사이트로 보낸다.

유저(피보호자)의 관계자(보호자)는 i-pot의 전용 홈페이지를 통해 i-pot 이용 패턴을 그래프를 통해 확인할 수 있다. 예를 들면, 그래프의 파란마크는 사용자가 보온병에 전원을 넣은 시간, 녹색마크는 물을 추가로 공급한 시간, 적색마크는 전원이 들어와 보온이 지속되고 있는 시간을 가리킨다.

i-pot은 유저들의 프라이버시 보호를 위해 그래프로 표현되는 정보 이상의 개인정보는 알리고 있지 않고 있는데, 그 이유는 주요 타깃인 고령자의 보살핌에 필요한 것은 해당 사용자의 안부 확인만으로 충분하다는 것이다.

결국, i-pot 시스템은 모바일 인터넷의 속성을 가지고 있는 정보가전임에도 불구하고 움직임 없이 사용할 수 있다고 하는 새로운 방법을 개척하였을 뿐만 아니라, 사용자가 명령어(Command)를 입력하여 조작할 필요가 없는 「Non-command User Interface」의 실현으로 현재 많은 관심을 끌고 있다.

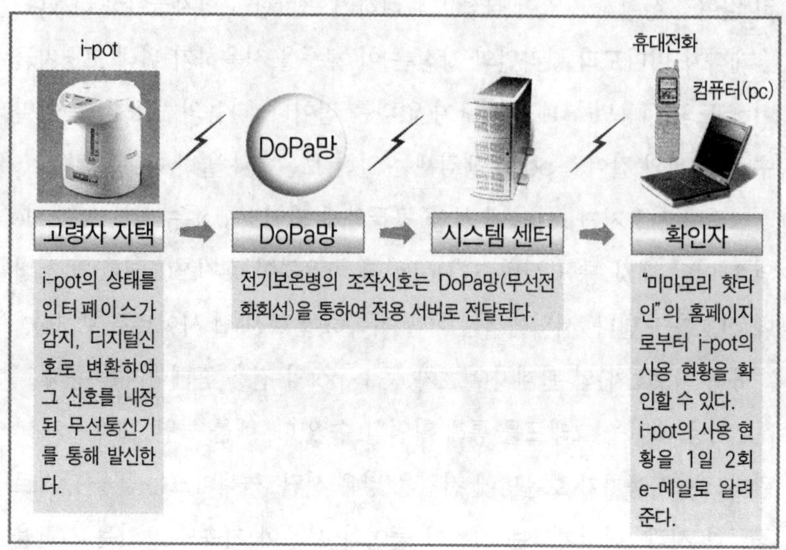

출전) http://www.mimamori.net

9 미마모리 핫라인

근래의 핵가족화 심화는 혼자 사는 노인이나 고령자 부부만으로 구성된 가정을 낳고 있어 사회문제로까지 대두되고 있다. 특히, 혼자 사는 노인의 경우 돌볼 가족이 없는 경우가 일반적이지만, 보호자(자식)들의 직장이나 경제적 형편 등으로 부득이 직접 모시지 못하는 사례도 많다. 그 때문에 서로 몸은 떨어져 있으나 항시 부모에 대한 걱정을 떨쳐버릴 수 없는 것 또한 자식들의 심정이다.

하지만 보호자와 피보호자 사이의 지리적 거리 때문에 매일 찾아가 근황을 살필 수는 없는 일이다. 이와 같은 시대적 환경과 그에 대한 강한 사회적 니즈(Needs)가 i-pot의 개발로 이어진 것이다. 때문에 i-pot으로 구현되는 "미마모리 핫라인"은 한마디로 앞으로 다가올 고령화 사회에 있어 전혀 새로운 커뮤니케이션의 형태를 제시하고 있다고 하겠다.

미마모리 핫라인의 가장 큰 특징은 정보의 발신자에 해당하는 사용자(고령자)가 아무런 액션(Action)을 취하지 않고서도 계약자(보호자)에게 자신에 관한 최소의 근황 정보를 발신할 수 있다는 점이다. 정보의 발신자가 취하는 액션이라야 여느 날과 다름없이 물을 끓여 차를 마시는 행위만 이루어질 뿐이다.

정보의 발신은 30분마다 갱신되기 때문에 계약자는 그러한 패턴을 휴대전화와 PC를 통해 지켜볼 수가 있다. 가령, 매일 오전 6시 i-pot에 전원을 넣던 사용자(User)가 다음날에는 오전 10시에 전원을 넣었다면, 사용자의 리듬이 깨지고 있다는 추측을 할 수 있게 되는 것이다.

또 고령자와 보호자가 인터넷을 통해 항시 접속상태에 있기 때문에 시간이나 장소에 구애받지 않고 사용패턴을 확인할 수 있다.

게다가 보온병이라고 하는 일반 가정의 친숙한 제품(일본에서는 녹차를 자주 마시는 습관이 있어 일반 가정이나 사무실에는 끓인 물을 항상 준비해두고 있다)이 정보발신기 역할을 함으로써 고령자들이 아무런 부담감을 가지지 않고 이용할 수 있다는 점이다.

◇ i-pot의 운용 이미지 ◇

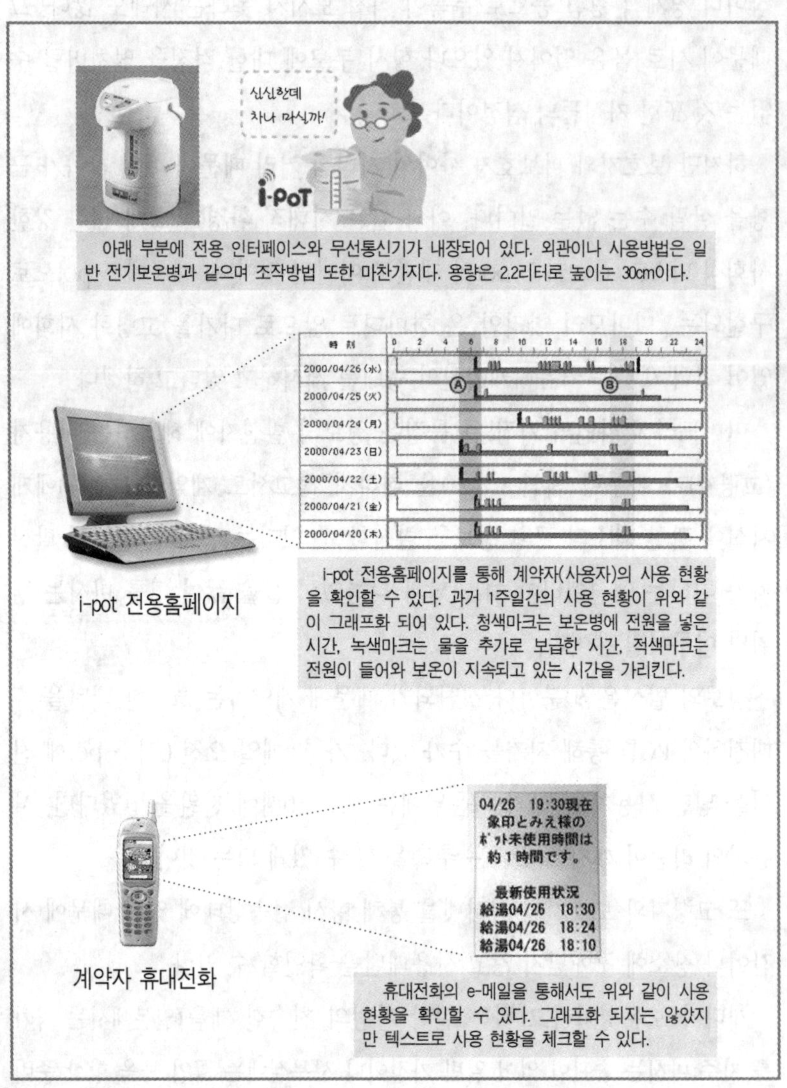

아래 부분에 전용 인터페이스와 무선통신기가 내장되어 있다. 외관이나 사용방법은 일반 전기보온병과 같으며 조작방법 또한 마찬가지다. 용량은 2.2리터로 높이는 30cm이다.

i-pot 전용홈페이지

i-pot 전용홈페이지를 통해 계약자(사용자)의 사용 현황을 확인할 수 있다. 과거 1주일간의 사용 현황이 위와 같이 그래프화 되어 있다. 청색마크는 보온병에 전원을 넣은 시간, 녹색마크는 물을 추가로 보급한 시간, 적색마크는 전원이 들어와 보온이 지속되고 있는 시간을 가리킨다.

계약자 휴대전화

휴대전화의 e-메일을 통해서도 위와 같이 사용 현황을 확인할 수 있다. 그래프화 되지는 않았지만 텍스트로 사용 현황을 체크할 수 있다.

출전) http://www.mimamori.net

물론 일반 보온병과 그 사용방법이 다르지 않아 특별히 설치해야 하는 시스템이나 장치 또한 존재하지 않는 다는 사실이다.

지금까지 미마모리 핫라인 서비스는 개인을 대상으로 하여 왔으나 2001년 5월부터는 자치단체, 사회복지협의회, 병원, 복지단체 등으로 서비스 대상범위를 확대하고 있다.

10 긴급통보시스템과의 차이점

그럼, 미마모리 핫라인과 기존 긴급통보시스템과의 차이점은 무엇일까? 이에 대해 Zojirushi는, 미마모리 핫라인은 비상사태의 발생을 통보하는 시스템이 아니라 일상 커뮤니케이션이 목적이라고 밝히고 있다.

구체적으로 몇 가지 나열해 보면 다음과 같다.

■ 혼자 사는 노인의 증가

근래에 들어 혼자 사는 노인 세대가 증가함으로써 큰 사회문제로 대두되고 있다. 가족을 비롯하여 자치단체, 의사, 자원봉사자 등 많은 사람들이 헌신적인 노력을 기울이고 있지만, 한정된 인원으로 효과적인 개호 활동을 하기 위해서는 아직 많은 과제가 남아 있다. 그 가운데 하나가 혼자 사는 노인의 생활정보가 충분히 입수되고 있지 않다는 점이다.

■ 종전 시스템의 보완

지금까지 다양한 정보시스템이 고안되어 왔으나, 그 대부분이 비상사태가 발생하고 나서부터 관련자에게 그 내용을 알리는 것이었다. 물론 그러한 시스템의 필요성은 인정하지만,「조금이라도 더 빨리 알 수 있었다면…」또는「일이 터지기 전에 정보가 필요하다」와 같은 의견들이 끊임없이 제기되어 왔다.

■ 일상생활의 체크

i-pot을 매개로 하는 "미마모리 핫라인"은 비상사태를 알리는 시스템이 아니다. 또한 그에 적절히 대응할 수 있는 서비스 역시 갖추어 있지는 않다. 그러나 한편으로 고령자의 일상생활을 주의 깊게 관찰함으로써 근황 변화를 체크할 수 있다고 하는 새로운 특성을 갖추고 있다. 이와 같은 특징이 종전의 긴급통보시스템과는 성격이 다른 이 시스템만이 갖는 특징이어서 시장에서 많은 주목을 끌고 있다.

■ 고령자의 프라이버시 보호

혼자 사는 노인이나 고령자 부부의 대부분은 조용히 여생을 보내길 원하고 있다. 누구로부터의 간섭을 받지 않는 자신들만의 생활을 영위하고자 한다. 그러한 곳에 익숙하지 않은 기계가 침투하게 된다면 새로운 문제를 발생시키게 될 것이다. 이러한 점을 충분히 고려하여 "미마모리 핫라인"은 보온병이라고 하는 가장 일상적인 제품을 사용, 멀리 떨어져 살고 있는 피보호자의 생활을 조용히 지켜봄으로써 자연히 프라이버시의 문제도 해결할 수 있게 된다.

■ 미마모리 핫라인

i-pot을 매개로 이루어지는 "미마모리 핫라인"을 통해 파악된 내용을
간단히 정리해 보면 다음과 같다.

- 항상 인터넷으로 연결되어 있기 때문에 시간이나 장소에 관계없이 사용자의
근황을 확인할 수 있다.
- 보온병이라고 하는 일반가정의 친숙한 제품에 시스템을 도입함으로써 사용
자가 별다른 저항감 없이 받아들이고 있다.
- i-pot으로 구현되는 서비스가 무선 시스템이어서 도입에 따른 별도의 시스
템이나 장치가 필요없다.

◇ i-pot의 활용도 ◇

출전) http://www.mimamori.net

급속한 생활환경의 변화와 IT의 진보는 i-pot과 같이 새로운 형태의 모바일 인터넷 접속을 가능하게 함으로써 완전히 새로운 사용자 인터페이스를 실현하고 있다. 앞으로 「Non-command User Interface」(비명령형 유저 인터페이스)의 활용과 가능성이 더욱 확장됨으로써 전혀 색다른 형태의 시스템 탄생도 기대할 수 있게 되었다.

Coffee Break

포스트 PC의 주역은 PC ?

수익모델의 부재로 위기에 부닥친 닷컴은 어떻게 될까. 회의론에 휩싸인 차세대 이동통신(IMT-2000)은 성공할 수 있을까.

미국의 투자은행인 골드먼삭스는 이런 궁금증을 풀어주는 '2005년으로부터의 회고'라는 제목의 분석자료를 최근 발표했다.

내용은 '2005년에 IT분야에서 발생할 12가지의 놀라운 일들'을 가상 시나리오로 짚어본 것이다. 예를 들면, PC의 왕좌 유지, "e"의 금의환향(錦衣還鄕), 3세대 이동통신에 대한 2세대, 2.5세대의 승리, 인터넷 광고의 부활, 광대역의 성장부진 등이다.

이 같은 내용은 2001년 현재의 IT기술 흐름과 비교하면, 예상을 뒤엎는 것들이지만, 인터넷, 미디어, 통신 등 8개 산업분야의 내로라하는 전세계 전문가들이 예상한 것이라는 점에서 시사하는 점이 적지 않다.

인터넷 접속수단으로 휴대전화 등 여러 대안이 등장하면서 PC가 서서히 대체될 것이라는 예상을 깨고 여전히 가장 우수한 접속도구로 남는다. PC 제조업체들이 1980, 90년대처럼 다른 업체가 따라갈 수 없을 정도의 거대한 "규모의 경제"를 실현하기 때문이다.

또한 초고속통신망 등의 발달로 PC가 단순히 인터넷에 접속하는 수준을 넘어 가정 내 네트워크의 중추로 떠오른 것도 PC가 '왕좌'를 유지하는 또 다른 이유다. PC는 이제 집에서 전등, 가전제품 등 수많은 도구를 무선으로 연결하는 "가정의 서버" 역할을 한다.

한때 "꿈의 이동통신"이라 불리며 주목받았던 3세대는 손님 끌기에 실패한다. 한국, 일본 등 일부지역에서는 3세대가 빨리 받아들여지겠지만, 미국 등 주요 시장에서는 아직도 2세대, 2.5세대 기술이 득세한다.

무선 인터넷에서 가장 인기 있는 서비스는 e-메일과 채팅인데 3세대는 이 분야에 있어서 이전 기술보다 훨씬 나은 기능(속도, 편리성)을 제공하지 못하기 때문이다. 또한 그래픽기능 향상에도 불구하고 이용요금이 너무 비싸 소비자들의 눈길을 끄는 데 실패한다.

초기에는 새로운 분야, 특히 무선인터넷 서비스가 유선인터넷처럼 급팽창할 것으로 생각했다. 그러나 이런 예측은 빗나갔다.

서비스 제공업체들이 다른 것과 호환되지 않는 "그들만의 서비스"를 제공하는 "성벽으로 둘러싸인 정원(Walled Garden)" 전략을 썼기 때문이다.

2000년까지 미국 기업으로 도배됐던 세계 최대의 인터넷 회사 목록에 다른 나라의 업체가 오른다. 강력한 후보자는 유럽과 아시아다. 인터넷 이용자 증가, 통신 규제완화 등에 힘입어 이들 회사는 미국에 있는 자국 언어권 이용자를 공략한다.

많은 투자가들은 5년 전만 해도 e-커머스가 경제성이 있는지 회의를 품었다. 하지만 그들은 다시 스타가 되었다. 미국 가구의 60%가 e-커머스를 쓰는 등 이용자가 폭발적으로 늘어 1990년대 말 집중됐던 투자가 결실을 보기 시작했기 때문이다.

효과가 의문시되었던 인터넷 광고도 기술향상과 무선인터넷 발달로 광고주가 고객에 다가가는 효과적인 방법이 된다.

이밖에도 광대역의 성장지체, 광대역을 확산시키는 유무선기구, 하이브리

드(온+오프라인)업체의 도약, 판매자-구매자 사이의 중개인의 생존, 온라인
에 대한 정부의 간섭 강화, 각 산업에서의 순탄치 않은 인터넷 활용 등도 "예
상을 뒤엎는" 변화로 선정되었다(중앙일보〔2001.4.30〕).

Robot Appliances
로봇가전

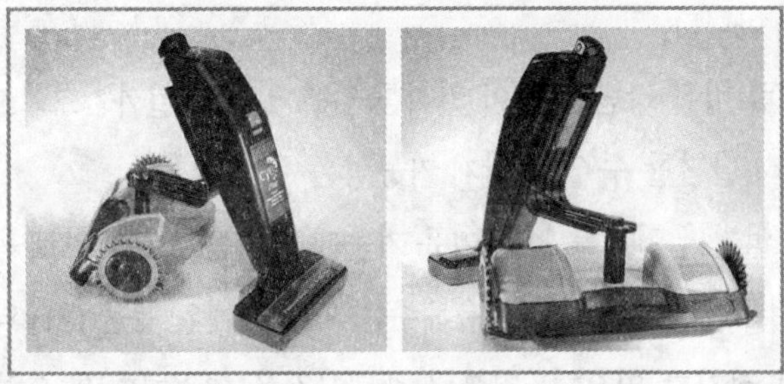

　　로봇산업은 현재 공장 등 산업용 중심에서 애완용 오락 로봇, 병자 간호 로봇, 대화 상대용 로봇 등 생활형 개인 로봇 중심으로 발전하고 있는 추세에 있다. 특히, 로봇이 가전과 결합됨으로써 가정에 생활혁명을 몰고와 그 효용성은 날로 높아가고 있다.

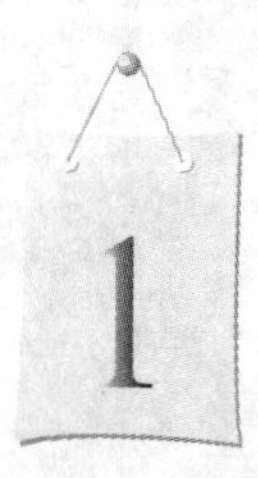

로봇 강아지 「Aibo」

　지난 1999년 장난감이라고 하기에는 터무니없이 비싼 로봇 강아지 「Aibo」가 소니(Sony)로부터 개발되어, 25만엔(약 250만원)이라고 하는 고가에도 아랑곳하지 않고 순식간에 품절이 되는 일이 벌어졌다. 1999년 6월부터 2001년 4월까지의 누계 판매 수는 9만 5,000대에 달하고 있다. 누계 매출액은 200억엔(원화로 2,000억원 이상)을 넘어 결코 적은 비즈니스 규모가 아니다.

　왜 이처럼 비싼 장난감(?)이 인기를 얻고 있는 것일까? 그리고 이러한 Aibo로부터 발견할 수 있는 잠재 가능성은 무엇일까?

　Aibo가 엄청난 인기를 얻은 이유 가운데 하나는 스트레스로 몸살을 앓고 있는 현대인들의 마음을 치유해주는 도구로 애완 동물(Pet) 역할이 어느 때보다 커지고 있으나, 일본의 주택사정을 고려한다면 오히려 기를 수 없는 사람들이 더 많다. 또 실제 애완 동물의 경우, 주인은 먹이와 산보 등의 수고를 기꺼이 감수해야 하는데, 그에 투자할 만큼의 시간적 여유가 없는 것이 현대인들이기도 하다.

　다시 말해, 낚시는 하고 싶지만 징그러운 지렁이를 낚시 밥으로 사용하면서까지 즐기기는 싫다는 의미로 해석할 수 있다. 이는 가상의 낚시 밥을 가지고 즐기는 가상 세계의 낚시가 많은 인기를 얻고 있는 것을 통해서도 이해할 수 있겠다.

그리고 Aibo는 지금까지의 장난감 기능을 훨씬 뛰어넘는 기능과 애교가 부가됨으로써 이「장난감」을 성공으로 이끌고 있다. 소니의 개발 담당자가 말하는「실용적인 로봇을 만드는 것은 아직 기술이 부족하지만 장난감이라면 그다지 어렵지 않다」라고 지적한 포인트가 바로 성공의 비결인 것이다.

Aibo에는 걷거나 소리를 내거나 하는 등 지금까지의 장난감과 같은 단순한 동작만이 아니라 본능, 감정, 학습, 성장이라고 하는 살아있는 물체와 동일한 기능이 프로그램되어 있다. 게다가 주인이 같은 말을 걸어도 매번 같은 동작을 하지 않는 등 움직임을 예상할 수 없으며, 그 때문에 매번 새로운 느낌으로 접할 수 있게 되는 것이다.

이러한 동작기술이 특별하거나 획기적인 기능은 아니지만 프로그램에 따라 복잡한 동작과 애교 만점의 동작도 이끌어 낼 수 있다. 결국, Aibo는 모든 동작에 로봇으로서의 완벽함을 추구하지 않으면서도 장난감이라고 하는 또 다른 차원으로 제품화한 것이 비즈니스의 성공으로 이어진 것이다. 이는 기술이 어느 용도로 활용될 것인가는 아이디어에 따라 다르며 유연한 사고능력이 한층 필요하다는 것을 Aibo는 증명하고 있는 셈이다.

한편, 장난감 유통기업인 미국의「FAO Schwarz」(http://www.fao.com)는 지난 2001년 7월 기존 Aibo에 디지털 카메라와 정교한 프로그래밍 소프트웨어를 장착한 1,500달러의 2세대 Aibo를 미국 내 10개 매장에서 시연하고 있다.

소니 역시 2001년 8월, 150달러 Aibo 메신저 소프트웨어를 추가로 선보여 Aibo 붐을 지속시키고 있다.

◇ 장난감 로봇 「Aibo」(Sony) ◇

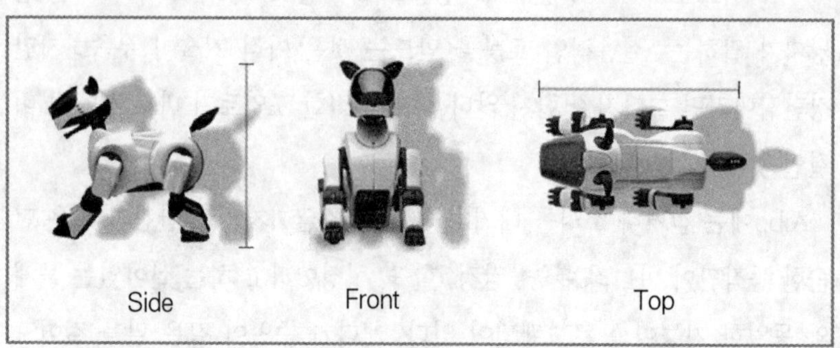

출전) http://www.aibo.com

또 「Tiger Electronics」(http://www.tigertoys.com)는 2001년 8월 대형 소매점을 통해 Aibo보다 저렴한 로봇 강아지 「i-cybie」를 200달러에 판매하고 있다.

이와 같이 유통 회사들이 로봇 장난감에 관심을 보이고 있는 것은 로봇 강아지가 손이 많이 가고 돈이 많이 드는 애완 동물의 자리를 대신할 만큼 영리해져 시장성이 있다고 판단하고 있기 때문이다.

실제로 2세대 Aibo는 마스터 스튜디오 소프트웨어를 이용해 Aibo가 춤을 추도록 할 수 있고, 내장된 카메라로 주인이 Aibo의 시각에서 사물을 바라볼 수 있는 것은 물론 Aibo를 통해 주인의 목소리를 전달할 수도 있다. Aibo의 메신저 소프트웨어는 Aibo가 주인에게 e-메일이 도착하였음을 알리고 이를 읽어주는 것은 물론 텍스트 기반 웹 사이트에서 디지털 뉴스를 가져다 줄 수도 있다.

또 i-cybie는 16개의 모터와 정밀한 센서, 원격제어 장비 등을 갖추어 스스로 걷고 음성과 손벽 명령에 반응하며 물구나무서기나 팔굽혀펴기

◇ i-cybie 로봇 (Tiger Electronics) ◇

출전) http://www.tigertoys.com

◇ 신형 Aibo 「랏테」와 「마카론」 (Sony) ◇

2001년 9월부터 발매된 「랏테」(Latter)와 「마카론」(Macaron)은, 기존 1세대, 2세대 Aibo에 비해 하드웨어 측면에서는 기능을 최소화시켰으나, 소프트웨어 측면에서는 오히려 종래의 1.5배나 되는 75종류의 언어를 음성인식가능하게 하고 특정 미디어에 반응하여 움직이는 "미디어링크기능"도 장착되어 있다.

지금까지 Aibo라고 하면 "로봇 형태의 강아지"라는 이미지가 정착되어 있으나 랏테와 마카론은 곰인형과 같은 둥근 이미지의 디자인을 채용하고 있다. 이러한 디자인은 남성 고객만이 아니라 여성을 포함한 폭넓은 고객들에게도 어필하기 위해서다. 발매 가격은 98,000엔으로 비교적 저렴한 편이다.

출전) www.aibo.com

와 같은 재주도 부릴 수 있다. 장난감 로봇이 이제 더 이상 장난감이 아니다.

2 곰돌이 로봇

마쯔시타(Matsushita)가 제안하고 있는 애완 동물 로봇은 기존의 Aibo 와 같이 기계적인 냄새가 풍기는 로봇이 아니라 곰돌이 인형과 같이 친근한 외모를 가진 것이 특징이다.

혼자 사는 노인 세대가 늘어남에 따라 고독사(孤獨死) 등의 사회 문제가 급증하고 있다. 그러나 모든 고령자가 사용하는 인터페이스를 가진 정보 기기는 좀처럼 등장하고 있지 않다. 게다가 정신적인 면을 지탱할 수 있는 정보 기기 등은 전무한 실정이다.

이러한 사회적 분위기를 반영하여 마쯔시타가 개발한 인형 로봇은, 고령자의 안부 확인과 쌍방향 정보 교환을 수행할 수 있다. 나아가 이 로봇은 대화 기능을 가지고 있어 혼자 사는 노인의 대화 상대가 되어 줌으로써 정신적인 안정감을 찾도록 하는 데 도움을 주고자 개발된 것이다.

인형 로봇은 사전 인풋(Input) 된 키워드에 반응함으로써 간단한 회화가 가능하다. 예를 들어, 주인의 「안녕!」이라는 인사말에 대해 「컨디션은 어때요. 무슨 일이 생기면 지원센터에 연락할게요」와 같은 대답을 하거나, 「노래 불러봐!」라고 명령을 하면 등록된 동요 가운데 무작위로 선택, 노래를 부른다.

이 로봇 자체는 이미 1999년에 개발된 것이지만, 매년 계속적인 개량화가 이루어짐으로써 보다 친근한 애완 동물 로봇으로 진화를 거듭하고

출전) http://www.zdnet.co.jp

있다. 로봇의 등뒤 가방에는 노트북 PC를 소형화 한 것이 들어 있으며, 무선 네트워크를 통해 복지 지원 센터와 접속되어 있다.

3 장난감 로봇 「R100, PaPeRo」

가정에 다양한 기능을 갖춘 정보가전이 본격적으로 도입되면, 우리 생활 환경은 일찍이 경험한 적이 없는 풍요로움을 누리게 될 것이다. 나아가 정보가전에다 로봇가전의 가능성마저 현실화됨으로써 제2의 생활혁명을 맞이하게 되었다.

일본 NEC의 「R100」은 위에서 언급한 아이보(Aibo)와는 다른 컨셉을 가지고 개발된 로봇이다. R100은 애완 동물(Pet)이 아니라 인간의 작업을 도와 줄 목적으로 만들어진 것이다. 그러나 아무런 애교도 없이 작업을 수행하는 것이 아니라 인간과 대화를 하는 등 일부 애완 동물의 요소도 포함되어 있다.

R100의 주요 기능에는 먼저 e-메일의 송수신이 가능하다는 것이다. 게다가 e-메일을 수신하면 수신자를 찾아내어 음성 메밀이라면 읽어주고, 비디오 메일이라면 스스로 텔레비전에 전원을 넣어 보여줄 수도 있다. 다음으로 가족에 대한 메시지를 R100에 기록해 두면 메시지의 상대를 만났을 때 재생해주기도 한다.

R100에는 인간의 눈에 상당하는 기능으로 디지털 카메라가 장착되어 장애물을 인식하고 명암을 판단, 인간의 얼굴을 기억할 수가 있다. 그 때문에 개인을 식별할 수가 있어 e-메일을 수신자에게 전달할 수가 있다. 또 이러한 기능을 활용하여 장애물을 피해 주행할 수도 있다.

나아가 텔레비전의 스위치와 비디오 예약 등을 대행하는 기능도 있다. 「소리를 더 높여라!」라든지 「채널7로 바꿔라!」 등과 같은 지시를 R100에게 내리는 것도 가능하다. 또 부재시의 대응 기능도 가능해 가정에서 움직이는 물건을 발견하면 R100이 촬영하여 그 영상을 메일 등을 통해 전송하게 된다. 또 외부로부터 e-메일로 R100에 지시를 내려 가정 내의 모습을 영상으로 받아 볼 수 있다.

이러한 정보가전의 등장으로 PC를 통해 정보가전을 조작하는 것은 현재 가능하지만, 음성인식과 영상인식과 같은 새로운 기술이 조합됨으로써 단순히 리모컨의 대용이 아니라 보다 일상 생활에 접목될 수 있게 되었다.

R100의 숨겨진 가능성은 아직 많다. 주인 부재시에 대응할 수 있는 기능을 응용하게 되면 새로운 장르의 정보가전으로 태어날 가능성 역시 크다는 점이다. 특히, 영상을 인식하고 대화가 가능하다는 점은 노약자를 돌보는 측면에서 활용 가능성이 높다.

예를 들면, 혼자 사는 노인에 대한 안전면과 정신적인 면에 대한 접근 가능성이 그 것이다. R100에는 영상을 전송하는 기능이 장착되어 있어 고령자의 건강상태를 병원 등지에서 원격으로 진단 가능하다. 진단만 하는 것이라면 감시카메라(CCD)로도 가능하지만, 프라이버시의 문제가 새롭게 부각될 우려가 있다.

그리고 사람을 식별하거나 대화를 나누고 접촉함으로써 즐거움을 느낀다든지, 볼일이 없을 때에는 자유롭게 돌아다니거나 잠을 자거나 콧노래를 부르는 등 애교를 가지고 있어 감정 교류가 쉽다. 또한 애완 동물적인 감각 때문에 집에 두는 데 대해 저항감이 적다. 무엇보다 주인이 애완 동물 로봇과 같이 있기 싫으면 다른 장소로 이동시키면 된다는 점도 강점이 될 수 있다. 나아가 살아있는 애완 동물과 같이 털이 빠지면서 거실을 더럽히거나 또는 억지를 부리지도 않는다.

최근에는 R100의 신 버전이라 할 수 있는 「PaPeRo」가 등장(2001년 3월)하였는데, R100보다 적고 가벼워 어디에든지 지니고 다닐 수 있게 되었으며, 두 눈에 해당하는 2개의 카메라와 4개의 마이크 등을 활용하여 사람을 식별한다. 상대에 따라 다른 대응을 하며 스스로 말을 걸기도 한다.

◇ 「R100」과 신 버전 로봇 「PaPeRo」 (NEC) ◇

출전) http://www.incx.nec.co.jp

머리를 가볍게 두드리거나 쓰다듬으면 그에 따른 반응도 서로 다르다. 빈번히 머리를 두드리는 상대를 발견하면 도망가거나, 부드럽게 머리를 쓰다듬는 상대를 발견하면 즐거워하기도 한다.

나아가 PaPeRo의 주요 회로부품은 모바일 PC와 동일한 수준을 탑재하고 있으며, OS에는 마이크로소프트의 'Windows98'을 사용하는 등 실용성과 확장성을 충분히 고려하고 있다. 앞으로 인간이 로봇과 위화감을 가지지 않고 접하기 위해서는 인간다운 표정과 행동은 필요 불가결하다. 이로 인해 기계를 의인화하는 연구는 한층 가속화 될 것이다.

또 R100, PaPeRo와 같은 형태의 로봇은 고령자에 대한 보살핌만이 아니라 가정교사와 가드 맨(Guard Man)으로서의 가능성도 크다. 현재에도 PC를 사용한 교육프로그램 등이 속속 등장하고 있지만, 앞으로 가정에 보급될 로봇이 특정 시간대에는 가정교사로 변신하거나 엔터테인먼트를 가진 인터페이스의 계기를 제공해 줄 수 있다면 그 가능성은 무한하게 확대될 것이다.

◇ 2족 보행 로봇 「ASIMO」 (Honda) ◇

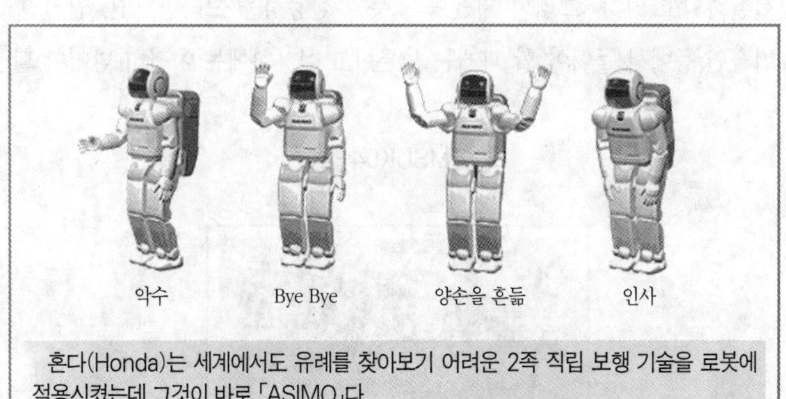

혼다(Honda)는 세계에서도 유례를 찾아보기 어려운 2족 직립 보행 기술을 로봇에 적용시켰는데 그것이 바로 「ASIMO」다.

출전) http://www.honda.co.jp

4 원격 조작 로봇 「TMSUK」

소니가 개발한 애완 동물 로봇 "Aibo"를 시작으로 한 자율형 로봇이 연이어 시판되고 있어 현재 많은 주목을 끌고 있다. 애완 동물로서의 용도밖에 없는 로봇이 인기를 끌고 있는 것을 보면 장래 로봇에 대한 잠재 수요를 가늠할 수 있을 것이다. 로봇과의 공존 사회는 이미 꿈이 아니라 현실화되고 있다. 그러나 자율형 로봇의 실용성을 고려한다면, 안전면, 기술면 등에서 풀어야 할 과제는 물론이고 실용화에는 여전히 넘어야 할

◇ TMSUK04-2 ◇

출전) http://www.tmsuk.co.jp

장벽들이 수없이 존재하고 있다.

일본 "(株)TMSUK"이 개발한 초원격 조종 로봇 「TMSUK」은, 인간이 제어하고 인간을 대신하는 로봇을 목표로 「제어형 로봇」에 타깃이 맞추어져 있다. TMSUK은 인간의 관리 아래 동작하기 때문에 폭주 등의 위험도 적고, 예상치 못한 사건에 대해서도 적절히 대응할 수 있도록 설계되어 있다.

PHS(간이형 휴대전화) 등의 이동 통신망회선을 사용해 멀리 떨어진 곳에서도 TMSUK을 컨트롤할 수 있는데, TMSUK의 머리 부분에 장착한 CCD 카메라의 영상을 조종 장치의 모니터에 보내, 조종자는 그 화면을 보면서 자동차 운전을 하는 것과 같이 자연스러운 감각으로 로봇을 컨트롤 할 수 있다.

아주 먼 곳에서도 조작이 가능하기 때문에 급히 먼 장소로 이동하지 않으면 안 되게 된 경우는 대리인으로서, 사람이 들어갈 수 없는 위험한 장소 및 재해 장소 등에서는 작업 대행인으로서 그 활용 분야가 넓다.

이동 통신망 이용 범위 안이라면 TMSUK은 그 행동 범위를 제한 받지 않고 어디에서든지 자유롭게 행동할 수 있다. 또 글로벌 로밍(Global Roaming)이 가능한 통신망을 이용하게 되면 일본에 있는 TMSUK을 한국에서 조종하는 것 역시 결코 꿈이 아니다.

조작 장치는 고도의 조작성으로 인해 직감적으로 컨트롤할 수 있어 음성이나 시각만이 아니라 물건을 만졌을 때의 딱딱함(應力) 정도도 판단할 수 있어 조종자도 로봇과 같은 체험을 할 수 있도록 설정되어 있다.

그리고 불도저에 고정해 조작시키거나 고층 빌딩의 창을 닦거나 하는 등 인간이 하는 동작·작업의 대행이 가능하다. 구체적으로 살펴보면, 가정 내에서 활용하는 "가사 로봇", 방사선이 나오는 장소와 같은 위험

한 장소에서의 작업, 혼자 사는 노인의 보호 및 커뮤니케이션 상대, 출
장·회의 대행 로봇, 멀리 떨어진 곳에서도 생생하게 관광지 체험, 쇼핑
대행 등 그 활용 가능성은 실로 무한하다고 하겠다.

◇ PHS망 활용 이미지 ◇

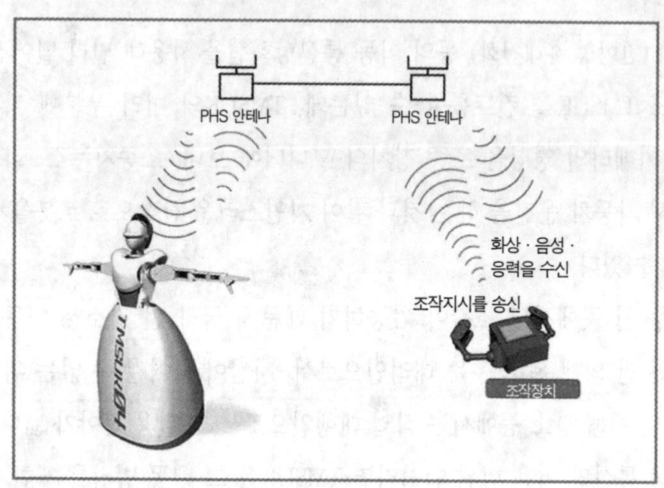

출전) http://www.tmsuk.co.jp

5 청소 로봇 「Cye」 「DC6」

「Aibo」보다도 한 발 앞서 가정 내에서 활약하는 로봇이 이미 미국에서 발매되고 있다. 로봇의 이름은 「Cye」로 「Probotics」(http://www.personalrobots.com)로부터 가정과 오피스에서 실제 활용 가능한 "도구"로써 발매된 것이다. 가격은 695달러로 Probotics의 홈페이지에서만 판매를 하고 있다.

Cye의 주요 기능은 도구를 운반하거나 별도 판매의 부품(Attachment)을 장착함으로써 자동적으로 청소를 하게 된다. 그러나 「R100」과 같이 음성으로 명령을 전달하는 것은 불가능하며 반드시 PC로부터 지시를 받도록 되어 있다.

Cye를 작동시키기 위해서는 먼저 전용 소프트웨어를 PC에 인스톨하여 통신장치를 PC에 부가해야 한다. Cye를 작동시키면 방안을 돌아다니며 장애물 등을 체크하고 그 정보를 PC로 송부하여 방안이 어떤 상태인지 정보를 기록한 지도를 만들게 된다.

그 다음부터는 Cye가 스스로 장애물을 피해나가면서 스스로 움직이게 된다. 나아가 시간을 지정하면 설정된 시간에 제품을 전달하거나 매일 똑같은 시간대에 청소를 하거나 주인에게 신문을 침대까지 배달할 수도 있다.

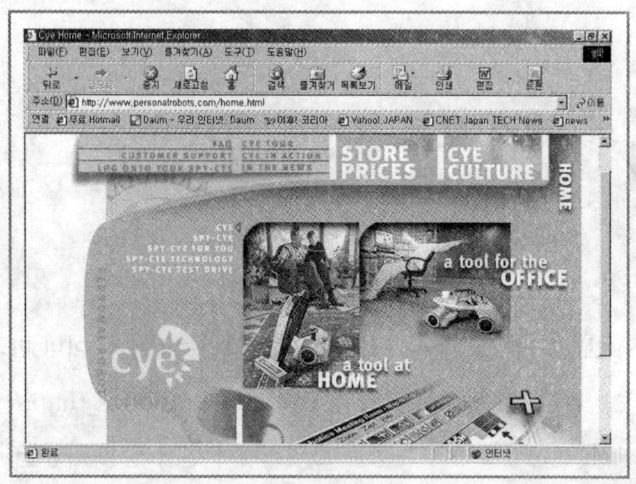

Probotics(http://www.personalrobots.com)

　Cye는 철저히 도구로써의 활용을 목적으로 개발되었다. 그러나 Cye에
는 아직 과제가 남아 있다. 먼저 명령을 하지 않으면 작동하지 않는다는
것이다. R100과 같이 명암이나 음성을 파악할 수 있는 기능이 없어, 스
스로 판단하는 것은 불가능하다. 청소의 경우에도 장애물은 인식하지만,
바닥에 떨어져 있는 것이 쓰레기인지 아닌지는 판별하지 못한다. 또 바
퀴로 움직이므로 우리나라의 주택과 같이 문지방이나 장애물이 많은 장
소에서는 그 행동 범위가 자연히 좁아질 수밖에 없다.

　하지만 사무실이나 공장 등과 같이 바닥이 평평하면서도 넓은 공간이
라면 그 활용 범위는 매우 넓어진다. 정기적으로 물건을 운반하는 부문
에서는 인간을 대신할 수도 있다. 게다가 일반 개인이 구입할 수 있는 정
도로 가격을 낮춘 것도 큰 강점이라 하겠다.

　한편, Cye보다도 더욱 타깃을 압축한 로봇이 영국에서 발매되고 있다.
이 로봇은 「DC6」라고 불리고 있는 청소기 로봇으로 발매기업은

「Dyson」이다. 이 기업은 "Dust Pack"이 불필요한 청소기를 개발하여 영국 청소기 시장의 약 50%를 점유하고 있다.

DC6은 Cye와 같이 PC로 명령을 내릴 필요가 없다. 청소기의 스위치를 넣고 빠른 속도로 청소를 할 것인지 아니면 천천히 청소를 할 것인지의 속도를 결정한 후 시작 버튼만 누르면 청소를 시작한다. 처음에는 방 안의 주위를 돌고, 점차 안쪽을 돌면서 청소를 하게 된다. 청소를 끝내는 것도 로봇이 스스로 판단한다. 25mm까지의 문턱은 넘을 수 있지만, 그 이상의 문턱과 계단 등 청소할 수 없는 곳은 호스를 연결하여 통상적인 청소기로써 사용할 수도 있다.

DC6에는 50개 이상의 센서가 있으며, 청소기에 탑재된 컴퓨터에 정보를 보내고 있다. 이 때문에 가구와 침대, 안경 등의 장애물에 대해서는 돌아서 가는 능력을 갖추고 있을 뿐 아니라 계단을 판단하고 어린이가 올라타게 되면 정지하는 등의 판단능력도 갖춘 청소기 로봇이다.

또 청색, 녹색, 적색의 "기분 표현 램프"가 부착되어 있어 애완 동물이

◇ 청소 로봇 「Cye」 (Probotics) ◇

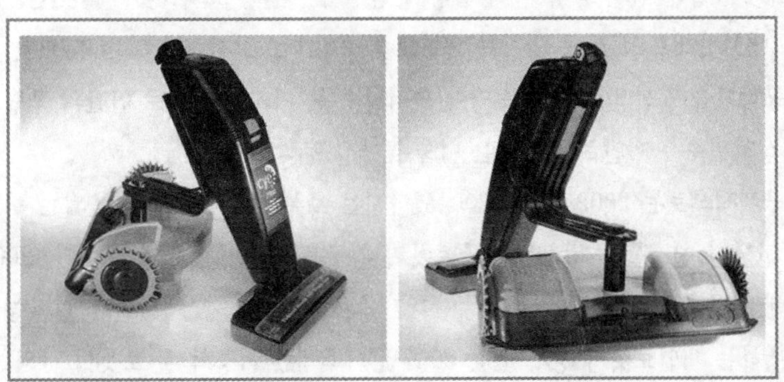

출전) http://www.personalrobots.com

나 어린이에게 놀림거리가 되거나 하면 적색램프가 켜진다. 장애물을 피할 때에는 녹색, 아무런 문제없이 청소를 하고 있을 때에는 청색램프가 켜지게 된다.

이 로봇은 청소기로서는 막강한 기능을 갖추고 있으나, 가격이 약 250만원에 달해 높은 판매가격이 보급의 장벽이 되고 있다. 그러나 앞으로 가격이 내리게 되면 수요는 급속히 늘어날 전망이다.

한편, 마쯔시타(Matsushita)는 2001년 중에 청소 로봇을 발매할 예정으로 있는데, 주요 사양은 배터리로 구동되는 코드리스(Cordless)이며, 가구 등 장애물을 감지하기 위해 적외선 센서와 위치를 확인하는 센서가 장착되어 있다. 가격은 50만엔 이하로 낮추어 발매할 예정이라고 한다.

Coffee Break

로봇산업의 미래

■ 실용화되는 로봇

로봇산업은 현재 공장 등 산업용 중심에서 애완용 오락로봇, 병자간호 로봇, 대화상대용 로봇 등 생활형 개인로봇 중심으로 발전하고 있는 추세다. 생명공학기술 발전으로 인간 수명이 늘어날수록, 디지털 기술로 인간의 고립화가 심화될수록 개인로봇 인기는 더욱 높아질 것으로 보인다.

구체적으로는 2002년부터 2004년까지는 로봇기술과 IT가 접목되는 시기로 간단한 청소를 수행하는 청소로봇과 완구로봇 등이 출현할 것이다. 2004년엔 심부름로봇, 유아상대로봇, 게임, 스포츠로봇 등 구체적인 작업기능을 수행하는 개인로봇이 등장한다. 2007년 이후에는 지능화 된 로봇이 나와 노인들의 말벗이 되는 등 개인용 로봇이 자가용처럼 일상생활 깊숙이 파고들 것으로 예상된다.

■ 로봇기술 전망

개인용 로봇은 제어, 감각, 운동 기술이 핵심이다. 제어기술은 지시에 단순 반응하는 로봇을 학습을 통해 스스로 판단할 수 있도록 만든다. 감각과 운동 기술은 외부 세계를 인식하고 동작할 수 있도록 하는 기술이다.

음성명령 인식기술, 자기위치 인식기술, 힘 반영 원격제어기술, 경량화 팔 제작기술 등의 개발이 필요하다. 소니가 선보인 애완용 강아지 로봇 Aibo는 학습을 통해 주인과 좋아하는 색상을 구별하는 수준에 이르는 등 일본은 이 분야에서도 앞서 있다.

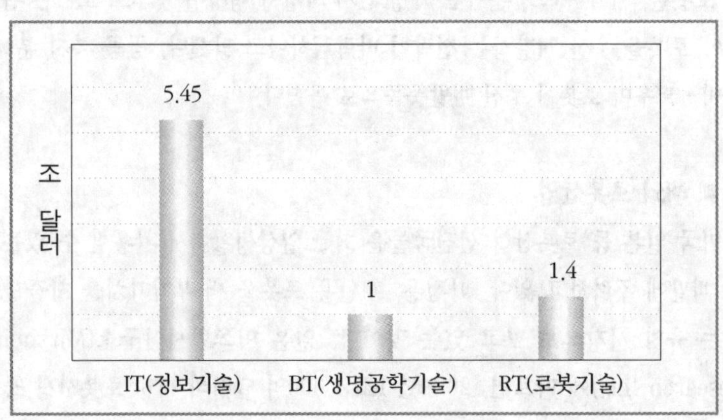

◇ 주요 산업별 2002년 세계시장 규모 비교 ◇

출전) Mitsubishi Research Institute.

■ 국내 육성 전략

산업자원부는 다품종 개인용 로봇을 대량 생산하는 방식을 국내 로봇산업 육성 전략으로 제시했다. 세계 4위 수준인 산업용 로봇기술을 바탕으로 국내

IT 벤처기업의 활력과 제조업의 대량생산기술 노하우를 조합, 값이 싼 개인용 로봇을 대량으로 생산한다면 미국 일본 등 선진국은 물론 중국과 같은 후발 개도국과 견줘도 경쟁력을 가질 수 있을 것으로 내다봤다.

이를 위해선 정부차원에서 로봇산업 정책을 총괄할 가칭 로봇센터나 로봇사업단을 설립, 로봇기술관련 벤처기업을 육성하고 종합적이고 체계적인 전략을 마련해야 한다고 강조했다.

개인용 로봇은 기능에 따라 청소·설거지를 하는 가사용 로봇, 보행을 돕거나 환자를 간병하는 생활지원로봇, 엔터테인먼트 기능을 갖춘 여가·교육용 로봇, 공공복지형 로봇으로 나눌 수 있는데 가사용 로봇의 경우 청소로봇, 경비로봇부터 시작해 점차 심부름, 주방작업로봇 개발로 나아갈 것을 제시했다.

생활지원 분야에선 옥외 이동 보조, 노약자용 보행훈련을 주축으로 한 실버 로봇을, 여가·교육 분야는 가장 먼저 시장이 형성될 것으로 보이는 완구, 육아 로봇을 우선 개발하는 전략이 바람직하다고 밝혔다. 공공 복지 분야는 안내·도우미 로봇이 우선 개발품목으로 꼽혔다.

■ 해외 로봇산업

미국 일본 등 로봇산업 선진국들은 최근 일상생활에서 활용할 수 있는 로봇 개발에 주력하고 있다. 가정용, 개인용 로봇을 새 부가가치를 창출할 수 있는 유망 시장으로 보고 있는 것이다. 일본 미쯔비시연구소(Mitsubishi Research Inc.)에 따르면, 2020년 1조 4,000억 달러의 세계 로봇시장 중 가정용 및 개인용 로봇시장은 4,000억 달러에 달할 것이라고 한다.

■ 일본

요소부품기술, 전자기술을 살린 산업용 로봇기술, 오락산업의 강점을 살려 개인용 로봇 분야의 선두주자가 됐다. 극한 작업용 로봇, 인간형 로봇 개발 등 신규시장 창출을 위한 기술개발에도 적극 나서고 있다.

소니, 혼다, NEC, 마쯔시타, 미쯔비시, 옴론 등 수많은 기업들이 개인용 로봇시장에 대한 공략을 가속화하고 있다. 이 가운데 소니와 혼다, NEC가 "Big3"다.

소니가 지난 1999년 선보인 강아지로봇 "Aibo"는 세계적으로도 유명하다. 한 대 가격이 200만원이나 하는 비싼 제품이지만 130가지 패턴의 움직임을 수행할 수 있어 수요가 크게 늘고 있다. 감정이나 본능을 표현할 수 있고 성장 경험과 주변환경을 통해 학습이 가능한 오락용 로봇이다.

혼다의 "ASIMO"는 사람처럼 똑바로 서서 보행하는 메커니즘과 제어기술이 돋보이는 제품이며 "2족 로봇"은 2002년 월드컵에서 시구할 예정이다.

NEC의 "R100"은 가정 내 디지털 정보가전제품과 연계되는 홈 네트워킹 기능에 초점을 맞추고 있다. 반다이, 타카라, 토미 등의 완구회사도 완구 로봇을 조만간 선보일 계획이다.

일본 로봇공업회는 2010년이 되면 개인용 로봇 수요가 급증, 향후 로봇시장을 주도할 것으로 관측했다. 2010년경 일본의 개인용 로봇 시장은 1조 1,600여 억엔 규모로 성장할 전망이다. 이 가운데 가정용 수요가 3,504여 억엔에 달할 것으로 예상되며 청소, 경비, 설거지, 세차, 요리 로봇 등의 수요가 많을 것으로 보인다.

■ 미국

로봇 기초기술 분야에서 세계적 경쟁력을 갖고 있지만 로봇산업의 주도권은 일본에게 내주고 말았다. 미국 의회는 이에 대응하기 위해 최근 지능기계 협력 컨소시엄(IMCC)을 조직, 연방정부와 산업계가 향후 5년간 1억 달러의 기술개발자금을 지원키로 했다.

미국 로봇업계는 건설, 농업, 광산, 건강보조 등의 산업용 로봇은 물론 인간을 대신하는 개인용 로봇, 영화촬영용 동물로봇, 가사보조용 로봇, 우주탐 사용 로봇에 이르기까지 다양한 기술개발에 나서고 있다. 앞으로 의료, 극한 환경 등 고가의 특수 로봇분야에서 두각을 나타낼 전망이다.

IS로보틱스사는 세계 최초로 인터넷으로 원격조작할 수 있는 "아이로봇(iRobot)"을 개발했다. 경비, 애완 동물 돌보기, 보모 감시, 노인 간호 등의 용도로 쓰인다. 데스크탑 컴퓨터에 맞먹는 기능을 갖고 있어 경우에 따라서 가정에서 컴퓨터로 사용될 수 있는 것이 특징이다.

사르코스사가 개발한 "일렉트릭 로봇(Electric Robot)"은 공룡, 나비, 앵무새 등의 모습으로 변환되는 로봇으로 오락영화 소품 등으로 각광받고 있다 (한국경제〔2001.7.12〕를 필자가 재구성).

◇ 세계 개인용 로봇시장 전망 ◇

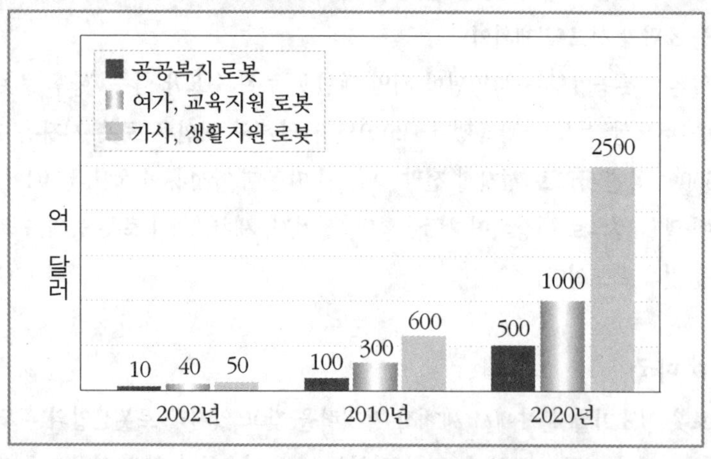

출전) Mitsubishi Research Institute.

Home Networking
홈 네트워킹

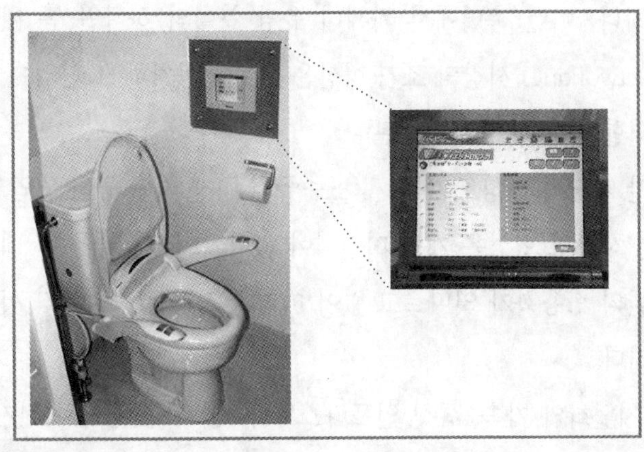

    디지털화의 가속, 통신 인프라스트럭처의 정비 등으로 전자, 정보통신 기기들이 단일 네트워크로 연결됨으로써 영상 및 음향 정보를 서로 공유할 수 있는 환경이 구축되고 있다.

    다시 말해, 가정 내 모든 기기들이 네트워크화 되어 마치 하나의 기기처럼 작동 가능하게 되는 홈 네트워킹(Home Networking)의 구현이 그것이다.

 홈 네트워킹이란?

IT산업의 장기적인 침체에 대한 우려가 높아가고 있는 가운데 신기술 개발 및 신제품 출시 등을 통한 새로운 비즈니스 시장 창출이 어느 때보다 간절하다. 이런 측면에서 차세대 유망 분야의 하나인 홈 네트워킹(Home Networking) 시장의 조기 형성은 한계에 봉착한 IT 산업에 새로운 활력소 역할을 할 것으로 기대된다.

그 동안 기술적 완성도 미흡 및 표준규격 경쟁 지속 등의 원인으로 홈 네트워킹 시장의 형성은 계속 지연되어 왔다. 그러나 최근 홈 네트워킹용 제품들의 상용화가 잇따르고 있어 마침내 시장이 형성되기 시작했다고 여겨진다.

즉, 디지털화의 가속, 통신 인프라스트럭처의 확충 등으로 전자, 정보통신 기기들이 단일 네트워크로 연결되어 영상 및 음향 정보를 서로 공유할 수 있는 환경이 정비되고 있다. 바꾸어 말해, 가정 내 모든 기기들이 네트워크화 되어 마치 하나의 기기처럼 작동이 가능하게 되는 홈 네트워킹의 구축이 가능해지고 있는 것이다.

홈 네트워킹의 진전으로 달라지는 생활 환경의 변모를 소개하면, 가정 내의 모든 기기들이 네트워크화 됨으로써 일상 생활이 판이하게 달라지게 된다.

먼저, 홈 네트워킹이 이루어지려면 서버(Server) 역할을 할 수 있는 기기가 있어야 하는데, 홈 서버로는 컴퓨터나 디지털 TV가 될 가능성이 크다. 또한 모뎀기능을 내장한 셋톱박스(Set-Top Box)와 제품의 속성상 하루 24시간 전원이 켜져 있는 인터넷 냉장고도 서버의 역할을 할 수 있을 것이다.

서버 역할을 하게 될 기기는 가정 내의 모든 기기들을 일괄적으로 통제하게 된다. 따라서 하나의 리모콘으로 가정 내의 모든 기기들을 작동시킬 수 있음은 물론이고, 휴대전화와 연결되면 가전기기들의 원격 제어도 가능하게 된다.

특히, 가정 내에 CCD 카메라를 설치하면 휴대전화를 통해 집안에서 일어나고 있는 상황들을 체크할 수도 있고, 또 필요한 기기를 작동시킬 수도 있다. 컴퓨터와 가전기기, 특히 AV 기기 사이에 연결이 되면 컴퓨터를 통해 다운로드 받은 동영상 정보를 TV와 오디오를 통해 볼 수 있는 것은 물론이다.

이러한 홈 네트워킹 환경은 전화선, 전력선 또는 무선(Wireless)을 통해 구현될 수 있다. 그 때문에 근래 유선과 무선 분야에서 사실상 표준(Defacto Standards)을 장악하기 위해 관련 기업들 사이에 치열한 경쟁이 벌어지고 있는 것이다.

홈 네트워킹 실현

앞으로 디지털과 인터넷이 가져올 생활환경 변화의 전초기지는 다름 아닌 우리들의 가정(Home)이라 해도 과언이 아니다. 디지털 기술과 인터넷 연동기능을 채택한 정보가전(Information Appliances)의 발달로 쌍방향 의사전달이 가능해지고 주어진 공간(Space)에 구애받지 않고 가전제품을 관리할 수 있게 되었다.

정보가전은 현재 사용중인 가전제품이 유·무선망을 통해 네트워크로 연결되는 것을 말한다. 이를 통해 집안의 모든 가전기기가 하나로 연결되는 이른바 「홈 네트워킹(Home Networking)」이 실현되는 것이다. 홈 네트워킹을 구현하는 유선 전송기술은 1 ~ 400Mbps 전송 속도로 정보를 주고받을 수 있다.

가정이나 사무실에 설치된 전력선으로 수십 MHz 이상의 고주파 통신 신호를 고속으로 통신할 수 있다. 그러나 근래의 추세를 보면 유선기술은 무선기술에 비해 향후 그 영향력은 미미할 것으로 예상된다.

현재로서는 IEEE(Institute of Electrical and Electronics Engineer, 미국전기전자학회) 802.3 표준에 따른 유선기반의 HomePNA(Phoneline Networking Alliance) 솔루션이 집안의 전자 통신 기기들을 네트워크로 묶는 작업의 선두에 서 있다.

IEEE 802.3 HomePNA 솔루션은 데이터 전송 속도가 10Mbps로 웬만

한 데이터를 실시간으로 내려 받거나 전달할 수 있는 수준이다. 물론 영화와 같은 대용량 데이터를 전송하려면 5~10분 정도의 시간이 걸리게 된다.

그렇다고 하여 집안이 모두 정보 통신용 회선(Wire)으로 가득 차거나 하지는 않을 것이다. HomeRF(Radio Frequency), 블루투스(Bluetooth) 등 가정 내 고속 통신네트워크를 무선으로 실현할 기재들이 속속 등장하고 있기 때문이다.

HomeRF는 IEEE 802.11 표준의 2.4GHz 대역 규격에 바탕을 둔 데이터 통신 기능과 유럽의 광대역 무선통신 표준인 DECT(Digital Enhanced Cordless Telecommunications)의 음성통신 기능을 조합한 것이다. 앞으로 무선 비동기 전송모드(ATM) 방식이나 5GHz 대역 이상의 주파수를 활용하는 무선 LAN 기술이 등장해 10Mbps 이상의 통신 속도를 구현하게 될 전망이다.

특히, 블루투스(Bluetooth)는 이동전화단말기(이동통신망)를 중심으로 보다 사람에게 근접한 네트워킹, 즉 PAN(Personal Area Network)을 앞당길 것으로 보인다. 휴대전화만 가지고 있으면 집안에 있든 집밖에 있든 상관없이 집 내부의 모든 전자 통신 기기들을 컨트롤할 수 있게 된다는 것을 가리킨다.

심지어 해외에 나가 있더라도 가정 내 방범, 전원 시스템을 원격 제어할 수도 있다. 현재로서는 블루투스가 가정 내 무선 홈 네트워킹의 중심에 서게 될 것이라는 전망이 우세하다.

블루투스 기술을 탑재하면 10m 이내에서 다른 정보기기와 정보를 주고받을 수 있다. 이렇게 되면 냉장고나 TV 등 중심이 되는 정보가전을 중심으로 모든 가전기기를 제어하고 관리할 수 있게 되어「홈 오토메이션(Home Automation)」이 완성된다.

　이로 인해 더 이상 휴대전화, 컴퓨터, PDA의 기능과 역할을 구분할 필요가 없어진다. 컴퓨터와 PDA가 이동전화단말기 안으로 들어가는가 하면, 컴퓨터와 PDA에 휴대전화 기능이 부가되기도 하기 때문이다.

◇ **홈 네트워킹 시스템** ◇

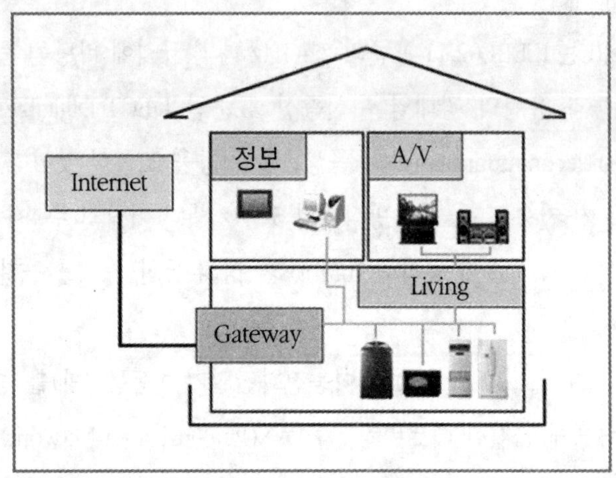

출전) http://www.dreamlg.com

3 시장 규모

가까운 장래 홈 네트워킹 시장은 주로 AV 가전 및 PC를 중심으로 이루어질 것으로 예상된다. 이러한 기기에 일종의 소프트웨어가 칩화되어 탑재됨으로써 상호 연결이 가능하게 될 것이다.

유선 네트워킹 부문의 실질적 표준으로 자리를 잡아가고 있는 「IEEE 1394」의 경우 "Cahners In-Stat Group"에 따르면, 이를 채택한 PC와 주변 기기의 수가 2000년 2,543만대에서 연평균 44.9% 증가하여 2004년에 1억 1,198만대에 이를 것이라는 전망이다. 또한 AV 기기도 2000년 1,429만대에서 연평균 66.5% 성장하여 2004년에는 약 1억 1,000만대로 총 디지털 AV 기기의 약 52%에 이를 전망이다.

무선 네트워킹 부문의 성장도 급격하게 일어날 전망인데, 블루투스 장착 기기의 경우만 보더라도 2000년 200만대에서 2005년 1,375만대로 연평균 270%의 급격한 성장이 예상된다. 2000년 1억 2,500만 달러를 기록한 것으로 추정되는 블루투스 반도체 시장 또한 연평균 135% 성장하여 2005년에는 49억 6,000만 달러의 시장 형성이 이루어질 전망이다.

각 예상기관의 유·무선 네트워킹 시장에 대한 전망은 매우 낙관적인 편이지만 시장에서 일반 유저들의 홈 네트워킹에 대한 인지도 및 수요는 아직까지는 미미한 실정이다. 홈 네트워킹 관련 기술 사이의 표준규격 경쟁이 치열하게 전개되고 있으며, 홈 네트워킹 시스템과 핵심 모듈 및 기기들의 가격이 아직까지는 상당히 높은 수준이기 때문으로 여겨진다.

실제로 "Dataquest"에 따르면, 2000년까지는 일반 유저의 10~20% 정도만이 홈 네트워킹에 관심을 보이고 있는 것으로 나타났다고 한다.

그러나 2001년 후반에서 2002년 중반을 정점으로 부분적이기는 하지만 홈 네트워킹 시장의 형성이 이루어질 것으로 보인다. 가정 내의 모든 기기들이 네트워크화 되는 완벽한 의미의 네트워킹이 이루어지기까지는 아직 해결해야 할 과제들이 산적해 있어 상당한 시간이 소요될 것으로 예상되지만, 부분적인 네트워킹은 빠르게 진전되고 있기 때문이다.

특히, 높은 성장성에 매력을 느낀 수많은 기업들이 홈 네트워킹 시장에 진입함에 따라 관련 시스템 및 기기의 가격이 점차 인하되고 있고, 이러한 가격 인하의 흐름은 장래 더욱 가속화될 전망이다.

아직까지 각 네트워킹 기술 사이에 표준경쟁이 완결되지는 않은 상태지만, 대략 주도권을 잡아가는 기술들은 시장에 서서히 윤곽을 드러내고

---

tips!　　**고성능 무선기술(Wi-Fi)이란?**

와이파이라 함은 하이파이(Hi-Fi; High Fidelity)에 무선기술을 접목한 것으로, 고성능 무선통신을 가능하게 해준다. 와이파이는 무선 이더넷(Ethernet)의 파생기술이다. 3Com, IBM, Lucent, 삼성, 소니, 텍사스 인스트루먼트(TI) 등의 기업들을 와이파이 분야의 선두주자라 할 수 있다. 수많은 무선기술 가운데 무선 이더넷이 고성능 무선기술이라는 평가를 받으며 주목을 끌고 있는 이유는 간단하다. 엄청나게 빠른 무선 데이터통신 속도를 제공하기 때문이다. 무선 이더넷은 초당 11Mbps의 속도를 제공하며 최적 조건에서는 반경 500m안 어디에서든지 사용할 수 있다. 이 때문에 무선 이더넷은 가정이나 직장 어느 곳에서든 사용할 수 있다.

있다. 먼저, 기업 무선LAN 망 시장을 중심으로 한 무선 네트워킹 분야는 인텔(Intel)의 가세로 힘을 얻은 고성능 무선기술(Wi-Fi)의 우세가 점쳐지고 있는 가운데 휴대전화 단말기, PDA 등의 핵심 칩 및 모듈 부문에서는 블루투스의 약진이 두드러질 전망이다.

또한 AV 기기 사이의 네트워킹은 소니(Sony)가 주도하고 있는 IEEE 1394 기반의 「HAVi」의 우세가 점쳐지고 있어 네트워킹 기능을 갖춘 정보가전 시장의 형성을 촉진하는 역할을 하고 있다.

4 유선 네트워킹

유선(Wire) 네트워킹 기술을 크게 나누어 살펴보면, 기존에 이미 가설된 선을 이용하는 기술과 새롭게 선을 설치하는 기술로 구분될 수 있다.

기존에 가설된 선을 사용하는 기술로는 먼저 전화선을 사용하는 「HomePNA」, 「Epigram」, 「Avio」 등이 있는데, 이 분야의 사실상 표준 (DeFacto Standard)은 이미 위에서 지적한 것과 같이 IEEE의 HomePNA 규격(HomePNA 2.0)이다. HomePNA는 최대 10Mbps의 빠른 전송 속도와 추가로 회선을 갖추지 않아도 된다는 장점 등을 배경으로 홈 네트워킹 초기 시장을 선점해가고 있는 실정이다. 그러나 전세계적으로 볼 때 기존에 깔려 있는 전화선은 이미 노후화되었을 뿐만 아니라, 대용량 정보 전송에 취약하다는 단점을 지니고 있다.

기존에 가설되어 있는 선을 사용하는 또 다른 기술로는 전력선을 이용한 기술(Power Line Communication)이 있다. 이 기술은 전력선 통신 모뎀을 사용하여 5～10Mbps의 속도로 오디오, 비디오 등 가전제품 사이의 데이터 전송을 가능하게 하는데, 「HPPLA」(Home Plug Power Line Alliance)가 대표적인 단체로 시스코 시스템즈(Cisco Systems), 인텔(Intel), 모토로라(Motorola) 등 13개 기업들이 주도하고 있다.

이러한 HPPLA에 맞서는 규격화 단체로는 소니(Sony), 톰슨(Thomson) 등 세계 Top 브랜드의 가전 메이커들이 가세하고 있는 미국 「가전협회」 (CEA)이다. 현재 HPPLA과의 주도권 싸움을 치열하게 전개하고 있다.

한편, 3Com, 파나소닉(Panasonic)과 같이 상기의 2개 단체에 모두 가입한 기업들도 있다. 전력선의 경우 가정의 모든 기기가 이미 전력선으로 연결되어 있어 연결이 쉽다는 장점이 있다.

그러나 아직까지는 대용량 정보의 교환이 어렵고 영상이나 음향정보 교환시 잡음(Noise)이 발생한다는 단점이 있어, AV 기기 사이의 연결에는 부적합하다. 따라서 현재까지의 기술로는 냉장고, 에어컨 등의 가전 기기 사이의 네트워킹 용도로 이용될 가능성이 크다.

전화선과 전력선의 단점 때문에 새로운 회선을 필요로 하는 기술들이 주목을 받고 있다. 이러한 기술에는 「IEEE 1394」, 「USB」, 「이더넷 (Ethernet)」 등이 있으나 현재 IEEE 1394 기반의 솔루션들이 가장 유력한 네트워크 기술로 자리잡아가고 있다.

실제로 기기 사이의 연결이 가장 활발한 영역은 AV 기기 분야이라고 볼 수 있다. 이미 세계 AV 기기 시장을 주도하고 있는 소니가 중심이 되어 추진하고 있는 IEEE 1394 기반의 「HAVi」가 가장 유리한 고지를 차지하고 있는 가운데, 마이크로 소프트(MS) 중심의 「UPnP」, 선 마이크로 시스템즈(Sun Micro Systems)의 「Jini」 등이 HAVi의 아성에 도전하고 있는 실정이다.

UPnP의 경우는 PC 중심의 네트워크를 지향하고 있는데 IEEE 1394는 물론 USB나 전화선을 이용한 네트워킹도 가능하다. UPnP는 마이크로 소프트, 컴팩(Compaq), 인텔 등이 주도하고 있으며 PC 메이커인 NEC, 후즈쯔(Fujitsu) 등이 이를 지지하고 있다.

선 마이크로 시스템즈에 의해 주창된 Jini의 경우 Java를 기반으로 LAN, xDSL, 모뎀 전력선, 무선 등 다양한 방식으로 망에 접속된 가정 내 디지털 장비나 소프트웨어의 네트워킹을 가능하게 한다. 다만, 연결되는 가전제품들도 Jini 기술을 적용해야만 한다는 단점을 가지고 있다.

◇ 기존 전력선 네트워킹 기술에의 참여 기업 ◇

HPPLA
시스코(Cisco), 인텔(Intel), 모토로라(Motorola), 3Com, 파나소닉(Panasonic) 등

CEA
소니(Sony), 톰슨(Thomson), 3Com, 파나소닉(Panasonic) 등

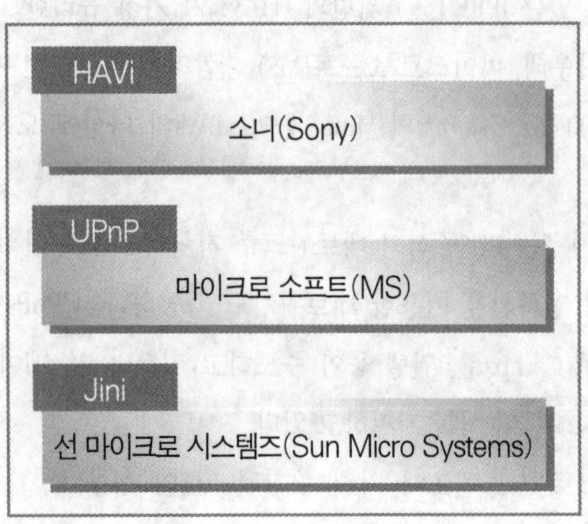

5 무선 네트워킹

유선 네트워킹 기술이 전송의 안정성 및 빠른 전송 속도 등의 장점을 지니고 있는 반면에 연결할 케이블이 필요하기 때문에 설치가 번거롭고 복잡하다는 단점도 동시에 가지고 있다. 이러한 단점의 보완책으로 복잡한 케이블로 인한 불편함을 없애면서 근거리에 있는 기기 사이의 네트워킹을 가능하게 하는 도구로 무선(Wireless) 네트워킹 기술이 급부상하고 있다.

원래 비교적 가까이에 있는 기기 사이의 연결을 위해 개발된 무선 네트워킹 기술은 전파를 사용하여 통신을 하기 때문에 어디든지 사방팔방으로 전달되므로 전파가 도달하는 범위 안이라면 어디에서든 이용할 수 있다는 장점이 있다. 앞으로 기존 유선 네트워킹 기술을 대체할 것으로 주목받고 있다.

대표적인 무선 네트워킹 기술로는 「HomeRF」(Radio Frequency), 「와이파이」(Wireless Fidelity : IEEE802.11b), 「블루투스」(Bluetooth) 등이 있다.

먼저, HomeRF는 2.4GHz 대역으로 50m 거리 내에 있는 최대 127개까지 기기 사이의 연결을 가능하게 하는 기술이다. 전송 속도는 1～2Mbps이나 접속기기 수에 따라 속도가 감소하는 단점을 가지고 있다.

HomeRF에는 휴렛 팩커드(Hewlett-packard), IBM, 인텔(Intel), 마이크로 소프트(MS), 모토로라(Motorola) 등이 참가하고 있다. 세계 유수의 컴퓨터 관련 기업들과 통신 사업자의 지지로 인해 위세를 떨쳐오던 HomeRF 진영은 최근 인텔이 와이파이(Wi-Fi) 쪽으로 선회하면서 지지기반 확대에 엄청난 타격을 입고 있다.

와이파이는 무선 중 5.5~11Mbps의 빠른 전송속도를 특징으로 하는 기술이며 최대 전송거리는 50m로 HomeRF와 같다. 시스코(Cisco), 3Com, 애플(Apple), 루슨트(Lucent), 소니(Sony), 델 컴퓨터(Dell Computer) 등을 주축으로 한 와이파이 진영은 HomeRF 진영과 무선 홈 네트워킹 표준을 놓고 현재 치열한 접전을 벌이고 있다.

블루투스는 이동전화, PDA, 노트북 컴퓨터와 같은 정보 기기 사이의

쌍방향 근거리 통신을 케이블 없이 낮은 가격으로 구현하기 위한 기술이
다. 블루투스는 본래 1990년대 중반 홈 오디오와 비디오 시스템을 무선
으로 연결하기 위해 고안되었는데, 이동전화의 성장에 따라 에릭슨
(Ericsson) 등 단말기 제조 메이커가 개인 휴대 기기 사이의 연결을 위한
기술로 발전시켜 왔다.

특히, 블루투스는 관련 회사들이 만든 SIG(Special Interest Group)가 가
입 회원사에 로열티를 받지 않고 기술을 무료로 공개함에 따라 빠르게
세력을 확장해오고 있어 이해 관계에 따라 결집한 HomeRF 진영, 와이
파이 진영에 가장 큰 위협세력으로 부상한 상태다. 그러나 현재까지 소
개된 블루투스 버전 1.0으로는 전송 속도가 최고 1.0Mbps에 불과하고 또
한 고음질 및 고화질 지원이 어려우며, 동영상 데이터 전송에도 한계가

◇ 무선 네트워킹 기술에의 참여 기업 ◇

HomeRF

휴렛 팩커드(Hewlett-packard), IBM, 마이크로 소프트(MS), 모토로라
(Motorola) 등

와이파이

시스코(Cisco), 3Com, 애플(Apple), 루슨트(Lucent), 소니(Sony),
델 컴퓨터(Dell Computer), 인텔(Intel) 등

블루투스

에릭슨(Ericsson), 모토로라(Motorola), 마이크로 소프트(MS), 루슨
트(Lucent), 퀄컴(Qualcomm), 3com, VLSI 등

있는 등 기술적인 한계를 보이고 있다.

　무선 네트워킹 기술의 경우 아직까지는 이동통신서비스를 위한 솔루션 부문에 주로 활용되고 있다. 특히, 속도 문제와 정보 전송의 안정성 등의 문제 해결이 완료되지 않고 있어 가전기기, 컴퓨터, 보안시스템 연결을 통한 토털 네트워킹 솔루션 시장 진입은 상당기간 지연될 것으로 예상되고 있다.

6　기술표준 경쟁

　가정과 외부를 연결하는 정보 인프라스트럭처는 방송과 통신의 쌍방향, 대용량화, 저가격화, 다기능화를 추진하고 있다. 이를 통해 전달된 정보를 단일 기기로 수신하는 것이 아니라 가정 내의 다양한 기기를 활용, 공유하기 위해서는 가정 내의 네트워크, 즉 홈 네트워크가 필요하다.

　홈 네트워크로 이용되는 기술은 비교적 고성능이어야 하며, 나아가 취급하기 쉽고 저렴한 가격이어야 한다. 이러한 조건들을 만족시키기 위해 개발된 기반 기술들은 다음과 같다.

■ IEEE1394

IEEE 1394(1394-1995 IEEE Standard for a High Performance Serial Bus)는 IEEE(The Institute of Electrical and Electronics Engineers : 미국 전기전자학회)가 지정한 규격의 하나로 1995년에 제정되었다. PC와 프린트, AV 기기 등의 사이에 디지털 영상과 디지털 음성 등의 데이터를 쌍방향으로 주고받거나 다른 기기를 제어하기 위한 접속용 시리얼 인터페이스 버스(Serial Interface Bus)의 사양이다. IEEE 1394에는 다음과 같은 특징이 있다.

리얼성

송신 측과 수신 측에서 데이터의 송수신 타이밍이 왜곡되지 않도록 하는 전송모드가 가능하다. 이것은 멀티미디어 정보를 실시간으로 전송하기 위한 중요한 기능이다.

고속 전송속도

전송속도가 100Mbps, 200Mbps, 400Mbps로 정해져 있다. 현재는 여기에다 추가 확장을 검토하고 있으며, 800Mbps, 1.6Gbps, 3.2Gbps가 심의 대상이 되고 있다.

유연한 네트워크 구성

64대까지의 기기를 트리(Tree)형, 스타(Star)형, 데이지 체인(Daisy Chain)형으로 접속할 수가 있어 기기의 증설도 쉽다. 때문에 네트워크를 구성하는 데 있어 굳이 PC에 의존할 필요가 없다.

플러그 앤 플레이(Plug & Play)

증설한 기기는 자동적으로 인식되어 네트워크로 이어진다. 이러한 특징 때문에 IEEE 1394는 PC와 AV 기기에 대한 채용이 활발하다. Windows로 지원되고 있으며 대응하는 PC 등의 하드웨어도 각 메이커로부터 발매되고 있다. 1995년 규격에서는 4.5m라고 하는 제약이 있었던 기기 사이의 거리도 2000년 규격(1394b)에서는 100m 이상까지 연장되었다.

IEEE 1394에는 몇 가지 별칭이 있다. 당초 규격의 개발자인 애플 컴퓨터(Apple Computer)에 의한 상표「Fire Wire」, 그리고 소니(Sony)가 일반 유저에게도 널리 침투시키기 위해 도입한 상표「i-LINK」등이다. 각각 자사 제품에 IEEE 1394를 채용하고 있지만, 호칭에서는 각각의 상표를 도입하고 있다. 예를 들면, 소니의 대표적인 제품인「VAIO」와「플레이스테이션2」에서는 i-LINK 단자가 장착되어 있다. 디지털 비디오 카메라의 외부 출력단자에도 도입되어 있는데 여기에서는 DV단자라고 불리고 있다.

tips!   데이지 체인(Daisy Chain)이란?

데이지 체인(Daisy Chain)이란 연속적으로 연결되어 있는 하드웨어 장치들의 구성을 지칭한다. 예를 들어, 어떤 장치 A가 B라는 장치에 연결되어 있고, 그 B라는 장치는 다시 C라는 장치에 연속하여 연결되어 있는 방식의 버스(컴퓨터나 네트워크에서, 회선에 연결된 모든 장치들에 신호가 분배되거나 취득되는 전송통로를 말한다) 결선방식을 말한다. 이때 가장 마지막에 있는 장치는 대개 저항장치 또는 단말장치에 접속된다.

■ HomePNA

HomePNA(Home Phoneline Networking Alliance)는 그 이름대로 기존의 전화선을 가지고 가정 내에서 고속이면서도 동시에 저렴한 네트워크 실현을 목적으로 설립된 업계 단체의 명칭이다. 또 단체가 작성하고 있는 기술사양의 명칭이기도 하다. HomePNA는 1998년에 설립되어 IBM과 휴렛 팩커드(Hewlett-packard) 등의 컴퓨터 메이커, 루슨터 테크놀러지(Lucent Technologies)와 3Com과 같은 통신 기기 메이커 외에도 AT&T와 인텔(Intel), Tut Systems 등이 참가하고 있다.

HomePNA 규격은 전화선을 가지고 LAN을 구축할 수 있도록 했으며, 복수의 PC로 프린트와 통신기기(모뎀 등)를 공유할 수 있다. 기술면에서는 미국의 Tut Systems의 전화선 LAN 시스템인 HomeRun 기술을 기초

◇ HomePNA의 이미지 ◇

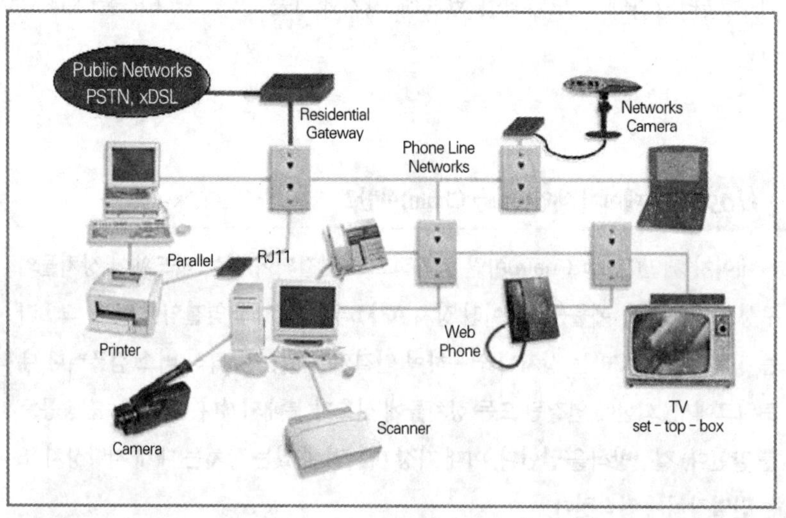

출전) http://www.homepna.org

로 하고 있으며, 1998년 6월에 최초의 버전인 HomePNA 1.0을 공개하였다. 이 규격은 1Mbps의 전송속도를 가지고 있다. 나아가 1999년 12월에 공개된 HomePNA 2.0에서는 10Mbps로 한층 고속화가 진행되고 있다.

HomePNA 규격은 전화선을 그대로 이용하면서도 통화를 방해하지 않으며, Mbps의 고속 데이터 통신을 실현하고 있다. 1999년 이후 각 사로부터 PC용 확장보드 등의 대응 제품도 발표되고 있다.

■ ECHONET

HomePNA가 전화선을 이용하는데 반해 전력선을 이용하는 것이 ECHONET(Energy Conservation and Home Care Network)의 특징이다. 도시바, 히타치, 마쯔시타, 미쯔비시, 샤프, 도쿄전력을 중심으로 한 「ECHONET Consortium」이 기술개발과 보급 활동을 추진하고 있으며, 현재 80여 개 회사들이 참여하고 있다.

첫째, 전력선을 이용하는 것이다. 그로 인해 기존 주택에 새로운 배선 공사를 하지 않고서도 저렴한 비용으로 홈 네트워크 구축이 실현될 수 있다. 전력선만이 아니라 보조적으로 무선과 적외선도 채용하고 있지만, 어쨌든 신규 배선이 불필요하다는 점에서 공통적인 특징을 가지고 있다 하겠다.

둘째, 설비 계통의 네트워크를 대상으로 하고 있다. 다시 말해, 냉장고와 세탁기, 에어컨 등으로 대표되는 백색가전을 잇는 저속 네트워크이지만 저렴한 네트워크를 구축하기 위한 기술로서 주목을 받고 있다. PC와 AV 기기는 주요 타깃이 아니다.

이 때문에 ECHONET으로 실현되는 애플리케이션도 특징적이라 하겠다. 그 하나는 에너지 절약 관련이다. 가정 내의 에너지 사용 상황을 파

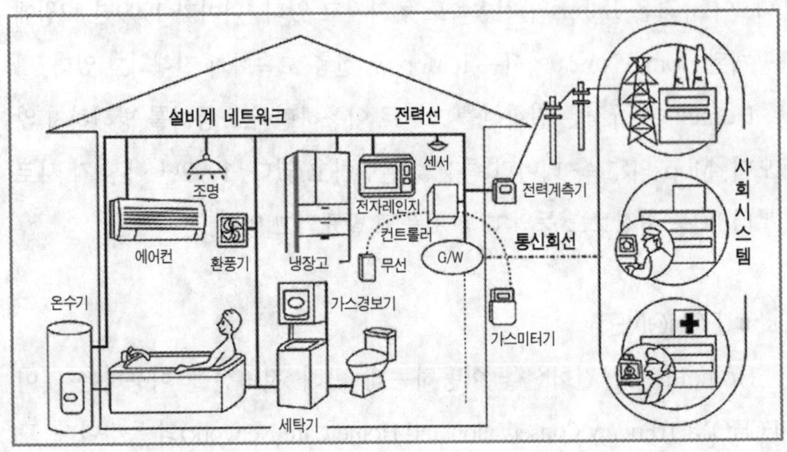

출전) http://www.echonet.gr.jp

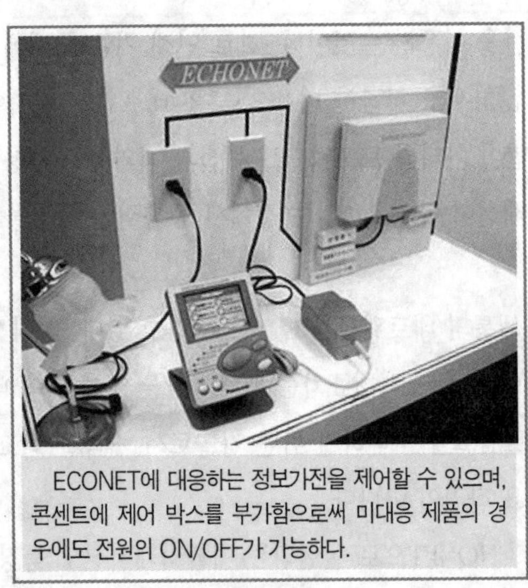

ECONET에 대응하는 정보가전을 제어할 수 있으며, 콘센트에 제어 박스를 부가함으로써 미대응 제품의 경우에도 전원의 ON/OFF가 가능하다.

출전) http://www.zdnet.co.jp

악하여 표시하거나 사용하고 있지 않는 기기의 전원을 차단한다거나 하는 기능을 상정할 수 있다. 또 다른 하나는 홈 헬스 케어(Home Health Care) 관련 분야다. 의료 기기의 감시와 제어, 건강 상태의 자동 측정 등을 할 수 있다. 그 외에도 시큐리티 관련을 비롯하여 종래 홈 오토메이션이라고 불리고 있던 분야 등이 ECHONET의 대상 영역이 되고 있다.

ECHONET 규격은 지난 2000년 2월에 버전1.0이 결정되어 같은 해 7월에는 일반에 공개되었다.

■ IEEE 802.11

IEEE에서는 전파식 무선 LAN의 표준화를 진행시키고 있으며, 1999년에는 통신속도 2Mbps의 IEEE 802.11, 나아가 11Mbps의 IEEE 802.11b가 각각 규격화되었다. 유선 LAN과 비교하여 손색이 없을 정도의 성능을 가지고 있으며, 단지 「무선 LAN」이라고 하는 경우 이 규격을 가리키는 경우가 많다. 나아가 IEEE 802.11a에서는 최대 54Mbps까지의 전송이 가능하게 된다. IEEE 802.11b에서는 2.4GHz, IEEE 802.11a에서는 5GHz의 전파를 사용한다.

IEEE 802.11b 기준 제품은 이미 발매되고 있으며 옥내에서도 50m 정도까지 통신이 가능하다. 또 1대의 접속 포인트(무선의 수신장치)에 이론상으로 253대까지 접속이 가능하며, 접속 대수가 많아지게 되면 케이블 비용과 설치공간 등으로 인해 비용 면에서도 유선 LAN보다 유리하다.

가정에 한정되어 이용한다면 케이블이 불필요하다는 점과, 1대의 접속 포인트로 복수의 기기를 모두 접속할 수 있다는 강점을 가지고 있다. 다만, 현재는 PC와 관련된 분야에서의 이용이 대부분이며, 동일한 2.4GHz 대역의 전파를 사용하는 전자레인지와 의료용 기기, 블루투스 대응 제품 등이 가까이 있으면 전파 간섭으로 통신 속도가 떨어지는 경우도 있다.

■ HomeRF

HomeRF(Home Radio Frequency)는 PC와 가전제품, 휴대전화 등을 잇는 가정 내 무선통신 규격이다.

HomeRF는 1998년에 인텔과 IBM을 중심으로 설립된 HomeRF 워킹그룹(HRFWG)에 의해 책정되었다. 기기 사이의 통신에는 SWAP(Shared Wireless Access Protocol)이라고 불리는 프로토콜이 사용되고 있으며, 통신 가능한 거리는 50~100m이다. 2.4GHz의 전파를 사용하여 1~2Mbps의 전송속도를 가지고 있다.

2000년 8월에는 FCC(연방통신위원회)의 인가를 받아 10Mbps까지 고속화가 달성되었다.

■ 블루투스

블루투스는 스웨덴의 이동통신 기업인 에릭슨(Ericsson)이 제안하여 IT 업계 전반의 폭넓은 지지를 받고 있는 근거리 무선통신을 위한 기술규격 명칭이다. 이 기술은 지난 1994년 에릭슨이 휴대전화와 주변기기 사이에 소비 전력이 낮고 가격이 저렴한 무선 인터페이스를 연구하면서 시작되었다.

여기에 노키아와 IBM, 도시바, 인텔 등 IT 업계의 거인들이 가세하면서 1998년 2월 블루투스 SIG(Special Interest Group)가 발족되었으며, 그 후 모토로라, 마이크로 소프트, 루슨트, 3com 등 4사가 추가되어 블루투스 주도 기업은 모두 9개 사로 늘어났다. 이들 프로모터(PM) 그룹(1그룹)

은 블루투스 사양의 확대나 상호 접속성 검증 등을 통해 SIG를 주도하고 있다.

블루투스에 관심이 있는 기업들은 블루투스 어댑터 합의서에 서명함으로써 참여할 수 있다. 어댑터 그룹(2그룹, 회원그룹)이 되면 블루투스에 대한 무료 라이센스 자격을 지닐 수 있으며, 이에 따라 로열티에 대한 부담없이 블루투스에 근거한 제품을 개발할 수 있다. 어댑터 그룹은 2001년 현재 2,200여 사에 이르고 있으며 앞으로도 계속 늘어날 추세이다.

시장조사기관인 "Dataquest"는 2002년 디지털 휴대폰 2억 5,000만대, PC 2억대가 블루투스 기능을 적용할 것으로 전망했다. 또 블루투스 관련 반도체 매출은 2002년 5억 4,200만 달러에서 2005년에는 70억 달러 규모로 급성장할 것으로 예측하고 있다. 일부 시장조사기관들은 최대 400억 달러의 시장 규모를 형성할 것으로 내다보고 있기도 하다.

CPU 시장에서 표준을 선점한 인텔(Intel)이 수십년 동안 독점적인 지위를 누리고 있는 것처럼, 블루투스도 표준을 선점한 기업이 차세대 무선 인터넷 시장에서 살아남을 수 있을 것이다.

에릭슨, 모토로라, 노키아의 경우, 이미 블루투스가 적용된 휴대전화 개발을 끝내고 시험제품을 내놓았으며 인텔, 도시바 등도 블루투스 기능을 갖춘 노트북 PC를 발표했다. 국내 기업 가운데는 삼성전자, 삼성전기, 사이버뱅크 등이 발빠른 움직임을 보이고 있다.

IrDA(The Infrared Data Association)은 1993년에 설립된 적외선 통신의 표준화 단체이며, 표준화된 규격의 명칭 그 자체이기도 하다. 최대 115.2Kbps의 버전 1.0과 최대 4Mbps의 버전 1.1이 있으며, 나아가 각각에 LowPower 모드를 채용한 1.2와 1.3이 있다. 적외선 통신의 이점은 적은 비용으로 저소비전력, 또 디바이스의 소형화가 가능하다는 점 등이며 텔레비전 리모컨을 비롯하여 다양한 기기에 채용되고 있다.

다만, 빛이 직진하는 특성을 가지고 있기 때문에 적외선 포트를 마주보게 해야 하며 동시에 그 사이에 장애물이 있어서는 안 되는 등 전파를 사용하는 통신방식에 비해 다소 불편하다.

■ HAVi

HAVi(Home Audio Interoperability)는 소니가 만든 홈 네트워킹 기술 표준으로 1998년 5월 소니, 마쯔시타(Matsushita), 도시바(Toshiba), 필립스(Philips), 히다치(Hitachi), 샤프(Sharp) 등 8개 사가 공동으로 기술 규격을 발표함으로써 공개되었다. HAVi는 가정 내 각종 제품들을 하나의 네트워크로 연결하고 사용자들이 손쉽게 통합 제어할 수 있게 하는 네트워크 규격이다.

2000년 1월에는 정식사양 버전 1.0이 정해졌다. 또 1999년 11월에는 보급추진단체인 「HAVi 추진협회」(http://www.havi.org)가 조직되어 있다.

HAVi에서는 IEEE 1394의 성능을 살려 400Mbps까지의 고속데이터 전송이 가능하며, 실시간으로 영상 데이터를 주고받을 수 있다. 여기에다 Plug & Play 기능도 실현하고 있으며, 기기를 접속하는 것만으로 자동적으로 제어 소프트가 도입됨으로써 별도의 소프트웨어를 수동으로 도입할 필요가 없어졌다.

또 AV 기기를 다른 기기로부터 제어하여 녹화, 재생 등을 수행하는 것도 가능하다. HAVi를 통해 가정 내의 모든 AV 기기를 1대의 기기로 관리, 제어할 수 있게 된다. 그리고 HAVi는 다른 네트워크 기술과도 호환성(Jini, UPnP)을 가질 수 있도록 추진 중에 있다.

한편으로 HAVi가 가전제품 쪽에서 네트워크 규격의 표준화를 진행하려고 하는 반면, 경쟁 표준인 Jini와 UPnP는 정보기기 방면에서 네트워크 규격의 표준화를 도모하고 있다.

그리고 HAVi의 신판이라 할 수 있는 「버전1.1」이 지난 2001년 5월 중순에 공개되었다. 지난 2000년 1월에 공개된 「1.0」에 인증과 유저 인터페이스 등의 기능을 확충하였다.

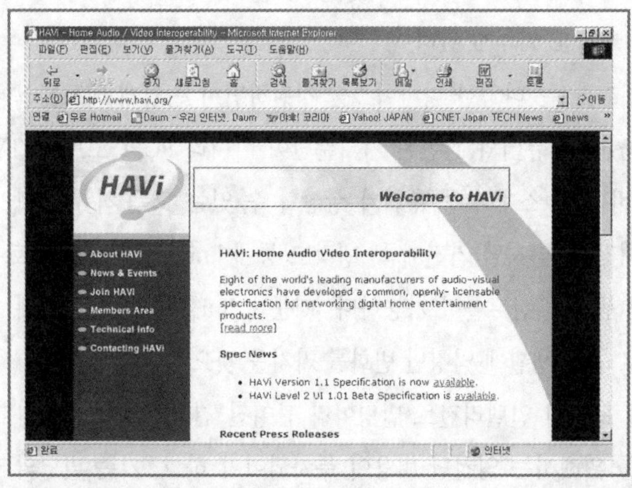

HAVi 추진협회(http://www.havi.org)

■ Jini

Jini(Java Intelligent Network Infrastructure, http://www.jini.org/)는 선 마이크로 시스템즈(Sun Microsystems)에 의해 제창되고 있는 네트워크 규격이다. 컴퓨터, 주변기기, 전화, 카메라, 가전제품 등 다양한 기기를 네트워크를 통하여 접속하고, 상호 기능을 주고받기 위한 기술 사양이다. Jini의 특징으로써 네트워크에 접속된 다수의 컴퓨터가 협조하여 처리를 행하는 「분산 컴퓨팅」의 실현에 강점을 가지고 있다. Jini를 사용하면 상호 접속된 기기 사이에 능력을 빌려주거나 빌릴 수 있어 효율적인 정보처리가 가능하고, 중앙에서 전체를 제어하는 컴퓨터는 필요없게 된다.

Jini는 선 마이크로시스템즈의 객체지향 프로그램언어 Java에 의해 만들어졌으며, Java 프로그램을 실행할 수 있는 환경(Java 가상머신)이라면, 모든 Jini를 통해 네트워크에 접속할 수 있다. Java는 OS와 MPU에 의존하지 않기 때문에 Jini는 다양한 기기에 활용하기 쉽고, 나아가 Plug & Play 기능도 가지고 있다.

그리고 Jini는 다양한 디바이스를 지원하면서 손쉽게 네트워크에 접속할 수 있어 컴퓨터와 관련된 기기뿐만이 아니라 PC와 노트북, TV 셋톱박스, 비디오, 스캐너 등 우리가 상상할 수 있는 모든 컴퓨터 기기와 함께 휴대전화, 디지털 가전제품, 냉장고 등에 Jini를 장착하여 네트워크에 접속과 동시에 컨트롤이 가능하다. 때문에 Jini를 홈 네트워킹에 적용하면 실로 가정 생활에 엄청난 변화를 가져올 것으로 예상된다.

현재 도심에 인텔리전트 빌딩이라 붙여진 건축물들이 세워지고 있지만 이를 위해서는 엄청난 비용이 투자되어야 하고, 기존 빌딩의 리모델링을 통해 적용한다는 것도 여간 어려운 일이 아니다. 그러나 Jini를 장착한 기기는 접속 매체에 상관없이 접속이 가능하기 때문에 각 빌딩에 현존하는 전화선이나 전력선 또는 LAN선을 통해서 바로 접속하여 효과적인 인텔리전트 빌딩을 구축하는 것도 가능하다.

다만, Jini를 이용하기 위해서는 Java 실행 환경인 JVM을 탑재하든가, 네트워크상의 다른 기기가 탑재하고 있는 JVM을 이용할 수 있어야 한다.

■ UPnP

UPnP(Universal Plug and Play)는 컴퓨터와 정보가전의 접속을 통하여 기기의 공유를 실현하기 위해 네트워크 프로토콜을 규정한 미들웨어(중간매체 역할을 하는 표준) 사양이다. HAVi 및 Jini와 비슷한 역할을 한다.

특징으로서 이더넷(Ethernet) 외에 HomePNA와 HomeRF에도 대응하고 있으며, 중앙에서 전체를 제어하는 컴퓨터는 필요없다.

UPnP는 지난 1999년 1월 마이크로 소프트(MS)에 의해 발표되었다. 한

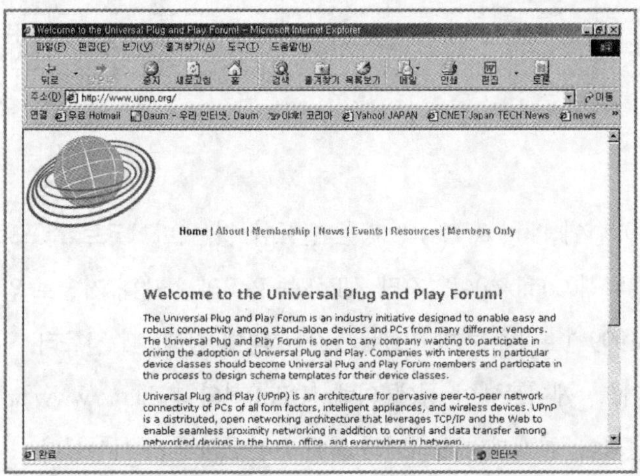

UPnP협의회(http://www.upnp.org)

◇ 홈 네트워크 관련 기술 ◇

명 칭	규격책정상황			주요 사양		
	표준화 단체	버전	공개 시기	전송 미디어	전송 속도	기타 성능
IEEE1394	IEEE	1394	1995년	광섬유 등	100, 200, 400Mbps	최대 케이블 길이 4.5m
		1394b	2000년		800Mbps, 1.6Gbps, 3.2Gbps	최대 케이블 길이 100m
HomePNA	HomePNA	버전 1.0	1998년 6월	전화선	1Mbps	주파수 5.5~9.5MHz
		버전 2.0	1998년 6월		10Mbps	주파수 2~30MHz, 통신거리 150m
ECHONET	ECHONET 컨소시엄	버전 1.0	2000년 2월	전력선, 소전력무선 등	9.6Kbps	주파수 400MHz
IEEE802.11	IEEE	802.11	1993년	무선	1M, 2Mbps	주파수 2.4GHz
		802.11a	1999년 11월		6M, 12M, 24Mbps	주파수 5GHz
		802.11b	1999년 11월		5.5M, 11Mbps	주파수 2.4GHz, 통신거리 50~150m
HomeRF	HRFWG	버전 1.2	1999년 10월	무선	1M, 2Mbps	주파수 2.4GHz, 통신거리 50m
Bluetooth	Bluetooth SIG	버전 1.0B	1999년 12월	무선	1Mbps	주파수 2.4GHz, 통신거리 10m

출전) 工業調査會〔2000〕.

편, 1992년에 Plug & Play(PnP)를 발표한 것은 마이크로 소프트, 인텔(Intel), 컴팩(Compaq)이었지만, UPnP는 PnP의 차세대 기술로 인정받고 있다. 1999년 4월에는 마이크로 소프트 외에 컴팩, 델 컴퓨터, 인텔, 휴렛 팩커드, 게이트웨이 등에 의해 「UPnP협의회」(http://www.upnp.org)가 결성되어, 현재까지 협의회의 회원 수는 260개 사 이상이다.

윈도즈 운영 시스템(OS) 최신 버전인 윈도즈 미(Windows Me)에서 작동되는 UPnP용 소프트웨어가 출하되고 있으며, 마이크로 소프트는 앞으로도 윈도즈 제품에 UPnP 대응 제품을 출하할 예정이다.

7 마쯔시타의 HII

일본의 마쯔시타전기산업(松下電器産業; Matsushita)이 다가올 2003년의 가정 생활을 상정하고 만든 것이 「HII」(Home Information Infrastructure)라 불리는 실험적 가정이다. 디지털 기술을 응용하여 가정 내부를 LAN으로 연결시킴으로써 정보 공유는 물론 각 방 사이 또는 외부로부터의 접속을 가능하게 하여 편리하면서도 지능화된 생활 공간 제공을 목적으로 하고 있다.

HII의 두뇌는 다름 아닌 각 기기를 관리하여 정보를 기억하는 「HII Station」이라고 불리는 홈 서버(Home Server)이다. 이를 통해 텔레비전의 데이터 기억 공간과 인터넷, 전화 등을 이용하여 정보의 쌍방향 접속이 가능하게 된다.

각 기기 사이의 전달은 「HII Smart Wiring」이라고 하는 시스템으로 이루어지고 있다. 기본은 유선을 사용하며 사용 기기에 맞게 광섬유

(Optical Fiber)와 동축케이블, ISDN 대응전화선, IEEE 1394(i-LINK) 등으로 나뉘어진다. 이 선의 단말이 「HII 콘센트」라 불리는 종합형 정보 콘센트다.

이것을 각 방에 설치함으로써 가전제품과 정보기기를 네트워크에 접속할 수 있도록 한다. 그리고 코드를 콘센트에 꽂아 전기가 흐르도록 하는 것과 같이 간편한 조작만으로 기기와 네트워크와의 접속이 가능하게 된다(Plug and Play).

그리고 텔레비전의 영상 데이트 등을 기록하기 위한 장치로는 「HII Station」 내부에 DVD-RAM이 채용되고 있다.

◇ HII의 화장실 시스템 (Matsushita) ◇

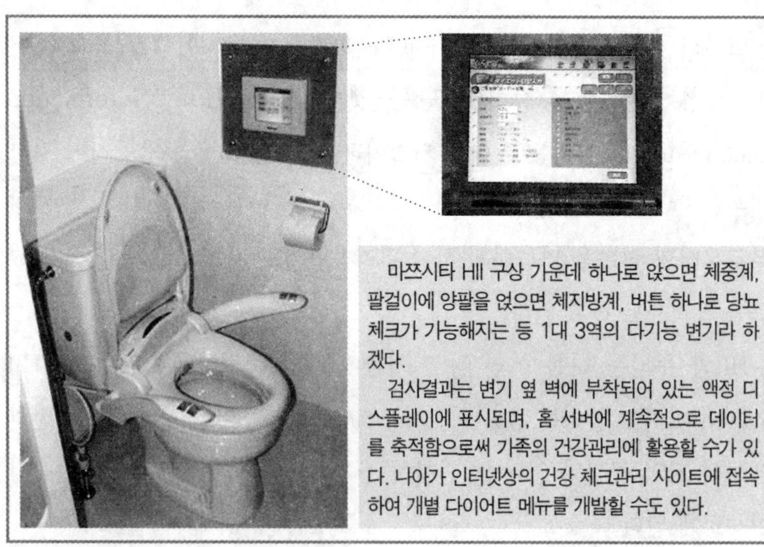

마쯔시타 HII 구상 가운데 하나로 앉으면 체중계, 팔걸이에 양팔을 얹으면 체지방계, 버튼 하나로 당뇨 체크가 가능해지는 등 1대 3역의 다기능 변기라 하겠다.

검사결과는 변기 옆 벽에 부착되어 있는 액정 디스플레이에 표시되며, 홈 서버에 계속적으로 데이터를 축적함으로써 가족의 건강관리에 활용할 수가 있다. 나아가 인터넷상의 건강 체크관리 사이트에 접속하여 개별 다이어트 메뉴를 개발할 수도 있다.

출전) http://www.zdnet.co.jp

HII를 통해 보는 현관

현관(Entrance) 초인종에 소형 텔레비전 카메라(CCD)를 설치하여 거실 등 가정 내에서 현관을 모니터하는 것은 현재 아주 보편화된 광경이라 하겠다. HII에서는 이것을 가정 내 LAN과 연결함으로써 새로운 부가가치를 탄생시키고 있는데, 초인종의 카메라로 촬영한 영상을 각 방에서 확인할 수 있게 되어 있다.

현재 각 가정에서 사용되고 있는 초인종으로부터 음성의 경우는 각 방의 전화를 통해 이야기를 주고받을 수 있으나, 영상의 경우는 초인종과 수화기로밖에 대응이 불가능하였다. 그러나 HII에서는 집안 각 방에서 현관의 모습을 지켜보면서 대응할 수 있도록 하여 한층 편리성을 높였다.

나아가 초인종의 영상과 음성을 홈 서버로 작동시켜 기록, 저장하는 것도 가능하다. 가령 집을 비우고 있는 동안 누군가가 방문, 초인종을 눌러 무언가 얘기했던 말과 영상을 고스란 기록할 수 있게 된다. 이 정도라면 방범용으로서도 손색이 없을 듯하며, 갑자기 찾아온 손님에 대해서도 자연스럽게 응접할 수 있다. 또 부재시의 택배 확인도 가능하게 되는 등 택배 사업자와 같은 제3자에게도 메리트가 발생하게 될 것이다.

초인종의 영상은 가정 내 LAN으로 연결되어 있기 때문에 인터넷을 이용하여 외부 기기에 전송하는 것도 가능하다. 예를 들면, 부재 중인 가정을 방문한 방문자가 초인종을 누르면 직장에서 근무 중인 집주인에게 PC로 영상이 송신됨으로써 감시나 별도의 대응이 가능하게 될 것이다. 가까운 시일 내에 데이터 통신속도 등과 같은 기술적인 문제가 극복되면 휴대전화로도 영상을 체크할 수 있게 된다.

◇ HII의 현관 시스템 (Matsushita) ◇

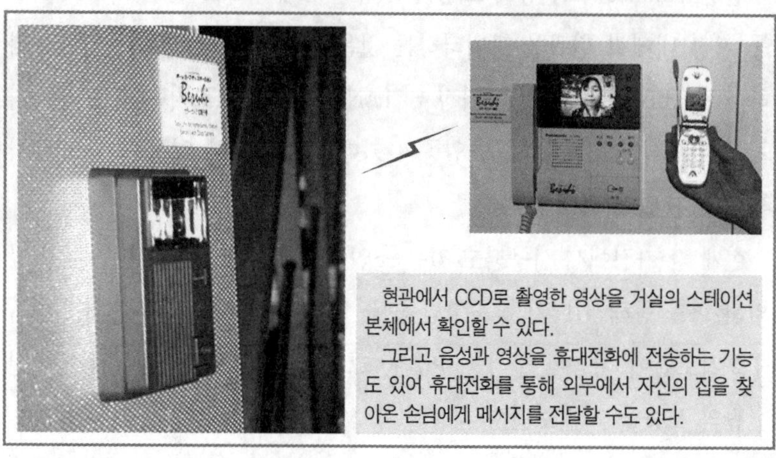

현관에서 CCD로 촬영한 영상을 거실의 스테이션 본체에서 확인할 수 있다.
그리고 음성과 영상을 휴대전화에 전송하는 기능도 있어 휴대전화를 통해 외부에서 자신의 집을 찾아온 손님에게 메시지를 전달할 수도 있다.

출전) http://www.zdnet.co.jp

HII를 통해 보는 거실

가족들이 많은 시간을 보내는 거실(Living Room)의 중심에는 일반적으로 텔레비전이 자리를 차지하고 있다. 텔레비전 자체는 나날이 대형화되면서도 그 두께는 얇아지는 추세에 있다. 이제 더 이상 텔레비전은 방송국으로부터의 영상을 받아 우리들에게 보여주는 단순한 정보도구가 아니다. LAN으로 접속된 가정 내 기기의 종합 컨트롤 도구로써 그 기능을 가지게 되었다.

예를 들면, 각 방의 배치도를 화면에 표시해 각 방의 센서와 접속함으로써 해당 방안에 사람이 있는지 여부를 체크할 수 있게 된다. 이것은 보안 측면만이 아니라 아무도 없는 방에 불이 켜져 있으면 거실에서 이를 확인하고 소등함으로써 불필요한 전기료를 절약할 수 있게 된다.

조명만이 아니라 각 방의 전기 소비량을 체크하는 모니터로서도 사용할 수 있다. 가족 구성원들이 어느 정도 전력을 사용하고 있는가 하는 것을 정확히 파악할 수 있다면 전력의 낭비도 막을 수 있게 된다.

또 행정 측면에서도 전자화(e-government)가 진행되면 거실에서 주민투표나 세금납부 등도 가능하게 되며, 유명한 가수의 콘서트 티켓과 열차(고속버스, 항공기)의 승차권(항공권)을 텔레비전으로 구입하는 것도 가능하게 된다. 이러한 컨트롤 기능은 홈 서버와 가정 내 LAN의 구축에 달려 있다.

앞으로 텔레비전(모니터라고 부르는 것이 적절할지도 모르겠다) 서비스로 가장 주목을 끌게 될 것은 가정 내 「Video on Demand」라고 하겠다. 거실 한편에 홈 서버를 설치해 텔레비전 프로그램을 저장해 두고 좋아하는 시간에 재생해 볼 수 있는 시스템이다.

현재와 같이 실시간(Real Time)으로 텔레비전을 즐기는 것만이 아니라, 자동으로 녹화가 이루어짐으로써 드라마 시청 도중에 자리를 뜨는 경우에도 나중에 그 다음부분부터 드라마를 재생하여 볼 수 있다. 또는 방송 도중에 귀가한 사람이라 할지라도 처음부터 해당 프로그램을 시청할 수가 있어 지금과 같이 놓치거나 하는 일은 없어지게 될 것이다.

지난날 TV 드라마로서는 엄청난 사회적 반향을 몰고 왔던 "모래시계"나 "용의 눈물", "허준"과 같은 시청 형태는 앞으로 일어나지 않을 것이다.

나아가 모든 텔레비전 프로그램을 서버에 축적해 두면 편리한 시간대에 좋아하는 프로그램을 보는 것이 일반화 될 것이다. 현재는 보고 싶은 텔레비전 프로그램이 다른 채널에서 같은 시간대에 방송되게 되면 한쪽을 비디오로 녹화해 두고 나중에 시청하는 방법밖에는 대안이 없었다. 그러나 위와 같은 시스템이라면 비디오를 별도로 셋팅할 필요도 없이 모든 프로그램이 축적되어 있어 프로그램 편성표를 보면서 어느 프로그램을 볼 것인지 고민하는 일은 없어지게 될 것이다.

예를 들면, 텔레비전 스위치를 넣게 되면 먼저 프로그램 편성표와 같은 메뉴가 표시된다. 그리고 MBC의 7시 프로그램, KBS의 6시 프로그램, SBS의 12시 프로그램과 같이 실시간으로 방송되고 있는 프로그램을 계속적으로 선택하는 것이 아니라, 편리한 시간대의 좋아하는 프로그램을 계속적으로 볼 수 있게 된다.

　이러한 시스템이 제대로 실현되기 위해서는 먼저 서버의 대용량화가 전제가 되어야 하는 것을 빼고는 기술적으로 현재 아무런 문제가 없다. 이러한 홈 서버 시스템이 갖추어지게 되면 방송을 통해 이익을 내고 있는 현재의 텔레비전 방송이 근본적으로 바뀌는 계기가 될 것이다. 물론 시청자의 시청 패턴이나 시청료 지불에 대한 형태도 바뀌게 될 것이다. 앞으로 우리들은 실로 엄청나게 변화된 가정에서 살게 될 것이다.

◇ 생활정보 단말과 셋톱박스 (Matsushita) ◇

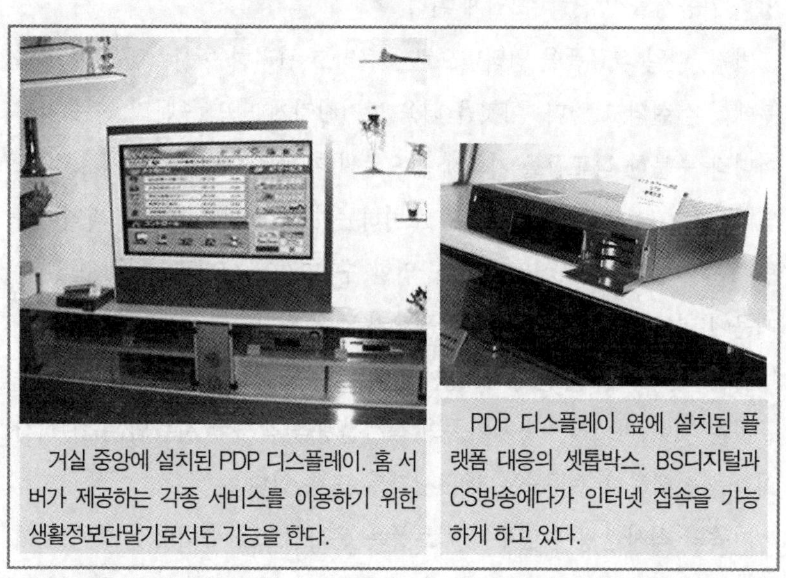

거실 중앙에 설치된 PDP 디스플레이. 홈 서버가 제공하는 각종 서비스를 이용하기 위한 생활정보단말기로서도 기능을 한다.

PDP 디스플레이 옆에 설치된 플랫폼 대응의 셋톱박스. BS디지털과 CS방송에다가 인터넷 접속을 가능하게 하고 있다.

출전) http://www.zdnet.co.jp

# HII를 통해 보는 부엌

부엌(Kitchen) 역시 주부가 가족의 식사를 준비하는 식료품의 소비지라고 하는 현재의 이미지로부터 탈피, 디지털화, 네트워크화를 통해 다양한 가능성을 발견할 수 있게 된다.

먼저, 매일 식료품을 인터넷으로 주문하고 관리하는 시스템은 이미 일부에서 실현되고 있다. 이것을 더욱 발전시키게 되면 주문만 하는 것이 아니라 주문한 식료품을 기록해 둠으로써 가계부 대신으로 활용할 수도 있다. 가령, 식료품을 어느 정도 소비하는가 하는 것이 정확히 파악된다면, 보다 계획적으로 식료품을 구입할 수가 있어 낭비도 줄일 수 있다. 때문에 별도로 가계부를 작성할 필요가 없게 된다.

이러한 기능을 한 단계 더 발전시켜 보자. 발상을 바꾸어 식료품을 주문하는 것이 아니라, 해당 가족의 식사분량을 식사할 사람의 수와 식사시간을 선택하여 주문하는 것도 생각해 볼 수 있다.

가족의 식사분량에 맞추어 식료품은 온라인으로 슈퍼마켓 등에 데이터가 송신되어 식사시간에 맞추어 배달하도록 하는 시스템을 예로 들 수 있다. 실제로 기술적으로는 그다지 문제는 없을 듯하며, 다만 사용자가 사용하기 쉬운 인터페이스 기기를 어떻게 개발하느냐에 달려 있다고 보여진다.

PC와 같이 키보드(Key Board)가 아니라 터치패널(Touch Panel)방식으로 구성되면 고령자도 손쉽게 조작할 수 있을 것이다. 휴대전화로 주문하는 것도 가능하며 슈퍼마켓 등 소매업자가 전용 소형 단말기를 대여하는 방식도 대안이 될 수가 있겠다.

또 식료품의 메뉴를 제공한다고 하는 것은 아토피(Atopy)와 같은 체질 때문에 식사에 제약을 가진 사람은 개인 상황을 고려 별도 메뉴를 제시하고 그로부터 선택할 수 있게 된다. 다이어트(Diet) 등 건강을 배려한 메뉴 제공은 물론 개인이 어떤 식생활을 하고 있는지를 파악한 후 전문가의 어드바이스를 받는 것도 가능할 것이다.

이와 같이 네트워크를 통한 식료품 관리는 전자레인지와 냉장고가 LAN으로 연결됨으로써 한층 편리하게 될 것이다. 한마디로 가정 내에서 이루어지는 산업혁명이라 할 수 있겠다. 이제 인간의 사상이 기술과 접목됨으로써 실제로 이루어지는 시대가 목전에 다가와 있다.

국내 대응 전략

■ 기업 동향

삼성전자와 LG전자를 비롯한 국내 기업들은 실질적으로 세계 홈 네트워킹 표준규격을 주도하지 못하고 있다.

삼성전자는 월드와이드웹(WWW) 기반의 홈와이드웹(HWW)을 자체 미들웨어로 개발해 지난 1998년 미국 정보기기 표준화기구(VESA)로부터 홈 네트워크 표준으로 인정받기도 했지만, 관련 기업의 호응도가 높지 않아 세력확대에 어려움을 겪고 있다.

따라서 자체 규격인 HWW을 표준 규격화하는 활동과 함께 대안으로서 다른 규격의 주도 멤버로 참여하기 위한 노력도 병행하고 있다.

그와 함께 IEEE 1394 기술을 지원하는 디지털 TV 상용화를 적극 추진하고 있다. 특히, 디지털 셋톱박스에는 HD(SD겸용) TV 수신기능 외에 IEEE 1394 기술을 채용한 HDD를 내장할 계획이다. 또 이더넷(Ethernet)을 이용해 인터넷 접속이 가능한 것은 물론 블루투스 기술을 이용해 가전 기기를 제어하는 기능도 덧붙일 예정이다.

LG전자는 자체적인 미들웨어의 개발보다는 홈 네트워킹 대응 제품의 개발에 주력하고 있다. 향후 홈 네트워킹의 서버 역할을 할 가능성이 큰 디지털 TV를 핵심사업으로 주력 육성하는 한편, 백색가전의 디지털화에도 재빨리 대응하고 있으며, 가전제품을 네트워킹하는 것을 목표로 모든

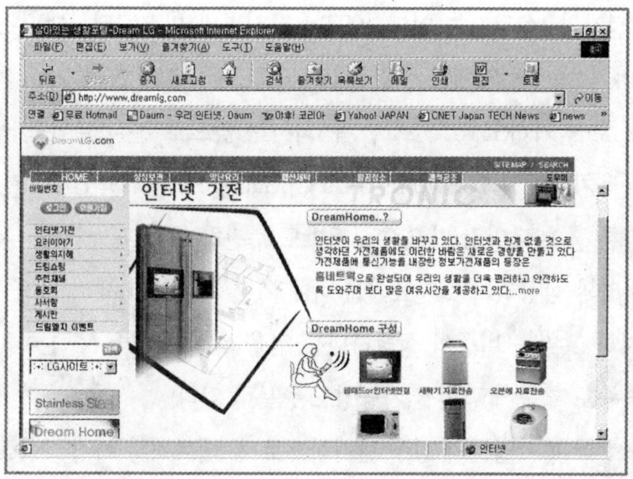

LG전자의 「드림엘지」(http://www.dreamlg.com)

제품을 개발하고 있다.

또한 하드디스크에 방대한 분량의 HD급 디지털 방송 프로그램과 인터넷 컨텐츠를 저장해 재생할 수 있는 PVR 기능을 내장한 것은 물론 IEEE 1394 기술을 지원하는 디지털 TV를 개발하고 있다.

대우전자는 IEEE 1394가 지원되는 디지털 TV와 디지털 VHS를 개발, 상품화단계에 들어갔다. 특히, IEEE 1394용 셋톱박스를 개발, 디지털 방송을 수신하고 디지털 VHS와 디지털 TV간에 IEEE 1394 기술을 통해 영상 데이터를 주고받게 할 계획이다.

■ 유선 네트워크

LG전자와 삼성전자는 유선 네트워킹 부문에서 실질적인 표준규격을 주도하지는 못하고 있으나, 앞으로 표준규격을 결정할 때 유리한 위치를 차지하기 위해 각 기술의 표준규격화 활동에 적극 참여하고 있다.

삼성전자와 LG전자는 이미 1997년 도시바와 마쯔시타, 샤프, 도쿄전력, 히타치 등 5개 업체가 설립한 ECHONET에 NEC, NTT, 소니와 함께 B클래스로 참가하고 있다. 또한 두 회사는 앞으로 홈 네트워크 규격 표준화 대응차원에서 LonWorks(Local Operating Network), HAVi 및 UPnP 등의 다른 홈 네트워킹 기술 연구개발도 추진하고 있다.

LG전자와 삼성전자로 대표되는 국내 가전 기업들이 세계 가전 시장에서 차지하고 있는 비중이 상당하다는 점을 감안한다면, 노력 여하에 따라 규격주도 그룹에 편입될 가능성도 충분히 있다.

따라서 국내 기업들의 경우 단기적으로 홈 네트워킹 시장을 주도해 갈 것으로 예상되는 유선 네트워킹 분야에서는 규격주도그룹에의 편입 노력과 네트워킹 대응 제품 개발 노력이 당면 과제라 할 수 있다.

최근 삼성전자는 PLC(전력선 통신)를 이용한 홈 네트워킹 가전제품을 세계 최초로 상용화, 삼성물산이 건설한 수지아파트에 설치하고 본격 가동에 들어갔다. 지금까지 전력선을 이용한 홈 네트워크 가전제품은 일본, 이탈리아 등에서 개발 중이거나 일부에서 1~2개 모델이 출시된 적은 있으나 표준화, 컨텐츠 부족, 통신 신뢰성, 재료비 상승 등으로 상용화에 많은 어려움이 존재해 왔었다.

■ 무선 네트워크

무선 네트워킹 분야에서는 블루투스(Bluetooth)를 중심으로 국내 기업들의 제품화 노력이 활기를 띠고 있다. 지난 2000년 전세계적으로 블루투스 열풍이 일어나면서 수많은 업체들이 블루투스 시장에 뛰어들고 있으며, 200여 사의 국내 기업이 블루투스를 핵심사업 아이템으로 선정, 시장에 뛰어들고 있다.

2000년까지는 삼성전자 등 일부기업에서만 칩 개발을 발표했을 뿐 대부분의 기업들은 애플리케이션 개발 수준에 머물러 있는 상황이었다. 하지만 2001년 들어 국내 기업들도 칩과 모듈 및 애플리케이션 등 모든 분야에 걸쳐 추진하고 있다.

삼성전기가 블루투스 모듈 개발을 완료하여 주요 이동전화 및 PC 제조기업에 샘플을 공급하는 한편 곧 양산에 들어갈 계획이며, LG이노텍도 이동전화용 블루투스 모듈과 헤드셋의 개발을 마치고 일부 물량을 생산할 예정에 있다.

블루투스 부문은 대기업 못지않게 벤처기업의 움직임도 활발한 편이다. 엠엠씨테크놀러지(http://www.mmctech.com)는 노트북 PC의 USB 포트에 연결해 사용하는 블루투스 어댑터를 개발하였으며, 제노컴(http://www.zenocom.co.kr) 역시 어댑터 형태의 휴대전화용 블루투스 모듈을 개발, 조만간 해외 공급 추진에 나설 예정이다. 하스넷(http://www.hassnet.com)은 홈 오토메이션 시장을 겨냥한 액세스 포인트의 공급을 서두르고 있다.

블루투스가 개방형 기술이라는 이점을 충분히 활용하여 국내 기업들도 칩 및 모듈의 품질수준 제고와 함께 기술 개발을 병행해나간다면, 선진 기업과의 격차는 빠른 시일 내에 좁혀질 것으로 기대된다.

■ 대응 방향

장기적으로는 무선 네트워킹이 유선 네트워킹을 대체할 것으로 전망되고 있어 국내 기업들에게는 유선 네트워킹 부문에서의 열세를 만회할 수 있는 좋은 기회가 될 수 있다. 따라서 국내 기업들은 무선 네트워킹 분야에서의 경쟁력 제고를 통해 앞으로 시장 주도권 확보에 주력할 필요가 있다.

특히, 개방기술이라는 특성을 갖고 있는 블루투스는 국내 기업들의 노력 여하에 따라 앞으로 시장 주도 여부가 결정될 수도 있으므로 국내 기업으로서는 간과해서는 안될 분야다. 블루투스가 처음으로 등장할 당시에 받았던 인기에 비하면 현재는 다소 시들해진 느낌인데, 이는 블루투스의 가능성에 대해 많은 사람들이 걸었던 지나친 기대감이 오히려 그 원인이라 할 수 있다.

바꾸어 말해, 초기부터 다양한 애플리케이션에 대한 연구가 산발적으로 이루어져 온 점과 보다 완벽한 제품을 만들겠다는 연구자들의 지나친 의욕이 블루투스 시장 형성을 지연시키게 된 요인의 하나로 지적되고 있다.

따라서 소규모 시장이라 할지라도 수익을 창출해낼 수 있는 킬러 애플리케이션(Killer Application)에 집중할 필요가 있다. 관련 기업들이 킬러 애플리케이션을 통해 일정한 수익을 창출해야만 비로소 기능 개선 및 지속적인 응용제품 개발의 여력을 확보할 수 있기 때문이다.

Coffee Break

사이버 아파트

● **오전 6시 55분** : 비디오 시계가 김대한(36)씨를 깨운다. 모니터에는 "혈압이 약간 높으니 무리한 운동을 피하고 혈압강하제 복용을 잊지 말라"는 주치의의 조언이 떠 있다. 침대에 내장된 체온, 혈압 체크 시스템이 매주 한차례 그의 건강 상태를 점검해 데이터를 인터넷으로 보낸 데 따른 주치의의 답

이다.

● **오전 8시 50분** : 집을 나서는 즉시 보안장치가 가동된다. 현관문, 테라스문, 침실창문 등 출입구의 보안상태는 언제 어디서나 휴대전화를 통해 점검하고 닫을 수 있다.

● **오전 10시 15분** : 세탁기에 빨래를 담가놓기만 하고 나왔다는 생각이 난다. 사무실 PC로 집안 세탁기를 접속해 "섬세 세탁" 버튼을 누른다.

● **오후 4시** : 차를 타고 가다 아파트 주민대표 선출 마감 일이 오늘이라는 것을 깨닫는다. 휴대전화로 아파트 홈페이지에 들어가 투표를 마친다.

● **오후 5시 30분** : 주말 파티에 쓸 음악을 고르기 위해 전문 사이트에 접속한다. 10곡을 다운로드 받아 집에 있는 오디오로 전송하고 잠시 후 휴대전화로 오디오의 동작 버튼을 눌러 직접 들어본다.

미국의 미래학자 조셉 코츠가 "2025년 과학과 기술로 변모된 미국과 지구촌"이란 책에서 묘사한 미래 생활상을 약간 각색한 것이다. 불과 10년 전만해도 "멋지지만 아직 먼 일"로 여겨졌던 이런 일들이 성큼 우리 앞에 다가왔다.

"사이버 타운", "e빌리지" 등의 이름을 달고 지어지는 "사이버 아파트"가운데 이런 기능을 일부 갖춘 곳도 있다. "사이버 아파트"란 인터넷을 편리하게 이용할 수 있는 환경을 갖췄다는 점을 강조한 용어로, 아파트를 지을 때 광케이블과 이더넷 방식의 구내 망(LAN)을 깔아 인터넷 속도를 크게 높이게 되면서 생긴 말이다.

정부가 지난 2000년 6월 초고속 정보통신 건물인증제(엠블럼 아파트)를 실시한 뒤 올해 신축 아파트의 70%가 사이버 아파트로 지어지고 있다.

최근엔 더 나아가 인터넷을 이용해 가정의 여러 전자제품과 보안장치를 먼거리에서도 제어할 수 있는 홈 네트워크를 갖춘 집이라는 의미를 포괄한다.

삼성전자는 전력선통신(PLC)으로 홈 네트워크가 가능한 전자제품을 만들어 시범단지에서 서비스하고 있다(다음 그림 참조).

대형 할인점과 제휴, 주민이 웹 패드를 통해 인터넷 쇼핑을 하면 5~6시간 안에 배달해주는 아파트 단지도 생겼다.

거실에 앉아 놀이터에 노는 아이 모습을 확인하거나 지하 주차장에 세워둔 차에 이상이 없는지 점검할 수 있는 단지 내 오토메이션 기능은 이미 상당히 확산되었다.

바람직한 사이버 아파트는 초고속 인터넷 망을 기본으로 하면서 인터넷을 통한 홈 네트워킹, 주문형 비디오(VOD), 단지 웹사이트를 통한 편리한 전자 상거래, 커뮤니티 활동 등이 가능한 곳이라 할 수 있다.

인터넷으로 영화를 주문해서 보고 매끄러운 3차원 동영상을 즐기기 위해서는 전송속도가 매우 빨라야 한다. 2M~8Mbsp 급인 기존 초고속 인터넷으로는 미흡하다.

이런 까닭에 통신업체들은 사이버아파트의 인터넷 전송속도를 100Mbsp 이상으로 높이려 하고 있다.

통신업체들이 사이버 아파트를 통해 실현하고자 하는 전자상거래 서비스도 기존 수준을 넘어선다. 단지별 홈페이지 안에 동네 슈퍼마켓, 중국 음식집 등을 빠짐없이 끌어들여 물건이나 음식을 주문한 뒤 20~30분 안에 받을 수 있는 지역 밀착형 서비스를 지향한다.

한편으로 인터넷을 통한 홈 네트워크 실현에는 걸림돌이 몇 가지 존재한다. 전세계 가전 메이커들 사이에 기술 표준이 정해지지 않았다는 것과 인터넷 IP 주소가 부족하다는 점이다.

홈 네트워크 기술 표준에는 USB, IEEE1394, 전력선통신 등의 유선 매체와 블루투스, HomeRF, 무선 LAN, IrDA 등 무선 매체가 경합을 벌이고 있다.

인터넷 IP의 경우 현재 논의중인 IPv6가 채택되면 주소 자원이 풍부해져 가정내의 모든 전자 제품에 주소를 할당할 수 있게 된다(한국경제〔2001. 9.

3) 필자가 재구성).

◇ 전력선 홈 네트워크 시스템 ◇

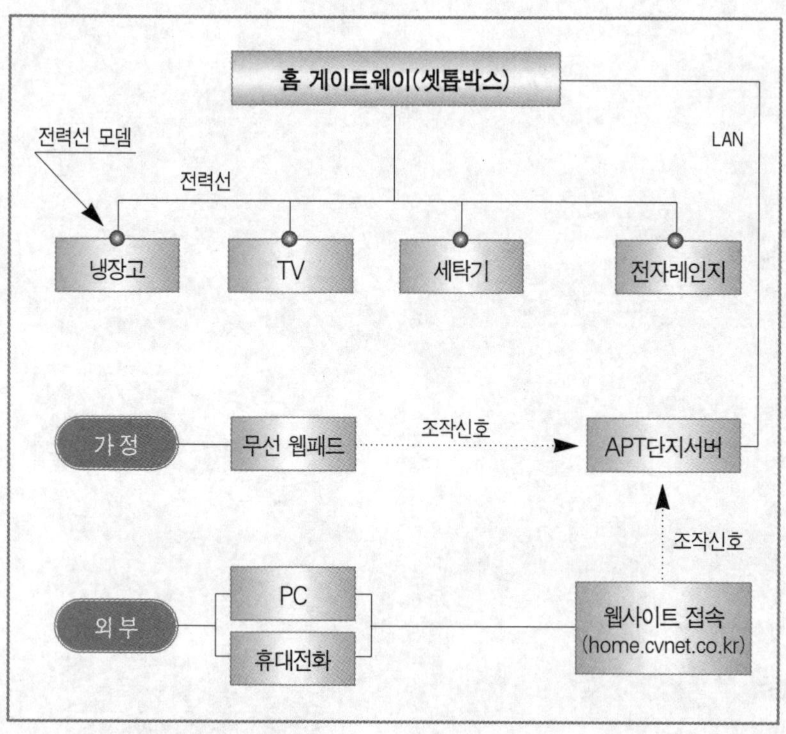

출전) 한국경제〔2001. 9. 3〕

블루투스 **B**luetooth

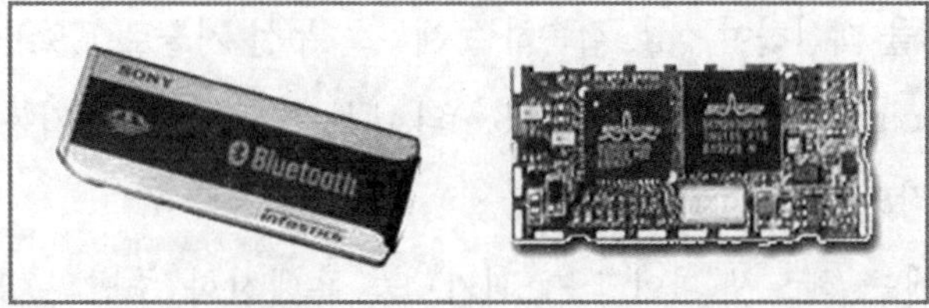

　　블루투스는 휴대전화, PDA, PC 등 각종 휴대단말기와 주변 기기들을 케이
블(유선)을 대신하여 상호 접속하는 새로운 무선(Wireless) 기술로, 1994년
에 에릭슨(Ericsson)의 내부 프로젝트로써 기본 기술 개발이 시작되었다.

블루투스란?

■ 블루투스의 출발

근래 블루투스(Bluetooth)라고 하는 말을 신문이나 잡지 등의 기사를 통해 빈번히 접하게 되는데 먼저 그 의미부터 살펴보기로 하자.

한마디로 블루투스는 음성, 영상, 데이터 등 다양한 정보를 무선으로 수신과 발신을 할 수 있는 근거리 무선통신기술의 하나라 하겠다.

블루투스는 휴대전화, PDA, PC 등 각종 휴대단말과 주변 기기를 케이블(유선)을 대신하여 상호 접속하는 새로운 무선 기술로 1994년에 에릭슨(Ericsson, http://www.ericsson.com)의 내부 프로젝트로써 기본 기술 개발이 시작되었다.

처음에는 헤드셋(마이크＋스피커) 등 휴대전화 주변의 코드리스(Cordless)화를 목적으로 한 매우 간단한 근거리 통신방식을 예상한 것이었으나, 이후 주로 컴퓨터 관련 회사로부터 랩탑 컴퓨터(휴대전화) 주변의 코드리스화까지를 블루투스에 포함시키려는 움직임이 일어났다.

1998년 2월 에릭슨, IBM, 도시바(Toshiba), 인텔(Intel), 노키아(Nokia) 5개 사의 핵심 멤버가 주축이 된 블루투스 SIG(Special Interest Group)가 발족, 기술개발이 이루어지면서 시장에 모습을 드러내기 시작하였다. 실제로 지난 1999년 7월 「블루투스 버전 1.0」 기술사양이 발표되어 전세계 관련 기업의 이목을 집중시켰다.

이동전화 시장 확대 이후 새로운 아이템을 찾던 전세계 정보통신업계는 공개표준을 들고 나온 블루투스에 대해 대단히 긍정적인 반응을 보였다. 1999년 12월에는 블루투스를 인증하기 위한 규약인 「PRD 버전1」이 발표되었고, 동시에 인증을 수행하는 기관(또는 개인)으로서 BQB와 시험기관인 BQTF가 창설되었다. 이 시점에서 블루투스 참여기업은 1,300개 사를 넘어섰고, 신규 참여 기업을 포함한 「Bluetooth SIG 2 프로모터(차기 블루투스의 프로모터)」가 설립되었다.

2001년 4월 현재 그 멤버는 모토로라(Motorola), 마이크로 소프트(MS), 루슨트(Lucent), 퀼컴(Qualcomm), 3com, VLSI와 같은 유명한 IT · 통신업계 기업이 참가, 그 수는 약 2,164개 사에 달하고 있으며 전세계 유력기업 대부분이 참가하고 있기 때문에 사실상의 표준(Defacto standard)을 획득하였다고 하겠다.

■ 블루투스의 강점

블루투스에 참가하는 기업이 늘고 있는 이유는 블루투스 관련 지적소유권은 무상(Free)제공을 전제로 하고 있어 로열티가 없다는 큰 매력 때문이다. 게다가 하드웨어, 미들웨어, 소프트웨어까지의 다양한 기술을 종합적으로 수용한 무선접속규격이라는 것도 장점이다.

그러나 이것만으로는 블루투스 열풍을 설명하기에는 역부족이다. 블루투스가 매력있는 무선 접속 규격이라는 점은 바로 탄생부터 철저하게 시장성에 근거해 개발되었다는 점이다. 첨단 기술보다는 모든 사람들이 공개적으로 공유할 수 있는 저렴한 가격의 서비스를 만들어보자는 일반대중성에 기반을 두고 출발한 것이다.

앞으로 블루투스 기술은 정보 처리 기기, 통신 기기를 상호간에 접속

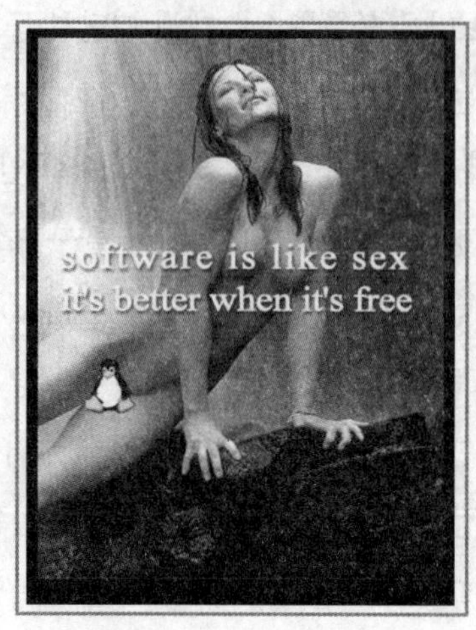

하기 위한 범용성, 공개표준, 저소비전력, 싼 가격의 무선기술로 휴대전화, PDA, 노트북, 전자수첩, 프린트, FAX, 정보가전 등 다양한 기기를 상호 접속하는 것이 가능하다.

주파수대는 면허가 필요없는 2.45GHz ISM(Industrial Scientific Medical ; 산업 및 의료용 주파수) 대역을 사용, 전송 속도는 1Mbps(전송속도 10Mbps인 표준 2.0 규격은 현재 개발 중)로 기기 사이의 거리가 10m 이내라면 벽이나 가구 등과 같은 장애물(고체, 비금속 물체를 통과)이 존재해도 이용 가능하게 된다.

그 외에도 케이블 접속의 구내 정보통신(LAN)의 대체를 비롯하여 전자레인지, 냉장고 등 가전제품의 인터넷 접속, 유료도로와 철도(전차)의 개찰구에서의 요금징수 등 광범위한 정보의 교환에 응용할 수 있다. 과거 개별 시스템에는 이러한 비접촉 정보전달방식이 고안되어 실용화되어왔지만, 블루투스는 전세계를 하나의 통신방식으로 집결시키는 도구여서 기대를 한 몸에 모으고 있다.

"ARC Group"의 최근 조사 결과에 따르면, 업계 전문가들은 휴대전화에 가장 큰 영향을 미치게 될 요소로 블루투스를 꼽고 있다.

◇ 블루투스 발기회사 (PM Group) ◇

에릭슨(Ericsson)
IBM
도시바(Toshiba)
모토로라(Motorola)
루슨트(Lucent)

3Com
인텔(Intel)
마이크로 소프트(MS)
노키아(Nokia)

◇ 블루투스 모듈 ◇

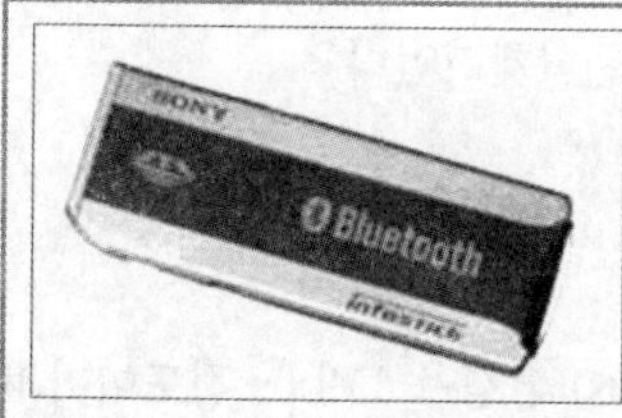

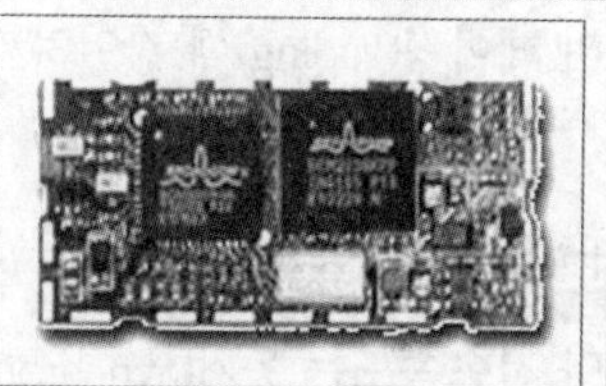

블루투스의 특징

블루투스는 근거리 통신을 하기 위한 국제 표준으로 다음과 같은 몇 가지 특징을 가지고 있다.

■ 전송거리

블루투스에서 보통 사용하는 데이터 전송거리는 10m 정도이며 최대 100m까지 가능하지만 이 경우 파워(Power) 소모가 크다.

■ 전송방식

주파수 이동 대역 확산 방식(Frequency Hop Spread Spectrum)을 사용하였으며 페이딩(Fading)에 강인하도록 설계되었다.

■ 전송속도

데이터 전송속도는 동기(Synchronous)의 경우 1Mbps 정도이며 비동기(Asynchronous)의 경우 721Kbps이다. 2Mbps급 규격이 나올 예정이며 동영상 전송이 가능한 10Mbps급 2세대 블루투스도 현재 활발한 연구가 진행되고 있다.

■ 파워 소모량

Sleep Power는 30mA, Standby Power는 300mA, 데이터 전송시에 30mA가 소모된다.

■ 가격

블루투스 칩의 가격을 가까운 장래 5달러까지 낮출 예정으로 있다.

■ 사용 기기 수

피코넷(Piconet)이라는 작은 단말기 안에서 최대 8개 기기가 있을 수 있으며 음성의 경우 3채널까지 가능하다.

◇ 블루투스의 강점 ◇

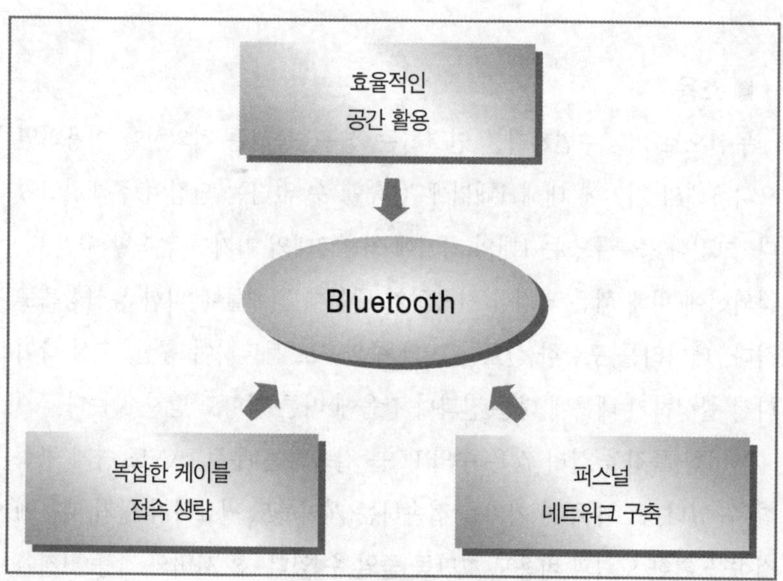

■ 사용 주파수 대역

2.4GHz의 ISM(Industrial Scientific Medical)대역을 사용한다. 높은 무선 주파수를 사용함으로써 장애물이 존재할 경우에도 금속이 아니면 투과하여 통신이 가능하다.

3 효용과 시장 규모

■ 효용

무선으로 PC, 주변기기를 연결하는 경우, 종래는 적외선을 이용하였으나 1대의 기기에 대해 1대밖에 접속할 수 없다는 단점이 존재하였었다. 그러나 블루투스는 1대의 기기에 최대 7대의 기기를 접속할 수 있다. 적외선에 비해 짧은 파장을 사용하기 때문에 장애물에 의한 통신장해도 적다. 데이터를 포함한 신호를 79의 주파수로 분할하여 송신, 수신 측이 다시 합성하기 때문에 다른 전파나 잡음에 따른 영향도 받지 않는다.

이러한 특징을 살려 많은 수의 PC를 접속하는 무선 LAN도 쉽게 구축할 수 있다. PC와 주변 기기를 접속하는 케이블도 필요하지 않기 때문에 접속을 위한 노력과 비용도 그만큼 줄일 수 있다. 홈 서버와 각종 가전을 무선으로 접속하여 가동시키는 홈 네트워킹의 구축도 가능하게 된다.

나아가 다른 기업이나 기종과의 호환성을 실현하기 위해「블루투스 SIG」에서는 각 기기의 블루투스 기술사양에 대해 호환성 실험을 실시, 합격한 것에 대해서는 블루투스의 로고를 부여하고 있다.

참고로 블루투스의 어원은 노르웨이와 덴마크를 무혈 통합한「해럴드」(Harald)라고 하는 바이킹 왕에서 유래한다.

지금으로부터 1000년 정도 거슬러 올라간 10세기경 중반, 덴마크와 노르웨이를 지배하에 둔 해럴드 왕은 그 위대한 업적 때문에 덴마크의 고어(古語)로「피부가 엷은 검정」을 의미하는 "Bla"와「권력자」를 의미하는 "Tan"을 합친「피부가 엷은 검정의 권력자(Blantand)」로 불리었다. 이 덴마크어의 "Blantand"라고 하는 말은 현대의 영어로 바꾸면 "Bluetooth"라고 번역된다.

해럴드가 "노르웨이와 덴마크를 무혈 통합한 것과 같이 휴대전화와 PC를 평화적으로 통합" 되기를 원하는 소망이 블루투스에 담겨져 있다고 하겠다.

또 해럴드가 여행가로도 유명한 것처럼 호환성을 지닌 블루투스 기술이 세계 어디를 여행하든 단일 장비로 통신을 할 수 있도록 모든 통신 환경을 일원화시킨다는 의미에서 명명된 것이다.

■ 시장 규모

블루투스의 장점은 기기의 가격이 저렴하고 소형화가 가능하며 블루투스 탑재기기 사이의 접속 및 절단이 간단하다는 점이다.

2001년 블루투스 제품은 25억 달러 규모에 달하는 1,100만종 이상이 출시될 것으로 예상된다.

국내 기업도 삼성전자, 삼성전기, LG이노텍 등 대기업과 벤처기업을 중심으로 칩, 모듈, 애플리케이션 분야의 움직임이 구체화되고 있다.

한편으로 SIG는 조직이 비대해지면서 새로운 프로파일(Profile)에 대한 의사결정이 지연되고, 가격이 경쟁력을 갖출 만큼의 수준에 도달하지 못한 점, 보안이 취약한 점 등이 해결 과제로 지적되고 있다.

지금까지 제조업체가 출시한 칩 세트 가격은 대부분 20~30달러 선이다. 미쯔비시(Mitsubishi)는 투칩 형태 칩 세트를 1,500엔으로 계획하고 있으며, 1~2년 내에 15달러 이하로 모듈 가격을 떨어뜨리겠다고 밝혔다.

그러나 블루투스 시장의 본격적인 형성은 2002년 이후부터 이루어질 것으로 예상되고 있다. 이는 2002년경에야 블루투스 버전 2.0의 안정성 검증이 완료되고, 블루투스 모듈 가격 역시 10달러 미만으로 하락할 것으로 전망되고 있기 때문이다.

시장조사기관인 "Cahners In-Stat Group"은 이러한 기술 혁신과 가격 하락이 현실화될 경우, 2002년에는 전체 휴대 전화의 15%, 노트북 PC의 15%, 데스크탑 PC의 7%가 블루투스를 탑재할 것으로 전망하고 있다. 디지털 무선 전화기나 공항, 호텔 등 공공 장소에 설치될 블루투스 중계기(Access Point), 프린터, 디지털 카메라 등 PC 주변 기기와 디지털 가전제품에 탑재될 블루투스 모듈 등을 포함시킬 경우, 2005년경에는 약 13억 개에 달하는 블루투스 시장이 형성될 것으로 예상하고 있다.

"Dataquest" 역시 블루투스에 대해 상당히 낙관적인 전망을 하고 있는데, 그에 따르면 블루투스 시장은 2001년 2억 달러 정도의 시장을 형성한 다음 연평균 120%씩 성장하여 2005년에는 약 47억 달러의 시장이 형성될 것으로 추정되고 있다.

또 최근 "ARC Group〔2001. 6〕"의 조사 결과에서도, 2006년에는 5억대
를 넘는 블루투스 대응 기기가 전세계에서 사용되게 될 것이라고 한다.

◇ 블루투스의 활용 이미지 ◇

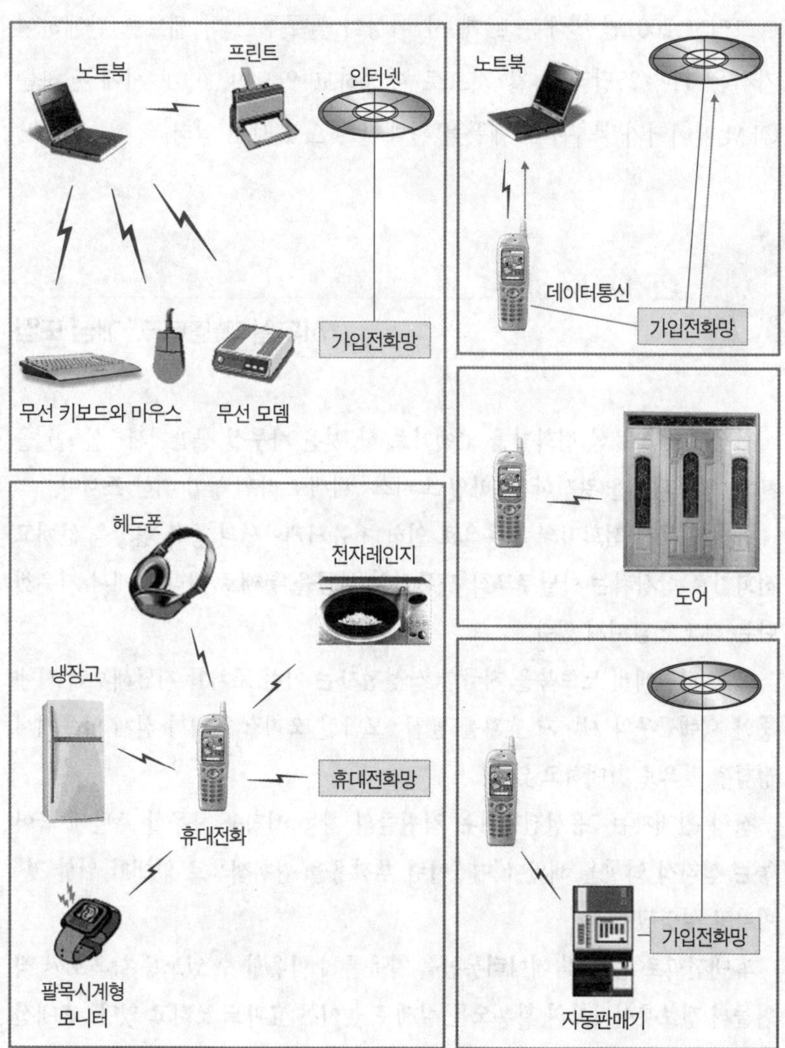

다만, 비싼 칩 세트 가격 때문에 당분간은 블루투스 대응 기기의 대부분이 기업이 주요 고객이 될 것이라고 한다. 그리고 소비자 시장에의 본격적인 보급은 칩 세트 가격이 5달러를 밑돌 것으로 예상되는 2006년까지 기다려야 할 것이라고 지적하고 있다.

그리고 2001년 말에는 25개 사 이상이 블루투스 칩 세트를 판매하여 가격은 11～25달러가 될 것으로 예상하고 있으며, 60개 사에 달하는 OEM 메이커가 블루투스 제품을 판매할 것으로 보고 있다.

Coffee Break

사무실 "時空테크" 개념 도입

삼성전자가 유선 전화기를 없애기로 한 것은 사무실 공간에서 "선(線)"을 제거, 업무환경을 완전한 "모바일 오피스" 체제로 바꿔 놓기 위한 조치다.

유선과 무선 전화기의 혼용으로 인한 커뮤니케이션의 중복 현상을 없애고 전화기로 상징되는 아날로그식 사무실의 개념을 통째로 머리 속에서 지우겠다는 의도도 담겨져 있다.

모든 직원에게 노트북을 지급한 삼성전자는 이번 조치가 지난해부터 시행 중인 재택근무와 시너지 효과를 발휘, 모바일 오피스 개념이 실제 업무에서 정착될 것으로 기대하고 있다.

삼성 관계자는 "유선전화기는 직원들의 활동 거점을 사무실 주변에 묶어 놓는 심리적 역할을 해왔다"며 "이런 부작용을 원천적으로 없애기 위한 것"이라고 설명했다.

휴대전화로 음성 및 데이터통신을 자유롭게 이용할 수 있도록 함으로써 직원들의 정보통신기기의 활용도를 실제로 높이는 효과도 노리고 있다. 휴대전화를 활용, 간단한 업무 연락을 주고받을 수 있는 단문발송(SMS) 서비스와 무선 데이터서비스 등을 제공, 업무에 전혀 불편을 느끼지 않도록 하겠다는 것이다.

외근이나 출장이 잦은 직원들의 경우 휴대전화로 사내 인트라넷에 접속, 공지사항 확인에서부터 일정관리를 할 수 있도록 했다. 국제전화도 저렴한 가격에 이용토록 해 상당한 비용절감 효과도 거둘 전망이다.

삼성은 이번 조치로 비용은 줄고 업무효율은 더욱 높아질 것으로 예상하고 있다. 현재 삼성전자 본사에 설치된 유선전화기만 대략 5,000여대에 이른다. 이에 따른 운영 및 관리비용도 적지 않은데다 책상 등 사무집기의 수요까지 불러 일으켜 공간활용에 비효율적이라는 것이 회사측 판단이다.

영업직 등 사내 근무보다는 외근이 많은 부서의 경우 불필요한 사무실 공간을 차지하고 있을 필요가 없는 만큼 낭비적 요소를 없앨 수 있다는 것이다.

기업이 적정요금을 내면 일정한 총 통화시간을 보장받는 요금제를 적용하기 때문에 전화요금도 줄일 수 있다. 대신 유연하고 창의적인 근무여건을 조성, 소프트한 사고를 유도함으로써 조직 분위기를 역동적으로 만들어 나갈 수 있을 것으로 회사측은 기대하고 있다.

직원들이 사실상 '24시간' 대기 상태에서 근무를 하게되는 만큼 노동강도는 높아지지만 회사 입장에서는 업무의 효율이 크게 높아지는 효과를 거둘 수 있다는 것이다.

특히, 판매와 마케팅 등 고객접점 부서의 경우 단 1개의 번호만 관리하면 되므로 커뮤니케이션 성공률이 높아질 것으로 회사는 예측하고 있다. 개인적인 통화량도 줄어들 것으로 예상된다.

삼성측은 이번 구내 무선 서비스 실시를 계기로 재택근무도 확대하는 방안을 검토중이다. 삼성전자는 지난 2000년 10월부터 생활가전사업부를 중심으로 재택근무를 시행하고 있다. 매월 두 번째 목요일을 '재택근무의 날'로 정해 차장과 부장 등 간부사원들에게 집에서 회사 인트라넷을 통해 업무보고를 받고 결재를 하고 있다.

삼성 관계자는 "궁극적으로는 물리적 공간으로서 사무실의 운영을 최소화함으로써 비용을 줄이고 시간과 공간의 제약을 최소화해 기업 이익을 극대화할 수 있을 것"이라고 말했다(한국경제(2001.6.21)).

4 무선접속 형태

블루투스가 상정하고 있는 무선접속 형태는 크게 "단말기기-단말기기", "단말기기-고정기기", "고정기기-고정기기"의 3가지로 크게 나눌 수 있으며, 각 접속 형태별 사례와 장점을 들어보면 아래의 도표와 같다.

참고로 여기서 단말기기라고 하는 것은 휴대전화, PC(노트북 PC), PC 주변기기, PDA, 헤드폰 스테레오, AV 기기, 디지털 카메라, 카 네비게이션, 레지스터(POS), 무선 LAN(단말측) 등을 들 수 있으며, 고정기기는 고정 전화회선, 무선 LAN(고정 회선), 오피스 네트워크 등 주로 인프라스트럭처 쪽의 설비를 가리킨다.

접속형태	사 례	장 점
단말기-단말기	• 노트북 PC로 무선 인터넷을 하는 경우 휴대전화와의 접속 • 디지털 카메라의 영상을 PC(또는 휴대전화)로 송신하는 경우의 접속 • PDA와 PC간에 데이터를 교환하는 경우의 접속 • PC와 주변 기기 사이의 접속 • 헤드폰 스테레오와 휴대전화와의 접속 • 카 네비게이션과 휴대전화와의 접속 • PC와 무선 LAN 단말과의 접속	케이블을 연결할 필요가 없어 이동성이 높아진다.
단말기-고정기기	• PC와 전화 회선의 접속 • 레지스터와 전화 회선의 접속 • AV 기기와 전화 회선의 접속	단말을 전화 회선 등 고정단자 가까이 배치할 필요가 없어진다.
고정기기-고정기기	• 오피스 네트워크(SOHO 등)와 전화 회선의 접속 • 오피스 네트워크와 CATV 회선의 접속 • 인접 네트워크 사이의 접속	

5 응용분야

블루투스의 적용 가능 분야는 매우 광범위한 것으로 평가되고 있다. 거의 모든 디지털 기기에 블루투스를 탑재할 수 있을 만큼 유연성과 안정성을 갖추고 있기 때문이다. 2001년 4월 중순 현재 블루투스 SIG로부터 인증을 획득한 제품은 헤드셋(headset) 18종, 자료동기화제품 12종, 파일전송제품 24종, 인터넷접속장치 34종 등 전세계를 통틀어 모두 113종이다.

블루투스 제품이 시장에 출하되는 시기는 이동전화단말기가 가장 빠르며 그 뒤를 이어 헤드셋, 노트북, PDA, 데스크톱, 그리고 MP3 플레이어 및 디지털카메라 순이 될 것이다.

"ARC Group"에 따르면, 블루투스가 가장 큰 영향을 미칠 분야는 휴대전화이나 점차 모바일 PC, 홈 오토메이션에까지 파급될 전망이다. 블루투스를 활성화하려면 킬러 애플리케이션(Killer Application)이 일단 정해져야 하고 상호 호환성, 가격의 대중화가 해결되어야 한다.

이러한 블루투스 적용 가능 분야를 구분해 보면 다음과 같다.

■ 홈 네트워킹

블루투스는 이동전화와 무선전화 겸용 전화기나 무선 헤드셋을 이용한 가정통신수단으로 자리잡게 된다.

리모컨에 블루투스를 탑재하면, AV기기를 무선으로 제어할 수 있고 조명기구나 조리기구, 난방장치 및 이른바 백색가전으로 불리는 가정용 전자제품의 원격 관리가 가능하다.

홈 오토메이션 시장은 블루투스가 휴대전화 다음으로 폭넓게 보급될 것으로 전망되는 분야다.

마이크나 스피커, 인터넷 폰, 홈 모니터링 단말기도 블루투스로 케이블을 없앨 수 있다. 출입문을 블루투스로 원격 개폐할 수 있고 전기 검침이나 가스 검침 등 무선 원격 검침 분야에도 폭넓게 활용할 수 있는 가능성이 열려 있다.

■ 음성통신

기본적으로 블루투스는 3개의 음성 통신 채널을 제공하므로, 블루투스가 탑재된 헤드셋을 착용하면 휴대전화나 일반 전화로 걸려온 전화를 헤드셋을 통하여 그대로 수신할 수 있다.

만일 사무실 곳곳에 블루투스 중계기가 설치되어 있을 경우, 사무실에서 잠깐 자리를 비운 사이에 전화가 오더라도 자동으로 헤드셋으로 연결되므로 전화를 받지 못하는 경우는 사라질 수도 있다.

블루투스가 원래 휴대전화와 주변기기 사이의 무선 통신을 위하여 개발된 것인 만큼, 이 분야가 블루투스의 가장 큰 시장으로 자리잡을 것으로 예상된다. 한 시장조사기관 자료에 따르면, 2005년경에 전체 블루투스 기기의 78%가 휴대전화와 헤드셋 분야에 활용될 것으로 전망하고 있다.

자동차용 핸즈프리 역시 매우 중요한 응용 분야로 여겨지고 있다. 사용자가 차를 탔을 때, 단지 사용자의 휴대전화만 주머니 속에 넣어 두었다면 사용자의 핸즈프리를 통하여 전화기에 연결될 수 있다. 여기에 전화번호 인식과 같은 간단한 음성인식기능이 부가될 경우, 핸즈프리만으로 차내에서 송수신이 가능해진다. 이러한 응용 분야를 위하여 현재 GM, 포드 등 자동차 제조메이커와 노키아(Nokia), 모토로라(Motorola) 등 이동통신 사업자 간의 공동 연구가 활발히 진행중이다.

■ 데이터 교환

블루투스는 기본적으로 데이터 동기화 기능을 제공하고 있기 때문에 각종 정보기기 사이, 정보기기와 휴대전화 사이, 그리고 휴대전화 사이의 데이터 교환이 매우 자유롭게 이루어질 수 있다. 예를 들어 외부에서 업무를 보고 다시 사무실로 돌아와 노트북 PC나 PDA를 켜면 바로 사무실에 있는 데스크탑 PC의 일정관리 프로그램상의 정보와 노트북 PC, PDA 등의 정보가 동기화된다.

또한 여러 사람이 정보를 공유할 필요가 있을 경우에도 e-메일 등을 통하여 일일이 정보를 제공하지 않아도 블루투스의 동기화 기능을 통하여 실시간으로 정보 공유가 이루어지게 된다.

■ 자유로운 연결

프린터나 스캐너, 마우스 등을 무선으로 PC에 연결할 수 있음은 물론이고 디지털 카메라, MP3 플레이어, 셋톱박스 등을 PC나 주변기기 등과도 연결할 수 있게 된다. 더욱이 블루투스는 장애물에 의한 간섭을 거의 받지 않아 인터넷에서 다운로드 받은 사진이나 음악을 다른 방에 있는 프린터나 MP3 플레이어로 인쇄하거나 전송하는 것도 가능하게 된다.

■ 인터넷 접속

블루투스의 주요 활용분야로 기대되는 것은 인터넷 접속 분야를 들 수 있다. 블루투스는 자동으로 게이트웨이(G/W)를 찾아 인터넷이나 음성 통신을 할 수 있는 특성을 가지고 있으므로 유저는 휴대전화나 모뎀, LAN 등에 관계없이 항상 인터넷에 연결될 수 있다.

이러한 인터넷 접속 기능은 블루투스의 보급에 상당한 기여를 할 것으로 전망되고 있다. 예를 들어, 호텔이나 기차역, 공항 등에 블루투스가 탑재된 중계기가 설치되어 있을 경우, 유저들은 노트북 등을 통하여 무선으로 인터넷에 연결할 수 있으므로 소위 "Pervasive Internet"이 구현되는 것이다.

■ 통신분야

공공장소에서 PDA를 이용해 무선 인터넷에 접속하거나 무선 공중전

◇ 블루투스의 영향 ◇

장치 또는 분야	응답자
휴대전화	39%
무선 주변 기기	25%
모바일 컴퓨터	17%
홈 오토메이션화	6%
전자상거래	5%
개인용 엔터테인먼트	4%
홈 엔터테인먼트	3%
원격 계산/원격 측정	1%

출전) ARC Group.

화를 통한 각종 정보교환이 가능해진다. 사무실에서 무선으로 LAN에 접속하거나 무선 구내전화를 사용할 수 있게 되고 항공기, 열차, 고속도로에서도 첨단 통신기능을 활용할 수 있다.

PCS나 IMT-2000(3G)에도 응용이 가능하다. 이동통신 단말기에 블루투스를 장착할 경우 음성통신을 지원하는 본래 기능 외에도 노트북, PDA 등 주변기기를 연결하는 일종의 무선 모뎀 역할을 담당하게 될 것이다.

이동전화의 기능을 최대한 분산할 수도 있다. 블루투스로 이동전화기와 각종 단말기와의 단거리 통신이 가능해지면 모든 서비스 기능을 이동전화기에 탑재할 필요가 없어진다. 예를 들어 휴대전화기로 수신한 동영상을 화면이 큰 PC로 시청하는 형태의 서비스가 가능하다.

이동전화를 이용해 철도나 고속버스 승차권을 구입하거나 호텔에서 체크인·아웃시 숙박비를 결제하는 것도 가능하다.

■ 개인간 네트워크

블루투스가 주목받는 또다른 분야는 개인간의 네트워크다. 이른바 PAN(Personal Area Network)으로 불리는 개인 네트워크 시장은 블루투스 애플리케이션을 가장 다양하게 도입할 수 있는 분야로 손꼽힌다.

전자명함을 교환하고 음성, 영상, 텍스트 등을 무선으로 주고받는다. 채팅이나 동호회 모임도 가능하고 제품설명서 파일을 수신, 저장하거나 프린터와 무선으로 연결, 인쇄할 수도 있다. 블루투스를 응용한 전자 주민카드도 구현할 수 있다.

■ 그 외

사무실에서는 컴퓨터를 중심으로 마우스, 키보드, 모니터 등 각종 주변기기를 무선화할 수 있다. 사무실 내에서 블루투스용 시스템을 구축해 워크숍이나 세미나 도중에 자료를 서로 공유하게 된다.

전자지불 소액결제 시장도 유망하다. 음료수 자판기, 주유기, 생활용품 판매기 등 자동판매기와 승차권, 유원지, 전시회, 음악회 입장료나 고속도로 통행료, 주차장 사용료 등을 휴대전화로 결제한 후 이동전화요금이나 신용카드요금에 합산할 수 있다.

블루투스 기능이 탑재된 단말기에 선불충전 후 선불카드로 사용하는 방식도 고려된다. 소액결제 서비스가 구현되려면 유저의 개인정보를 보호할 수 있는 보안 및 전자지불 체계가 빠른 시일 내에 이루어져야 할 것으로 보여진다.

◇ 블루투스 기술을 접목시킨 무선 헤드폰과 펜 ◇

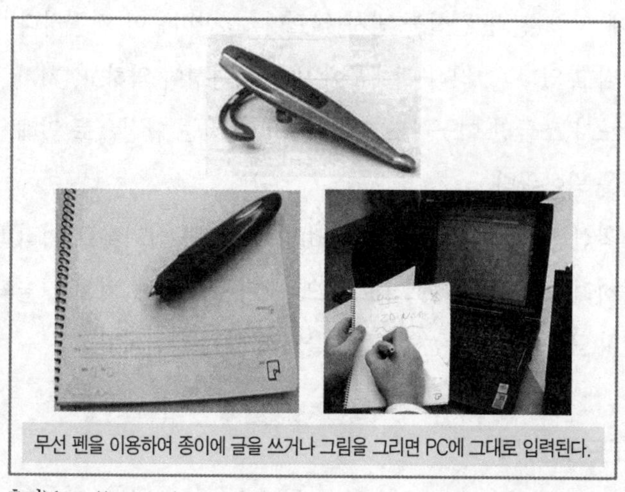

무선 펜을 이용하여 종이에 글을 쓰거나 그림을 그리면 PC에 그대로 입력된다.

출전) http://www.zdnet.co.jp

주요 표준과 비교

근거리 무선통신 시장을 둘러싼 표준경쟁은 광범위한 응용 잠재력을 지니고 있는 블루투스가 가세함에 따라 그 양상도 크게 변화할 것으로 전망된다. 현재 개발되어 있거나 개발 중에 있는 근거리 무선통신 기술은 블루투스를 제외할 경우 크게 3가지 방식으로 구분된다.

■ IrDA

IrDA는 1995년 이후 거의 모든 노트북 PC에 탑재되어 있는 적외선 통신기술이다. 이 기술은 적외선의 특성상 전송속도가 매우 빠르고, 다른 신호원에 의한 전파 간섭을 받지 않으며, 생산비용이 저렴하다는 장점 등을 지니고 있다. 그러나 장애물에 대한 투과성이 약하고, 기기 사이의 전송 각도가 조금만 어긋나도 전송이 어려워지는 단점으로 인해 유저들의 불만을 받아왔다.

최근 확산 적외선(Diffused Infrared)방식이라는 신기술로 이러한 단점을 극복하려는 움직임을 보이고 있으나, 다른 기술에 비해 기술혁신 속도가 낮아 표준경쟁에서는 한 걸음 물러서 있는 형편이다.

■ IEEE 802.11

IEEE 802.11이라는 코드명이 붙여진 무선 LAN 기술은 블루투스와 같이 2.4GHz 대의 주파수 대역을 사용하여 전파(Radio Frequency)를 통해 데이터를 전송한다. 블루투스가 주파수 도약방식의 스펙트럼 확산방법을 사용하는 데 비해 이 기술은 직접 확산(Direct Sequence)방식의 스펙트럼 확산방법을 사용하므로, 블루투스에 비해 전송 속도가 매우 빠르다는 장점을 지니고 있다.

그러나 상대적으로 설치하기가 어렵고, 전파 간섭이나 보안 측면에서 약점을 지니고 있으며, 더욱이 무선 LAN 진영 내에서도 여러 기술표준이 서로 대립하고 있다는 비판을 받고 있다.

■ HomeRF

HomeRF 기술 역시 2.4GHz의 주파수 대역을 사용하며 블루투스와 같은 주파수 도약방식의 스펙트럼 확산방법으로 데이터를 전송한다. 전송속도는 블루투스에 비해 빠르지만, 채널 스위칭 속도가 낮아 신호원이 여러 개 존재할 경우 안정적인 전송이 어려우며, 전력 소모량이 높아 휴대기기에 적용하기 어렵다는 단점을 지니고 있다.

■ 블루투스 우위

이러한 기술들 사이에서 표준경쟁이 벌어질 경우, 현재 블루투스가 가장 유리한 위치에 올라 있다는 평가를 받고 있다. 이는 먼저 블루투스의 시장 보급속도가 다른 기술들에 비해 가장 빠를 것이라는 강점 때문이다.

블루투스의 경우 세계적인 휴대전화 사업자들이 적극적으로 탑재할 것을 표명하고 있어, 모듈 제조 사업자 입장에서는 단기간에 수 천만대 규모의 시장 형성을 기대할 수 있다. 이는 모듈 제조 사업자들의 규모의 경제(Economies of Scale) 확보에 상당히 기여할 것으로 보여 가격 하락을 가속시킬 것으로 기대가 높다.

무선 LAN이나 HomeRF는 이와 상당한 차이를 보이는 데, 무선 LAN의 경우 초기 목표가 기업용 유선 LAN 시장의 보완 정도에 그치고 있고, HomeRF의 경우에는 가정 내의 PC나 무선 전화기(Cordless Phone) 등으로 방향을 잡고 있어 초기 시장은 매우 좁을 것으로 추측된다.

다음으로는 블루투스의 생산비용이 매우 저렴하다는 점이다. 별도의 신호증폭기 등이 필요로 하지 않기 때문에, 다른 기술에 비해 블루투스 모듈의 구조는 매우 간단하다. 빠르면 2003년 늦어도 2006년부터는 하나의 반도체 칩으로 블루투스 모듈을 구현할 수 있을 것으로 기대되고 있어, 가격이 모듈당 5달러 이하로 하락할 것으로 전망되고 있다. 이러한 가격은 HomeRF나 무선 LAN의 2003년 기대 가격인 25달러에서 100달러 수준에 비해 대단히 저렴한 수준이라 할 수 있다.

◇ 블루투스 모듈 및 칩의 연도별 가격 추이 ◇

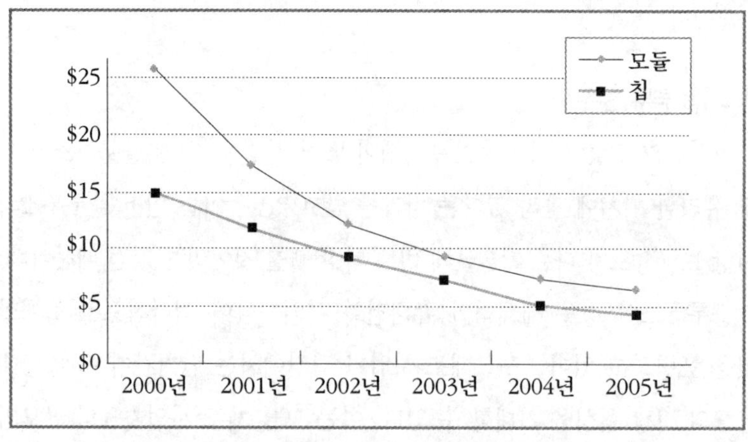

출전) TDK〔1999〕.

# 추진 과제

표준을 담당하는 블루투스 SIG는 블루투스를 무선통신의 기술표준으로 만들기 위해 다음의 3가지 목표를 설정, 추진하고 있다.

■ 저가격화

가격을 최대한 억제, 5달러 이하의 칩 세트를 만들어 다양한 제품에 탑재시키는 것을 목표로 하고 있다. 되도록 모든 정보가전에 블루투스를 탑재시켜 완벽한 지능형 정보화 세상을 만들겠다는 것이다. 이러한 원칙은 싼 값으로 보다 많은 유저들이 장비를 구매하여 사용할 수 있도록 한다는 논리를 반영한 결과다.

■ 저소비 전력화

휴대전화나 노트북 PC와 같이 배터리를 이용하는 단말기에 장착될 경우에 대비하여 불필요한 배터리 소모를 억제시켜 이동성을 강화하겠다는 것이 주요 목표다. 블루투스가 초단거리 무선통신을 주도할 수 있도록 소비전력을 낮추어 휴대 단말기의 필수품으로 하겠다는 것이다.

■ 소형 경량화

궁극적인 목표는 명함의 절반 정도의 크기로 하는 것이다. 이동성이

많아진 현대인들이 편리하게 휴대할 수 있도록 "소형 경량화"가 이루어
져야 한다.

그러나 이들 3가지 목표 가운데는 서로 충돌되는 부분도 있는데, 예를
들면 소형 경량화는 원가 상승 요인으로 작용할 수 있다. 따라서 실제의
경우에는 용도에 맞는 목표에 우선 순위를 두고 개발이 진행되고 있다.

다음으로 블루투스를 다양한 용도에 적용하기 위해서는 "멀티미디어
대응", "One to Many(일대 다) 접속 통신", "도청 및 오접속 방지"라는 3
가지 요건이 충족되어야 하는데, 이에 대한 대응 방향은 다음과 같다.

■ 멀티미디어 대응(패킷)

음성뿐만 아니라 영상, 데이터 등 다양한 정보가 전송될 수 있고 나아
가 전파 상태와 전송 정보에 따라 최적 패킷이 선택될 수 있도록 11가지
종류의 블루투스 패킷이 규격화되어 있다.

■ One to Many 접속 통신(네트워크)

피코넷(Piconet)과 같은 간단한 네트워크를 형성함으로써 One to One,
One to Many 접속의 무선통신을 실현하게 된다.

■ 도청 및 오접속 방지(시큐리티)

시큐리티 기능을 갖춘 접속 방법이 규격화되어 있다.

블루투스의 동작 형태를 간단하게 살펴보면, 블루투스 장비들은 피코넷(Piconet)이라는 최소 단위로 구성되며, 이들 피코넷이 모여서 스캐터(Scatternet) 넷이라는 보다 상위의 단위를 구성하게 된다.

같은 피코넷에 있는 장치들은 동일한 주파수 호핑 패턴을 가지게 되고, 같은 스캐터 넷에 있더라도 다른 피코넷에 속해 있으면 다른 형태의 주파수 호핑 패턴을 따르게 된다.

피코넷은 휴대용 PC와 이동전화처럼 두 개의 연결된 장치들로 시작되고 최대 8개의 장치까지 하나의 피코넷에 존재할 수 있다. 또한 이들 블루투수 장치들은 1대의 마스터기와 최대 7개까지 구성될 수 있는 종속기로 나뉘어지는데, 피코넷 안의 어떠한 기기든 마스터기가 될 수 있으며 한 피코넷의 마스터기는 동시에 다른 피코넷의 종속기가 될 수도 있다.

블루투스 장치들은 통신 중단 상태인 스탠바이 모드에서 1초 정도마다 새로운 메시지를 체크하고, 기기가 서비스를 요청하기 시작하면 그 기기는 마스터기가 되어 주변기기의 인식 작업을 시작하고, 다른 기기들은 종속기로 동작하면서 하나의 피코넷을 구성하게 된다(http://www.cyon.co.kr).

블루투스 SIG가 추진하고 있는 쾌적한 생활환경이란 어떤 형태를 말하는 것인지 살펴보기로 하자.

출근

전철을 타기 위해 자동개찰구를 그대로 지나가기만 하면 휴대전화를 통해 자동적으로 요금이 지불된다. 휴대전화에는 개인의 다양한 정보가 보존되어 있어 개찰구를 지나는 순간 개찰구의 정보단말과 휴대전화가 통신을 주고받으며 결제를 하게 된다.

사무실

회사에 도착하자마자 서류 가방 속에 들어있는 PDA가 자동적으로 책상 위에 있는 PC와 교신을 시작, 스케줄과 e-메일을 다운로드해 준다. 때문에 일부러 PC 스위치를 넣고 마우스를 조작하거나 필요한 항목을 일일이 수동으로 PDA에 입력할 필요가 없게 된다.

회의

현재와 같이 부서 회의에 필요한 자료를 출석자 분량만큼 미리 복사해 둘 필요가 없다. PC로 작성한 자료는 PDA에 전송, 회의실의 전자화이트보드에 자료가 자동적으로 스크린된다. 필요하면 그 자리에서 자료를 출석자의 PDA와 PC에 전송하는 것도 버튼 하나로 끝낼 수 있다.

공장

공장의 엔지니어는 제품을 만들어내는 기계가 제대로 작동되고 있는지 이상 여부를 일일이 체크할 필요가 없다. 공장 내를 PDA로 확인해가면서 돌아보면 되기 때문이다. 또 소프트웨어와 정보를 갱신할 때도 PDA에 부착된 버튼 하나로 동시에 여러 대의 기계에 데이터를 전송할 수 있다.

택배

회사 근무시간 중에 자택의 초인종 소리가 자신의 휴대전화를 통해 울렸다. 자택의 초인종은 가정의 홈 네트워크와 접속되어 있어 방문객이 문밖에서 초인종을 누르게 되면 자동적으로 주인의 휴대전화로 연결, 초인종과 연결시켜준다. 택배가 도착했다는 택배사원의 목소리와 대문 위에 달린 보안카메라를 통해 발신되는 택배직원의 모습을 휴대전화로 확인하고서 휴대전화의 버튼하나로 택배박스의 잠금 장치를 해제한다.

자택

귀가 길의 택시 안에서 휴대전화를 통해 자택 홈 네트워크에 접속하여 욕실을 온수로 가득 채운다든지 집 앞에 있는 슈퍼마켓에서 식료품을 구입하여 양손에 들고 있을 경우에도 잠겨져 있는 아파트 문을 여는 것은 간단하다. 블루투스가 탑재된 휴대전화가 자동적으로 문을 열어주고, 현관 전등도 작동시킨다. 물론 가족들이 좋아하는 실내온도도 기억하고 있어 냉난방도 자동적으로 조절된다. PDA 역시 자동적으로 가정 모드로 전환한다. 가족이 공유하고 있는 전자달력에는 모임과 결혼기념일, 생일 등의 데이터가 전송되므로 부부간에 트러블을 일으킬 소지를 없애준다.

공항

출장차 지방으로 내려가기 위해 공항에 도착하면 항공회사의 온라인 시스템이 고객의 휴대전화와 PDA에 내장되어 있는 티켓정보를 확인, 사전에 예약한 좌석을 체크함으로써 탑승수속은 완료된다. 출발시간까지 로비에서 블루투스가 탑재된 노트북과 PDA로 인터넷에 접속하여 긴급한 메일이 수신되었는지도 확인할 수 있다.

호텔

목적지에 도착하면 렌터카가 있는 곳까지 안내할 버스에 올라탄다. 버스 안에서 자동적으로 예약정보가 확인되면 버스는 렌터카 앞에 정차시켜준다. 물론 수속은 이것으로 종료하게 된다. 숙박 예정의 호텔정보는 자동차의 카네비게이션 등에 전달되어 자동적으로 호텔까지 길을 안내해 준다.

호텔에 도착하면 PDA가 자동적으로 체크인을 해주고, 동시에 PDA에는 객실번호가 표시되고 동시에 전자열쇠 정보가 전송되므로 나머지는 객실문 앞까지 발길을 옮기기만 하면 된다. 숙박할 객실 앞에 서면 자동적으로 방문이 열리게 된다.

자동차

국립공원에 도착하자 공원 내부를 안내해 주는 가이드가 카 네비게이션에 등장, 그 날의 주요 행사와 추천할 만한 장소 등을 알려 준다. 식사를 하기 위해 자동차로 돌아오면 자동차의 잠금 장치는 자동적으로 해제, 좋아하는 채널의 방송이 흘러나온다. 정차 중에는 자동차의 점검이 자동적으로 이루어지게 되고 결과는 카 네비게이션의 화면을 통해 스크린된다.

영화관

개봉 영화관에 도착하자마자 휴대전화가 예약 확인과 자동으로 요금 정산을 완료해주어 순서를 기다릴 필요 없이 곧바로 영화관에 들어간다. 영화관의 팜플렛도 그대로 PDA에 표시된다.

한 잔

오후 7시경 회사업무를 마치고 스트레스 해소도 할 겸해서 같은 부서 동료들과 술을 마시기로 약속, 적당한 술집을 찾기 위해 휴대전화를 통해 네트워크에 접속한다. 조건을 몇 가지 입력하고서 검색 버튼을 누르자 지정한 지역의 술집들이 10여 곳 표시된다. 그 가운데서 가장 할인 혜택을 많이 주는 쿠

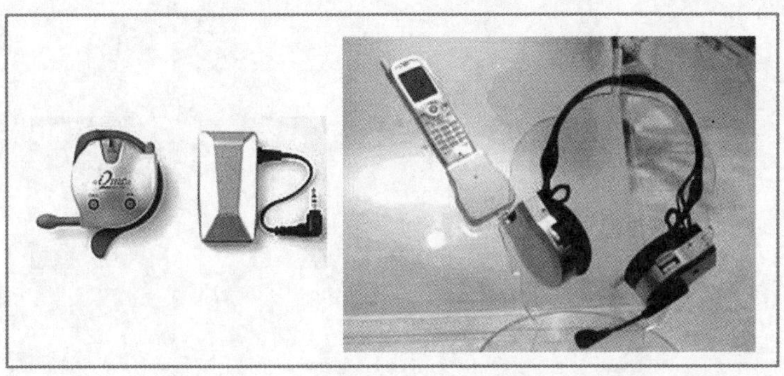

폰이 실린 가게를 선택, 휴대전화의 GPS 서비스를 통해 위치 확인을 하면서 술집으로 직행한다.

이처럼 생활에 등장하는 다양한 환경과 도구에 블루투스가 탑재된다는 것은 반대로 블루투스가 탑재되어 있지 않은 제품은 사람들로부터 도외시 당하게 된다는 것을 의미한다. 그에 따라 다양한 제품에 마이크로 칩이 탑재되게 될 것이다. 그리고 제품뿐만이 아니라 이러한 것들을 제어하는 서버와 인프라스트럭처 등 다양한 컨트롤러와 기기가 필요하게 될 것이다.

그러나 블루투스의 진정한 잠재력은 완전히 새롭고 거대한 산업 탄생의 가능성을 담고 있다는 데 있다. 게다가 기존 시장의 표준이 일순간에 붕괴될 가능성조차 내포하고 있다(김광희〔2001〕"21세기 IT가 세계를 지배한다").

Internet Protocol
IPv6 Version 6

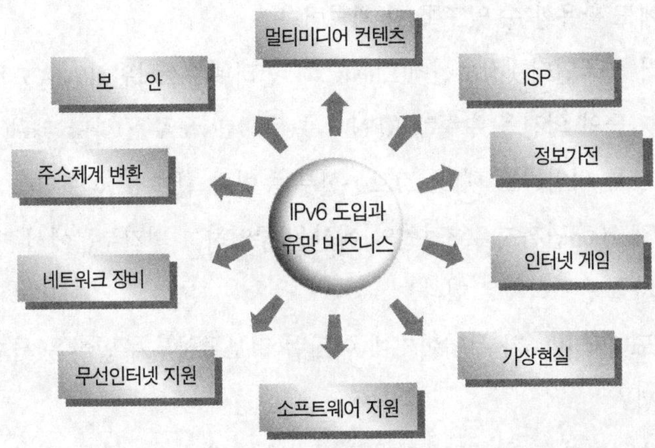

　「IPv6」란, "Internet Protocol Version 6"의 알파벳 첫 글자이며 현재 사용하고 있는 「IPv4」의 주소 길이(32비트)를 4배 확장한 것으로 미국 전기전자학회(IEEE) 특별팀(TF)이 1996년에 표준화한 128비트 차세대 인터넷 주소 체계를 가리킨다.

IPv6의 등장

정보통신부는 지난 2001년 2월 인터넷 주소 부족현상 해소를 위해 인터넷 신주소체계인 「IPv6」를 도입한다고 발표했다. 오는 2004년부터 정부가 관리하고 있는 국가망 인터넷에 IPv6를 도입하고, 2005년부터는 초고속망에도 활용할 수 있도록 할 계획이다.

아울러 한국인터넷정보센터(KRNIC)가 인터넷주소위원회(NNC) 등 민간 전문가들의 의견을 수렴해 KRNIC 중심의 IPv6 주소 할당 관련 규칙을 제정토록 위임키로 했다. 정보통신부는 이와 함께 IPv6 도입을 추진하기 위해 2003년까지 468억원의 예산을 투입하고 민간부문에서 368억원의 투자를 유도하기로 했다.

그럼 도대체 IPv6가 무엇이기에 이처럼 정보통신부가 앞장을 서고 있는 것일까?

인터넷은 가까운 장래 컴퓨터만이 아니라 텔레비전과 비디오, 냉장고, 세탁기, 전자레인지 등 가정의 모든 전자제품에 들어있는 MPU(초소형 연산처리장치)도 연결하는 네트워크가 형성되기 때문이다. 이것을 인터넷을 통하여 영상이나 음악 소프트웨어를 다운로드 받거나 자택을 벗어난 외부에서도 각종 가전제품을 조작할 수 있게 된다는 것을 의미한다.

다만, 현재의 체계로는 다소 문제가 있다. 그 이유는 인터넷에 접속하기 위한 해당 컴퓨터의 주소에 해당하는 IP(Internet Protocol) 어드레스가 부족하기 때문이다. 컴퓨터는 IP 어드레스를 기준으로 e-메일과 웹상의 정보를 주고받는다.

가령, 필자가 재직하고 있는 대학교의 URL 「http://www.hyupsung.ac.kr」(협성대학교)을 입력하게 되면 자동적으로 IP 어드레스로 변환되는데, 이 어드레스가 현재의 규격으로는 약 43억개(2의 32승) 나온다. 그러나 전세계 인구가 65억명이라는 것을 감안하면 지구상의 모든 사람들에게 할당될 IP 어드레스가 부족하다는 사실을 깨달을 것이다.

현재의 어드레스 체계가 결정된 약 20년 전은 43억개로 충분하였다. 그러나 폭발적인 인터넷 보급으로 전문가 사이에서는 주소가 2010년 전후로 고갈될 것이라는 전망을 내놓고 있다. 아니 필자의 생각을 피력한다면, 2000년대 중반에 이미 고갈될 것이다. 그 이유는 우리가 생활하고 있는 가정에 정보가전(Information Appliances)이 현재 급속도로 보급되고 있기 때문이다.

2000년 말까지 국내에서 보유하고 있는 IPv4 체계의 주소 개수는 1,853만개로, 국내 인터넷 유저 2,500만명에도 미치지 못하고 있는 실정이다. 인터넷 주소의 고갈은 앞으로가 더욱 큰 문제다.

가까운 장래 개인휴대 정보단말기(PDA)와 차세대 이동통신(IMT-2000, 3G), 인터넷 전자레인지, 인터넷 냉장고, 인터넷 에어컨과 같은 정보가전 등에도 인터넷 주소가 들어가야 되는데, IPv4 주소체계로는 한계가 있기 때문이다.

게다가 현재의 IPv4는 기업 사이에 CAD(Computer Aided Design) 정보를 교환하거나 영상을 인터넷으로 교환하는 등 사회에 축적된 엄청난 양의 디지털 정보를 고속으로 송신, 분석하는 것에는 많은 어려움이 동반되었다. 그것은 통신 용량과 어드레스가 부족하기 때문이다.

　현재와 같은 네트워크 환경을 개선하기 위한 대안으로 등장한 것이 차세대 규격인 「IPv6」(Internet Protocol Version 6)이다.

◇ IPv6로 구현되는 네트워크 ◇

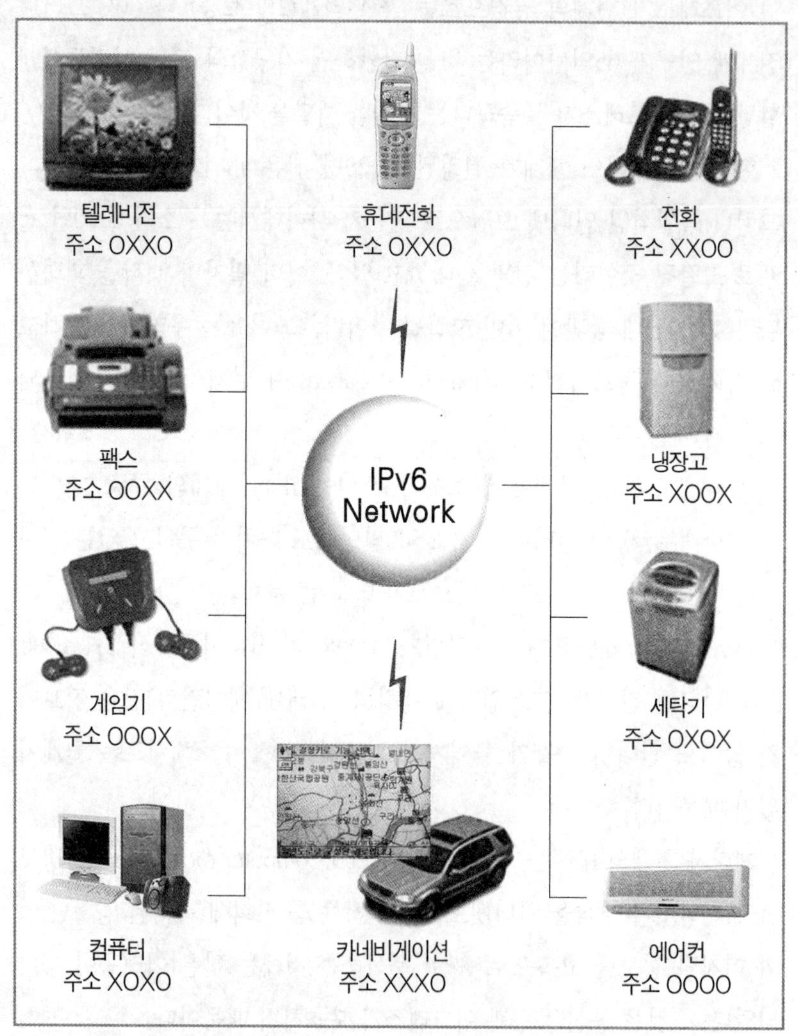

2 | IPv6란?

「IPv6」란, "Internet Protocol Version 6"의 알파벳 첫 글자로 현재 사용하고 있는 「IPv4」의 주소 길이(32비트)를 4배 확장한 것으로 미국 전기전자학회(IEEE) 특별팀(TF)이 1996년에 표준화한 128비트 차세대 인터넷 주소체계다. 현재 IP의 표준규격은 IPv4로, 8비트씩 4개 부분으로 10진수로 표시하는 주소체계를 쓴다. 다시 말하면, 「0.0.0.0〜255.255.255.255」의 범위이다.

예를 들면, IPv4를 이용한 인터넷 주소는 「203.106.7.99」와 같은 숫자로 나타낸다. 지금은 도메인 네임 서버(DNS)라는 것이 있어 이런 숫자조합을 「www.daum.net」과 같은 문자로 바꿔 인터넷에 접속할 수 있다.

IPv6는 IPv4의 주소 길이(32비트)를 128비트로 늘인 차세대 인터넷 주소를 가리킨다. 예를 들면, 「ab1d:d312:ffbc:5716:7771:ed2c:2c1d:f197」와 같이 16비트씩 8부분으로 16진수로 표시한다.

IPv4는 약 43억개($256 \times 256 \times 256 \times 256$)의 인터넷주소를 만들어 낼 수 있는 반면, IPv6는 2의 128제곱($43억 \times 43억 \times 43억 \times 43억$)개의 주소가 생성될 수 있어 IP 어드레스 부족 문제를 해결할 수 있다.

다시 말해, 전화번호와 우편번호는 수가 늘어나게 되면 자릿수를 늘인다. 「IPv6」는 현재의 규격인 「IPv4」에 비해 컴퓨터 속에서는 2진수로 다루는 어드레스의 자릿수를 4배로 늘려 그 총수는 2의 128승으로 340,

282,366,920,938,463,463,374,607,431,768,211,456개나 된다. 거의 340간(潤)이다.

참고로 간(潤)이라고 하는 단위는 해(垓)를 1경(京)배한 수를 가리킨다(일(一), 십(十), 백(百), 천(千), 만(萬), 억(億), 조(兆), 경(京), 해(垓) …).

장래 세계 인구가 100억명이 되더라도 1인당 $3.4×10^{28}$개의 어드레스를 이용할 수 있을 만큼 많아진다는 것을 의미한다.

IPv6는 모든 가전제품에 인터넷 주소를 부여하는 것이 가능해, 인터넷 가전제품의 홈 네트워킹에 활용될 것으로 보여진다. 개별 휴대전화에도 인터넷 주소를 부여할 수 있어, P2P(Peer to Peer)같이 인터넷을 응용한 휴대전화 서비스도 등장할 것으로 기대된다.

IPv6 체계에서는 데이터 손실이 비교적 적으며 현재보다 100~1,000배 빠르게 자료를 전송할 수 있게 된다. 때문에 인터넷 방송이나 영상전

◇ IPv4 Vs. IPv6 ◇

	IPv4	IPv6
주소 길이	32비트	128비트
표시 방법	8비트씩 4부분으로 10진수로 표시 예) 202.30.128.12	16비트씩 8부분으로 16진수로 표시 예) ab1d:d312:ffbc:5716: 7771:ed2c:2c1d:f197
주소 개수	약 43억개	약 43억×43억×43억×43억개 거의 무한
주소 할당	A, B, C, D 등 Class 단위의 비순차적 할당 (비효율적)	네트워크 규모 및 단말기 수에 따른 순차적 할당 (효율적)
Mobile IP	상당히 곤란 (비효율적)	용이 (효율적)
웹 캐스팅	곤란	용이

송과 같이 안정적인 데이터 전송이 필요한 분야의 품질이 크게 개선될
것이다.

◇ IPv4와 IPv6의 어드레스 공간 이미지 ◇

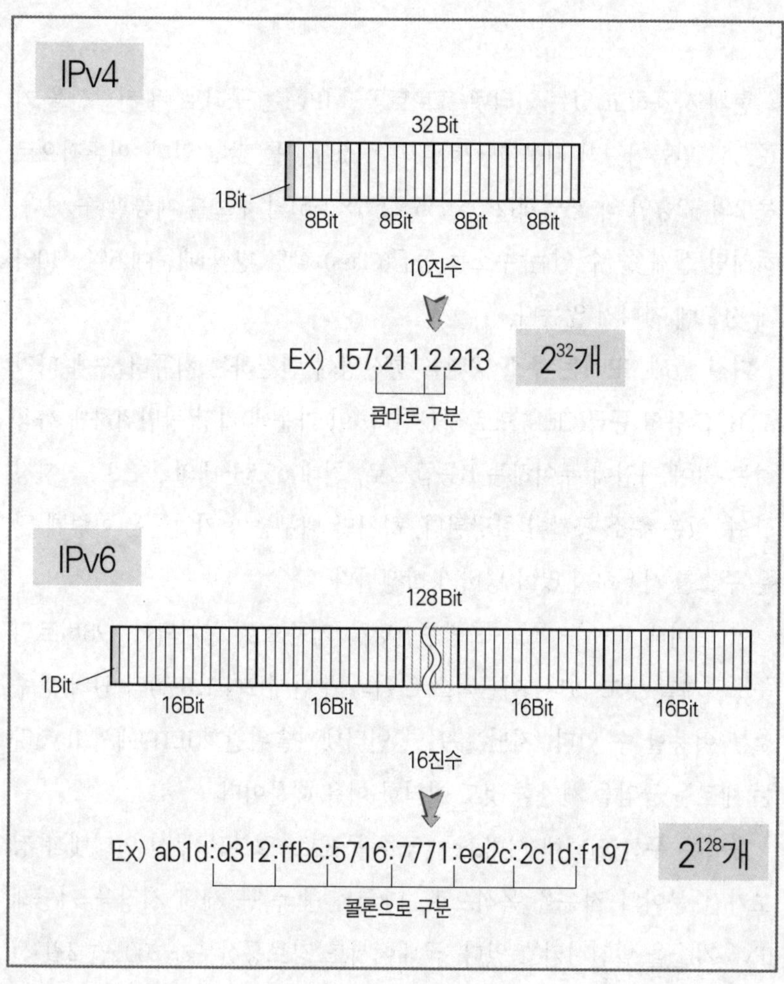

IPv6의 효용

　현재 사용하고 있는 인터넷 프로토콜인 IPv4는 구리로 된 전화선을 기준으로 만들어졌기 때문에 32비트의 주소체계를 갖고 있다. 이론적으로는 2의 32승인 약 43억개(256×256×256×256)의 주소를 제공할 수 있다. 하지만 실제 쓸 수 있는 주소는 등급(Class) 할당 방식 때문에 5억~10억개 정도에 지나지 않는다.

　다시 말해, IPv4는 주소 공간을 통신망에 연결하는 컴퓨터 수에 따라 A, B, C 등의 등급(Class)으로 구분한다. 이 가운데 가장 광범위하게 사용하는 것이 기업에 부여하는 B등급으로, 최대 65,533대의 호스트를 지정할 수 있는 주소 공간이 할당된다. 하지만 대부분의 기업들은 이렇게 많은 주소를 사용하지 않아 낭비가 발생한다.

　이에 비해 IPv6는 초고속 광통신망을 기준으로 설계되어 128비트의 주소체계를 갖고 있다. 이론적으로 거의 무한대(2의 128승)의 인터넷 주소를 이용할 수 있다. 지난 1994년 인터넷기술위원회(IETF)에서 IPv6라는 새로운 규약을 제안한 것도 이러한 이유 때문이다.

　유럽은 무선 인터넷 서비스 제공을 목표로, 일본은 무선 인터넷과 정보가전 분야의 적용을 목적으로, 미국은 중국 등 세계 시장을 겨냥해 IPv6 기술을 발전시키고 있다. 국내에서도 정보통신부가 2001년 2월 선도기반기술 개발사업의 하나로 채택해 본격적으로 연구하고 있다. IPv6

는 2002년에 시작되어 2004년 중에는 전세계로 확산될 전망이다.

인터넷이 확산되면서 고려해야 할 중요한 요소로 떠오른 것이 간편함과 편리성이다. 인터넷을 사용하려면 PC나 휴대전화 등 여러 종류의 단말기를 통해 인터넷망에 접속해야 한다. 초보자들에겐 이러한 절차가 여간 번거로운 것이 아니다.

따라서 이러한 모든 작업이 자동화되어 네트워크를 설정하기 위해 유저가 별도의 작업을 하지 않고서도 편리하게 쓸 수 있다면 얼마나 좋을까? 아마 네트워크에 대해 그다지 지식을 가지고 있지 않은 일반인들이라면 한번쯤 통감하는 부분일 것이다.

이와 같은 불편에 대응하기 위해 IPv6는 프로토콜 내부에 주변장치들을 자동으로 인식하고 사용할 수 있도록 하는 "Plug and Play" 기능을 제공한다. 즉, 해당 단말기를 전원에 연결시킴과 동시에 인터넷 접속이 가능해진다는 것을 말한다. 이로 인해 유저가 어디를 가든 곧바로 인터넷을 사용하고 주변 장치들과 송수신할 수 있게 되는 것이다.

IPv6의 특징

　현재의 인터넷은 TCP/IP로 총칭되는 통신규약군에 근거해 통신을 한다는 약속이 되어 있다. 규약군 가운데 가장 중요한 역할을 완수하고 있는 것이 IP(Internet Protocol)다.

　IP는 인터넷상의 주소가 되는 IP 어드레스에 근거해 데이터를 수신자에게 보내는 프로토콜이다. 인터넷이 탄생하고 나서 오늘날까지 계속 사용되어 온 IP는 4번째의 버전이기 때문에 IPv4로 불려왔다. IPv6는 이러한 IPv4의 다음 버전으로서 개발되었다.

　IPv6가 개발된 최대의 이유는 이미 위에서 지적한 것과 같이 인터넷이 급속히 보급됨에 따라 IPv4의 주소(32비트 길이)가 부족해진 것이다. 다양한 기기를 인터넷과 연결하고 싶어도 이미 할당된 주소 수에는 한계가 있다. 그에 따라 방대한 수의 주소를 취급하면서도 다양한 기능이 부가되는 IPv6를 채용하기에 이르렀다.

■ IP 어드레스 수 증가

　IPv4의 주소는 32비트 분인데 대해, IPv6는 128비트 분의 공간이 할당된다. 다시 말해, IPv4는 약 43억개의 주소밖에 없기 때문에 지구상의 모든 사람에게는 IP 어드레스를 할당할 수 없었다. 그러나 128비트 분의 공간이 할당되면 1인당 사용할 수 있는 IP 어드레스의 수는 2의 128승이라고 하는 천문학적인 개수가 된다.

■ Plug & Play

각종 단말기에 대한 주소 설정이 자동화된다. IPv6 체계에서는 PC가 IPv6 주소를 자동적으로 생성시키는 구조를 가진다. 전원을 넣고 네트워크에 접속만 하면 필요로 하는 최저한의 주소 설정이 완료하는 것이다. 이것을 가리켜 「Plug and Play」라고 하는데 IPv6에 표준으로 장착하게 된다.

■ 암호화와 인증기능

IPsec(IP security protocol)로 불리는 암호·인증 프로토콜을 표준 사양에 포함시켰다. 컴퓨터가 송신할 단계에서 암호화나 인증 기능을 설정할 수 있으므로 손쉽게 데이터의 보안성을 높일 수 있다. IPsec는 IPv4에서도 운용되고는 있지만 IPsec를 갖추고 있지 않은 단말이 너무 많다.

■ 라우터의 적은 부담

인터넷상에서 라우터(Router)가 효율적으로 패킷을 중계하기 위한 체계 확립과 패킷 중계에 따른 처리 부담이 가벼워진다.

5 IPv6에의 대응

IPv6를 도입하게 되면 가정에서 이용하는 케이블 모뎀과 개개의 휴대 전화에도 주소가 할당된다. 주소가 부여되면, 예를 들어 소형 휴대전화라도 지정할 수 있으므로 단말에 데이터를 보낼 수가 있다. 전화번호 대신에 IP 어드레스를 이용할 수 있어 1대 1의 통신도 가능해져 일반 전화로부터 통화요금이 싼 인터넷 전화로 교체가 될 것이다.

또한 IP 어드레스를 부여받게 됨으로써 비싼 교환기 등이 필요없게 된다. IP 네트워크를 만드는 데 필요한 것은 현재 대량 생산되고 있는 라우터(Router)이므로 네트워크 구축이 싸게 먹힌다. 게다가 라우터의 증설과 굵은 회선을 사용함으로써 수요 증대에 대응할 수 있다.

IP 어드레스 부여로 인해 휴대전화 사업자가 새로운 서비스를 시작할 때도 교환기 등의 개조가 필요 없으므로 비용을 줄일 수 있다. 또 컨텐츠를 제공하는 기업(Contents Provider)도 인터넷의 표준에 맞추어 개발하면 되고, 휴대용으로 특별한 것을 개발할 필요가 없다.

일반전화의 유저와 VoIP(Voice Over IP)의 유저가 통화할 때에는 전화망과 IP망을 잇는 VoIP 게이트웨이(Gateway)라고 하는 장치가 필요하게 된다.

IMT-2000에서는 IPv6를 채용하므로 휴대전화는 전화번호와는 별도로 IP 어드레스를 가지게 된다. 이것으로 IP 네트워크에 직접 연결되게 되며 휴대전화간의 통화는 VoIP로 실현 가능하게 된다.

가정과 사무실에 광섬유(Optical Fiber) 등의 고속통신망이 들어오게 되면 VoIP의 기술을 사용하여 휴대전화망을 통하지 않고서도 통신이 가능해진다.

IPv6에서는 어드레스를 기존의 32비트에서 128비트로 확대하는 것 외에도 경로처리 등의 고속화, 시큐리티 기능의 도입 등도 이루어진다. 그 결과 현재보다도 훨씬 인터넷 접속이 간단해지며 보안 기능도 향상되게 될 것이다.

그러나 종래의 인터넷에 대응하고 있는 기업이나 기관 등에서는 IPv6 체계의 도입을 서두를 필요는 없다. 오히려 IPv4가 존재하는 한 IPv6만으로는 접속되지 않는 사이트가 존재하므로 당분간은 IPv4를 퇴물 처리할 수 없는 것이다. 이 때문에 조만간 IPv6에 대응할 수 있는 기기로의 교체를 추진해 가면서도 한편으로는 IPv6와 IPv4를 병행하게 될 것이다. 즉, IPv4와 IPv6는 배타적인 네트워크가 아니기 때문에 양쪽을 동시에 사용할 수 있는 환경을 구축할 수 있다. 또 IPv6를 IPv4의 형태로 바꾸어 송신하는 것과 같은 기술도 실용화되고 있다.

IMT-2000에서는 처음부터 IPv6에 대응할 수 있다. 하지만 128비트의 어드레스 공간은 현재로서는 너무 크기 때문에 휴대전화용으로 간소화하는 방법이 검토되고 있다.

마지막으로 네트워크 기기의 상각기간(償却期間)을 6년으로 본다면, 2001년에 구축한 네트워크는 2007년까지 사용하지 않으면 안된다. 이 사이에 IPv6가 일반화 할 가능성이 높다.

앞으로 공공기관이든 기업이든 내부 네트워크를 구축하는 경우에는 IPv6에 대한 대응 여부를 반드시 고려하여야 한다.

6 애플리케이션 사례(1)
— 사적 공간 —

IPv6의 애플리케이션에 대해 상세히 언급한 일본 총무성의 「21세기에 있어 인터넷정책의 방향」(2001. 7)이라는 리포트 내용을 일부 소개해보기로 하자.

먼저, IPv6를 도입·활용함으로써 우리 일상 생활(사적 공간)에 다음과 같은 이점이 발생하게 된다.

- 풍부한 IP 어드레스를 이용하여 다양한 가전기기와 모바일 단말을 인터넷에 접속할 수 있다.
- 자동적으로 IP 어드레스가 할당되기 때문에 키보드 등의 입력 장치가 없는 가전기기라도 인터넷에의 접속이 용이해 진다.
- 휴대전화 등으로부터 인터넷을 통하여 가정 내의 가전기기를 원격 조작할 수 있다.

가정 등과 같은 사적 공간의 경우 다양한 가전기기가 존재하고 있는데 여기에 IPv6의 특성과 모바일 인터넷이 가진 이동성을 활용함으로써 가전기기와 모바일 단말의 인터넷 접속을 실현, 온라인 지원과 가전기기의 원격 조작·휴대, 자동 리사이클 등 고도의 애플리케이션 제공을 기대할 수 있다.

■ 온라인 지원

가전기기 등이 인터넷과 접속되면, 예를 들어 기기 상태가 불안정한 경우 가전메이커로부터 기기의 고장 부위와 고장 내용 등을 인터넷을 통해 진단·지정하여 적절한 지시를 내림과 동시에 신속한 수리를 의뢰할 수 있다.

또 기기에 문제가 발견된 경우와 새로운 기능을 추가할 때에는 메이커로부터 새로운 소프트웨어를 인터넷 경유로 배포·도입할 수가 있으며, 종래와 같이 기기를 메이커와 판매점에 직접 들고 갈 필요가 없어지게 된다.

■ 가전기기의 조작·연계

인터넷에 접속된 PC와 휴대전화, 휴대정보단말기 등의 모바일 단말기로부터 가정 내 에어컨의 ON/OFF와 비디오 예약과 같은 가전기기 조작과 조명, 가스 개폐기 등의 상태 확인이 언제, 어디서나 가능하다.

또 유저의 요구에 따라 냉장고 속에 들어 있는 식료품 등의 정보를 네트워크를 통하여 텔레비전에 송신, 텔레비전 화면상에 나타내거나 리스트를 유저가 확인하고 필요한 상품을 텔레비전을 통해 인터넷에서 주문할 수 있는 등 서버와 PC를 개재하지 않고서도 가전기기 사이에 직접 데이터를 교환함으로써 연계 동작을 할 수가 있다.

■ 자동 리사이클

시장에 출하된 다양한 가전기기 등에 탑재된 모든 부품에 IP 어드레스를 할당함으로써 기기가 폐기 처분이 된 경우에는 리사이클 공장에서 기기를 분해 후 IP 어드레스를 기준으로 자동적으로 각 부품의 분별·수집을 행할 수 있어 리사이클 활동에 있어서도 효율화를 도모할 수 있다.

애플리케이션 사례(2)
— 공적 공간 —

IPv6 도입 · 활용으로 인터넷에 접속된 모든 단말 사이에 대등한 쌍방향 통신이 가능하게 되기 때문에 외출할 때에 가지고 다니는 단말기를 인터넷을 통하여 구내 LAN 등에 접속시켜 오피스 단말기에 접속, 데이터를 직접 다운로드 받는 것 등이 쉬워진다. 또 특정 하드웨어와 OS 등에 의존하지 않는 컨텐츠 기술언어인 XML(eXtensible Markup Language)과의 조합을 통해 단말기 종류나 장소에 의존하지 않는 작업 환경 재현이 쉬워진다.

나아가 모바일 인터넷에서 제공되는 위치정보와 조합함으로써 기기의 위치와 상태에 따라 적절한 애플리케이션 제공이 가능하게 된다.

이처럼 IPv6와 모바일 인터넷의 특성을 잘 활용하여 공적 공간에서 최근 급속한 진보를 보이고 있는 무선 네트워크 기술과 조합, 효율성이 높은 애플리케이션의 실현과 교통, 복지 등 공공 분야에서의 애플리케이션 고도화도 가능해진다.

■ 고도의 인터넷 환경 실현

역이나 터미널, 공항과 같은 공적 공간(Hot Spot)에서 IEEE 802.11b와 블루투스 등을 이용한 IPv6 무선 인터넷 환경을 구축함으로써 노트북 PC 와 휴대전화, 휴대정보단말기 등을 통해 초고속 인터넷 접속이 달성되어 뉴스와 음악, 영화, 게임 등의 정보발신 서비스와 발차·이륙시각과 사고정보 등의 통지 서비스가 가능하게 된다.

나아가 인터넷을 통하여 가정과 사무실 등에 수시로 접속, 스케줄 확인과 자료의 확인·편집 등 시간과 장소에 의존하지 않는 서비스 이용이 가능하다.

■ 고도의 애플리케이션

교통분야

IPv6 무선 네트워크와의 접속을 통해 도로교통정보, 지도정보 등 보다 효율적인 정보 취득이 가능하게 된다. 또 자동차에 탑재된 다양한 센서 등을 인터넷에 접속함으로써 속도정보와 와이퍼 동작정보를 송신 받은 관리센터가 이러한 정보를 근거로 시각적인(Visual) 정체 정보나 강우량 분포도를 작성, 발신하거나 영업차량의 운행 관리와 도난 차량 발견 등 한 차원 높은 부가 서비스가 제공된다.

복지·의료분야

인터넷에 접속된 펜던트(Pendant)형과 팔목 시계형의 의료 휴대단말기 를 고령자 및 개호를 필요로 하는 사람이 휴대, 통상시는 혈압과 맥박 등 의 정보를 의사·간호사 등에 발신하거나 또는 약 복용 시간과 통원치료일 등을 의사 · 간호사로부터 통지 받는다.

이상 사태 발생시에는 환자의 의료 기록카드 등을 병원으로부터 구급차에 전송함과 더불어 환자 상태를 의사에게 전달하여 적절한 구급 활동을 행할 수 있다.

또 병원 안에서는 심박수와 혈압, 혈당치 등 환자 상태를 체크하는 센서가 정보를 수집, 인터넷을 통하여 발신함으로써 자택에 있는 의사와 다른 병원으로부터도 원격 진찰을 할 수 있기 때문에 보다 적절한 치료를 할 수가 있다.

8 IPv6와 뉴 비즈니스

새로운 인터넷 주소체계 IPv6의 도입은 인터넷의 기반을 바꾸는 계기를 제공, 종전보다 훨씬 폭넓은 인터넷 사용 환경이 열리는 등 매우 큰 변화가 예상된다. 또 이러한 큰 변화는 인터넷 벤처기업에 새로운 기회를 제공한다는 것을 의미한다.

이런 가운데 한 인터넷 기반기술 개발업체(http://www.i2soft.net)는 IPv6 체계에서 유망한 사업 10가지를 다음과 같이 제안하고 있다.

■ 주소체계 변환기

현재의 주소체계(IPv4)를 완전히 새로운 주소체계로 바꾸는 데는 천문학적인 비용이 들것으로 예상되고 있다. 새로운 주소체계로의 전환이 완료되기까지 약 10년 동안 2가지 주소체계가 같이 사용되어야 한다는 점 때문에 2가지 주소체계 사이의 상호 변환 솔루션 시장이 크게 성장할 것이다.

■ 정보가전

새로운 주소체계에서는 모든 가전제품에 IP 어드레스를 부여할 수 있게 된다. 그로 인해 인터넷을 통한 가전제품의 통합 제어(홈 오토메이션)를 본격적으로 실현할 수 있어 현재 정체상태에 있는 정보가전 관련 산업이 크게 성장할 것이다.

■ 네트워크 장비

현재도 고속 네트워크 장비 수요는 꾸준히 증가하고 있지만, IPv6 체계로 바뀔 경우 네트워크 장비 수요는 폭발적으로 증가하게 될 것이다. IPv6 체계를 지원하는 장비에는 새로운 기반기술이 적용되어야 하므로 IPv6 체계로의 변환은 그 동안 대형 외국기업들이 가졌던 네트워크 장비 시장 주도권을 국내 기업이 확보할 수 있는 절호의 기회이기도 하다.

■ 고품질 멀티미디어 컨텐츠

IPv6 체계에서는 서로 다른 전송속도를 가지는 네트워크 사이에서 적은 손실로 빠르게 데이터를 전송할 수 있다. 이러한 환경에서는 인터넷 방송이나 전화, 영상전송과 같이 안정적인 데이터 전송이 필요한 서비스의 품질이 크게 높아진다.

■ 무선 인터넷 서비스

IPv6 체계에서는 모든 휴대전화애도 IP 어드레스를 부여할 수 있으므로 휴대전화에서도 P2P(Peer to Peer)와 같은 인터넷 기반의 응용 서비스를 능동적으로 이용할 수 있게 된다.

■ 시큐리티

IPv6 체계에서는 암호화(인증) 등 보안 기술을 주소체계 자체에서 지원할 수 있으므로 IPv6 기반 보안기술 개발과 그로 인한 시장 선점을 위해 기업간 경쟁이 치열해지게 된다.

■ 인터넷 게임

IPv6 체계가 적용된 인터넷은 지금보다 100~1,000배 빠른 속도를 낼 수 있으므로 더 많은 사용자가 불편함 없이 이용할 수 있는 인터넷 게임이 소비자에게 선보일 것으로 기대된다. 또 게임기를 통한 인터넷 접속이 본격화되므로 게임과 인터넷 이용을 통합한 서비스가 개발될 것이다.

■ 가상 현실

IPv6 체계 도입으로 인터넷 전송 속도와 품질이 크게 개선되면, 3차원 가상현실(Virtual Reality)을 만들어내기 위한 대용량의 데이터도 무리 없이 전송할 수 있으므로 가상현실을 통한 교육이나 방송, 쇼핑 등의 서비스가 크게 발전하게 될 것이다.

■ ISP

국내 ISP 사업자들은 초고속통신망 사업을 통해 많은 기술을 축적했기 때문에 세계적으로 IPv6 체계의 인터넷 접속 서비스가 시작될 때 시장 선점에 유리하다고 할 수 있다.

■ IPv6 지원 소프트웨어

IPv6 체계가 사용되면 현재의 IPv4 체계에 맞게 설계된 소프트웨어들은 모두 IPv6 체계를 지원하도록 수정되어야 하며, IPv6 체계의 특성을 살리는 소프트웨어가 개발된다. 이는 우리나라가 소프트웨어 분야에서 지금까지의 열세를 만회할 수 있는 기회이기도 하다.

◇ IPv6와 유망 비즈니스 ◇

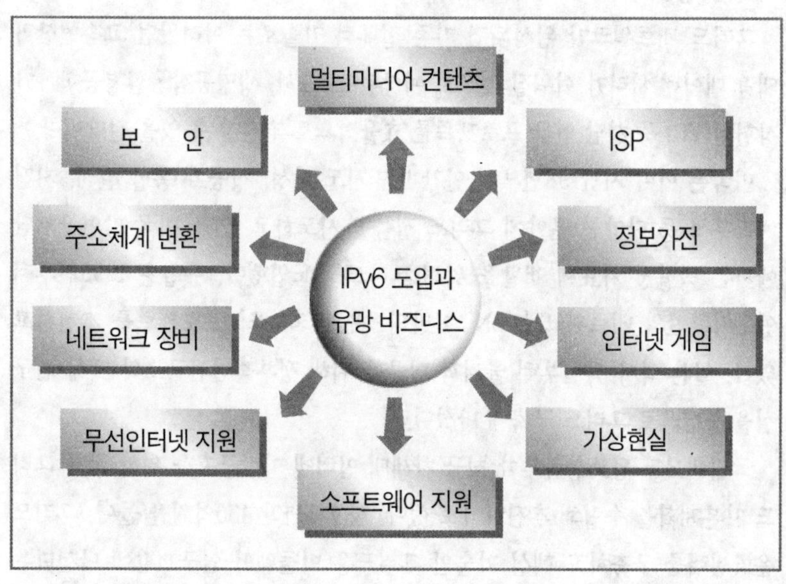

■ 차세대 인터넷

조디 포스터 주연의 공상과학(SF)영화 '컨택트(Contact)'에는 인터넷에 연결된 수백만대의 PC와 전파 망원경을 하나로 묶어 외계 생명체를 찾는 '세티앳홈'(SETI@Home) 프로젝트가 등장한다. 외계 생명체의 존재를 밝히기 위해 지구상의 수많은 '놀고 있는' 컴퓨터들을 활용하는 모습이 영화 속에서 그려진다. 여기에 기초가 된 개념이 현재의 월드와이드웹(WWW)을 대체할 '차세대 인터넷'으로 기대를 모으는 그리드(Grid)다.

"그리드"란 고성능 컴퓨터, 대용량 데이터베이스, 각종 정보통신 첨단장비 등을 네트워크로 연동해 상호 공유하는 핵심기술과 운용체계를 말한다. 엄청난 양의 데이터 처리를 위해 전세계 컴퓨터들을 인터넷으로 연결해 마치 하나의 수퍼 컴퓨터처럼 쓰자는 개념이다.

그리드 네트워크가 완성되면 기존 컴퓨터 기술로는 어려웠던 고속연산과 대량 데이터 처리가 쉬워질 것으로 예상된다. 특히, 생명공학·환경공학·가상현실(VR) 등 첨단 연구 프로젝트를 효율적으로 추진할 수 있을 전망이다.

미국은 이미 지난 98년부터 인간게놈 지도 작성, 항공기 통합 설계, 지진 예측분석 등 다양한 분야에 그리드 접목을 시도하고 있다. 미국 암연구재단에서는 백혈병 치료제 개발을 위해 그리드를 도입했다. 유럽은 1999년부터 연구기관간의 네트워크 'TEN' 기반의 '유로 그리드' 프로젝트를 추진하고 있다. 일본 역시 작년부터 물리학 연구를 위해 정부출연연구소와 대학 연구실을 중심으로 그리드 구축에 나섰다.

국내에서도 정보통신부가 최근 차세대 인터넷 기반구축을 위한 국가 그리드 기본계획을 수립해 추진하기로 했다. 향후 5년간 435억원을 들여, 그리드 운영센터를 구축하고 핵심 기술인 그리드용 미들웨어 연구개발에 나선다는 방침이다. 정보통신부는 이 분야의 전문인력 모임인 '그리드포럼 코리아'를 결성하는 등 사업을 총괄하고, 정부 출연연구소들이 그리드 관련 응용 프로젝트를 적극 발굴해 추진하도록 할 계획이다.

그리드에 대해 전문가들은 '미래형 고부가가치 연구성과 창출의 기반이 될 것'이라고 기대하고 있다. 그리드 이론의 창시자인 미국 시카고대학의 이안 포스터 컴퓨터공학과 교수는 그리드에 대해 "새로운 정보통신(IT)의 사회간접자본(SOC)"이라고 평가했고, 네덜란드 암스테르담대학의 월터 홀랜드 교수는 "웹이 IT의 맛을 보여줬다면 그리드는 비전을 보여줄 것"이라고 말했다.

이처럼 그리드는 단순한 자원 공유 이상의 개념으로 기초과학 기술의 해법을 제시해 줄 뿐 아니라, 인터넷 비즈니스 분야에서도 또 한차례 혁명적인 변화를 가져오게 될 것이다(동아일보〔2001. 6. 8〕).

◇ WWW Vs. Grid ◇

구 분	월드와이드웹(WWW)	그리드(Grid)
개발자	팀 버너스리(영국) 등 다수	이안 포스터(미국) 등 다수
개발 연도	1989년	1998년
상용화 연도	1994년	2004년(예상)
최초 사용그룹	미국 버클리대, MIT대	미국 시카고대
상용화 효과	인터넷 이용 확산, e-비즈니스 태동	인터넷 이용 확산, e-비즈니스 정착
전송구조	서버 · 클라이언트	P2P
전송속도	Kbps~Mbps	Gbps~Tbps
브라우저	넷스케이프, 익스플로러	독일, 프랑스, 미국서 개발 중

출전) 조선일보〔2001. 6. 8〕.

■ 차차세대 인터넷

실제로 차차세대 인터넷 구상이 이미 진행되고 있다. 10년 앞을 내다본 「N2GI」(Next Next Generation Internet) 또는 「제3세대 인터넷」이 그 것이다.

이미 일본 학술진흥회의 미래개척 학술연구 추진사업 가운데 이것을 목표로 프로젝트가 설립되어, 현재는 개개의 요소기술 연구가 막 시작된 상태에 있다.

차세대로 불리는 인터넷2의 초고속, 대용량 통신 인프라스트럭처는 다양한 가능성을 가지고 있다. 그러나 미국을 중심으로 진행되고 있는 이 프로젝트는 인프라스트럭처 주도이며, 그 위에 무엇을 올릴 것인가 또는 어떻게 운영해 갈 것인가 하는 소프트웨어 부분에 대해서는 아직 많은 문제점을 안고

◇ 차세대 Vs. 제3세대 인터넷 ◇

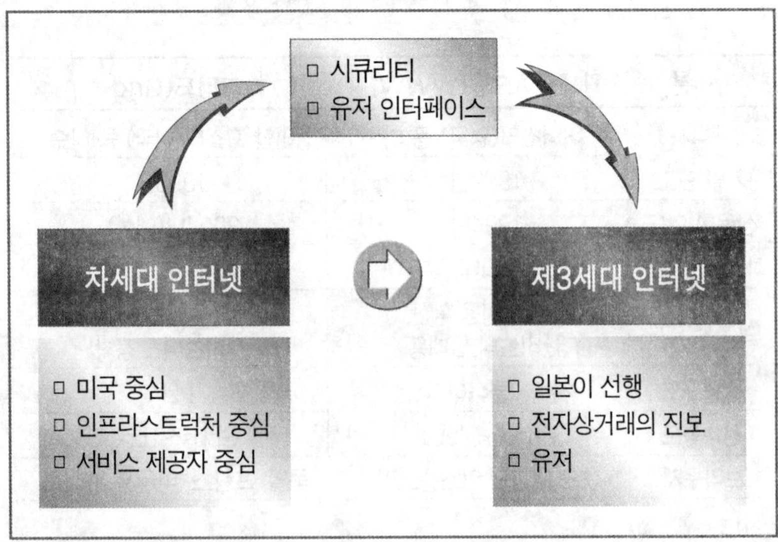

출전) 中山眞敬〔2000〕.

있다.

다시 말해, 차세대 인터넷 시대에는 다양하고 편리한 서비스가 등장할 것으로 예상되지만, 여전히 카오스(Chaos) 상태이며 어떤 의미에서는 현재 이상으로 복잡한 서비스 내용, 이용 방법 등으로 이해하기 어려운 것이 될지도 모른다.

한편, 차세대 인터넷을 통해서도 네트워크 환경은 급진전되어 우리 생활 속에서 초고속 나아가 대용량 통신을 즐길 수 있게 된다. 그러나 인간의 욕망의 여기에 그치지 않고 차차세대 구상으로까지 이미 이어지고 있다.

이는 첫째로 인터넷을 우주공간에까지 확대하려고 하는 구상이다. 초기 형태의 혹성 간 인터넷은 이미 시동되고 있으며, 100 이상의 우주개발기관이 국제우주자문위원회에 의해 표준화된 프로토콜 사용을 위해 서명이 끝난 상태다. 2040년까지는 안정된 혹성 사이의 백본(Backbone)이 구축될 것이라는 예측도 있다. 50년 후에는 화성의 이주자가 지구의 최신 뉴스를 인터넷을 통하여 볼 수 있게 될지도 모른다.

다음으로 현재와 같은 전자상거래의 스타일을 대폭적으로 바꾸려고 하는 구상이다. 지금까지는 메이커와 서비스 제공자 중심으로 개발이 이루어져 왔기 때문에 유저는 어디에 무엇이 있는지를 스스로 찾지 않으면 안 되었으나, 제3세대에서는 유저 중심으로 정보와 서비스가 집약되도록 한다는 것이다. 구체적으로는 데스크톱 상의 통합된 애플리케이션상에서 다양한 인터넷 비즈니스에 관한 거래 지시와 정보 열람, 서비스 이용 등이 가능하다.

결국 차세대 인터넷은 지구상에서 쾌적한 통신 인프라스트럭처를 구축하는 것이며, 제3세대(차차세대)는 우주로까지 인터넷을 확대하고 나아가 전자상거래의 또 다른 진화를 목적으로 하고 있다.

Information Appliances
Mobile Internet

제 2 부

무선인터넷 혁명

Third Generation
IMT-2000 (3G)

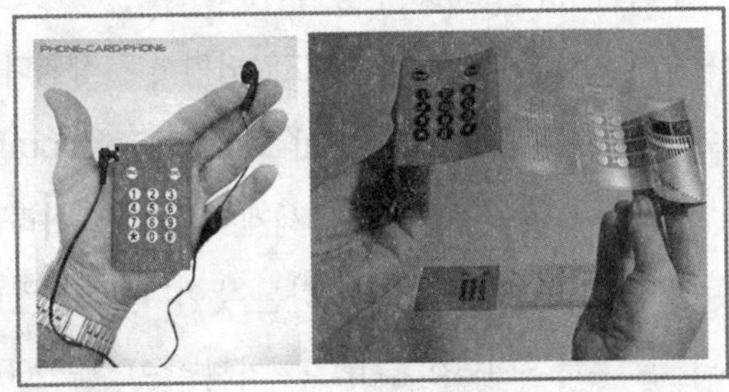

"IMT-2000" (International Mobile Telecommunication System, 3G)
은 국가별로 개별 운영되고 있는 다양한 이동전화 시스템의 규격을 통일, 세계
어느 곳에서도 하나의 단말기 또는 사용자 접속카드로 서비스를 이용할 수 있
도록 하는 개인화 된 글로벌 멀티미디어 서비스를 말한다.

IMT-2000이란?

IMT-2000의 유래는 1978년 국제전기통신연합(ITU)이 전세계적으로 표준화된 이동통신방식의 필요성 대두에 따라, 산하 워킹그룹인 FPLMTS(Future Public Land Mobile Telecommunication System) 프로젝트를 추진하면서 부터다. IMT-2000이 공식적으로 등장한 것은 FPLMTS에 기술적으로 3세대(3G) 이동통신 개념이 도입되면서 시작된다.

IMT-2000의 "IMT"는 "International Mobile Telecommunication System"의 준말로 굳이 번역하자면, "범세계 이동통신"이라 하겠다. 우리가 흔히 쓰는 "차세대 이동통신"과는 다른 뜻이다. 그것은 IMT 서비스를 하도록 나눠 준 주파수대역이 2GHz(기가헤르츠), 즉 2000MHz(메가헤르츠)를 뜻하는데 "2000"은 이 서비스가 2000MHz 주파수 대역에서 제공된다는 점과 당초 2000년부터 상용화될 것으로 예상하여 붙인 이름이다. IMT-2000 서비스를 가리켜 일반적으로 "3세대 이동통신시스템"이라고 부른다.

IMT-2000은 국가별로 개별 운영되고 있는 다양한 이동전화 시스템의 규격을 통일, 세계 어느 곳에서도 하나의 단말기 또는 사용자 접속카드로 서비스를 이용할 수 있도록 하는 개인화 된 글로벌 멀티미디어 서비스이다.

IMT-2000의 가장 큰 특징은 음성, 영상, 데이터까지 송수신할 수 있

◇ IMT-2000의 특징 ◇

IMT-2000(3G)

인터넷, 영상 등 고속데이터 서비스 제공

첨단 음성 압축 복원기술 사용 ➤ 음성품질 개선

세계적인 표준화 및 동일 주파수 대역 ➤ 글로벌 로밍 지향

◇ 세대별 무선통신의 기능 ◇

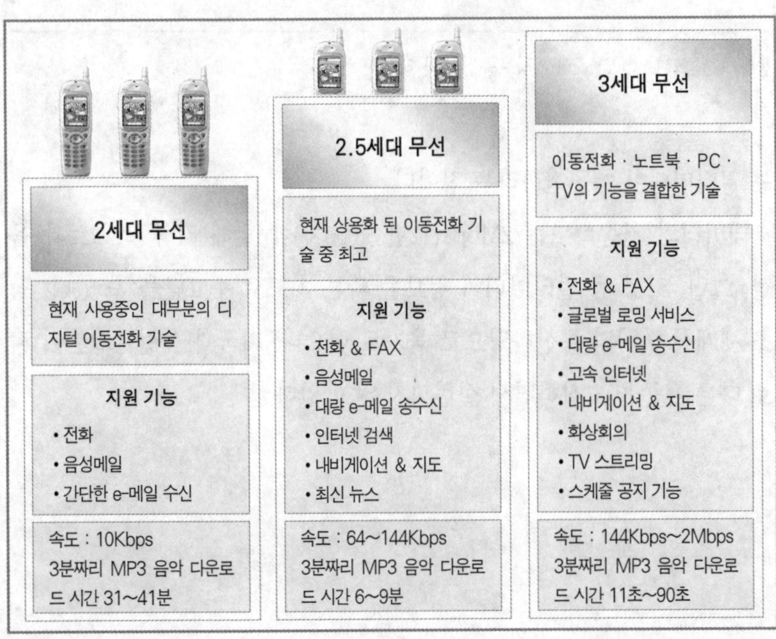

출전) News Week〔2001. 6. 6〕.

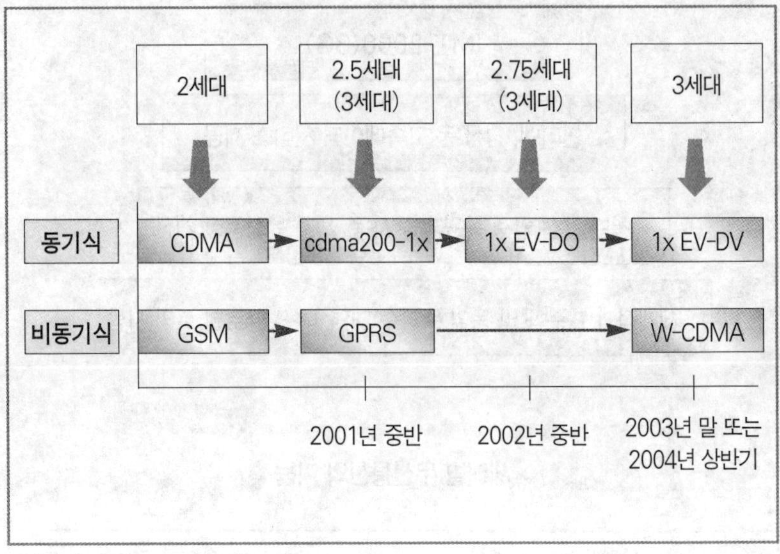

참조) ( )는 ITU, Qualcomm, 정보통신부의 입장.

는 멀티미디어 이동전화라는 점이다.

데이터의 전송속도는 2Mbps(12만 5,000자)에 달해 각종 텍스트와 음성, 그림, 영상 등 멀티미디어 정보를 빠른 속도로 주고받을 수 있다. 당초 세계를 하나의 통신마당으로 묶기로 했으나, 미국과 유럽·일본이 서로 다른 표준을 고집하면서 실현되지 않고 있다.

# 3G의 경제적 효과

아날로그 방식의 1세대 이동통신(1G), 디지털 방식의 기존 이동통신은 2세대 이동통신(2G, 셀룰러와 PCS)으로 부른다. IMT-2000 서비스는 이보다 진보된 3세대(3G)라 하겠다. 인간의 1세대가 가져오는 변화처럼 IMT-2000도 통신시장에 엄청난 변화를 가져올 것으로 예상된다.

참고로 현재 선진국에서는 IMT-2000의 3세대, 그 다음의 4세대(4G)를 거쳐 이미 5세대(5G)에 관한 기초연구가 이루어지고 있다. 일본의 NTT DoCoMo와 미국의 휴렛 팩커드(Hewlette-packard)는 4세대 이동전화 플랫폼을 공동 연구, 2005년에 개발할 예정으로 있다. 4세대 기술은 휴대전화에 비디오 기능을 지원, 사용자가 전체 파일을 다운로드 위해 대기할 필요 없이 대형 이미지 파일을 볼 수 있도록 하는 것이다.

즉, 고품질의 데이터와 화상 통화 등으로 무선 인터넷 시대의 황금기를 열 것으로 기대된다. 단말기 하나만 있으며 어느 곳에서든 웹 서핑, 전자상거래, 컨텐츠 서비스 등 다양한 형태의 통신이 가능해 통신 환경이 개인중심으로 바뀌게 될 것이다.

한편, IMT-2000 서비스는 국가 경제에도 큰 영향을 미칠 것으로 분석되고 있다. 한국전자통신연구원(ETRI)은 이 서비스로 오는 2004년까지 총 4조 6,000억원의 투자가 필요하고, 이에 따른 생산유발 효과는 5조 5,000억원에 이를 것으로 보인다. 부가가치 유발효과는 3조 5,000억원,

10만명의 고용창출 효과도 기대된다고 전망하고 있다.

◇ 국내 IMT-2000 정비시장 전망 ◇

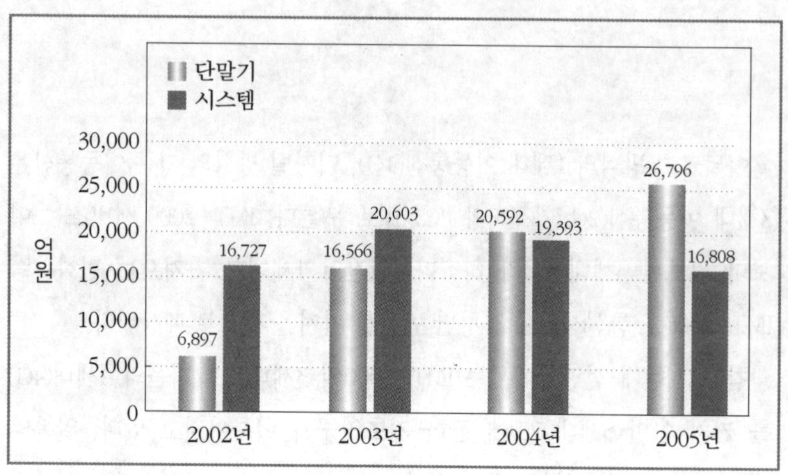

출전) ETRI

◇ 차세대 각종 휴대단말기 ◇

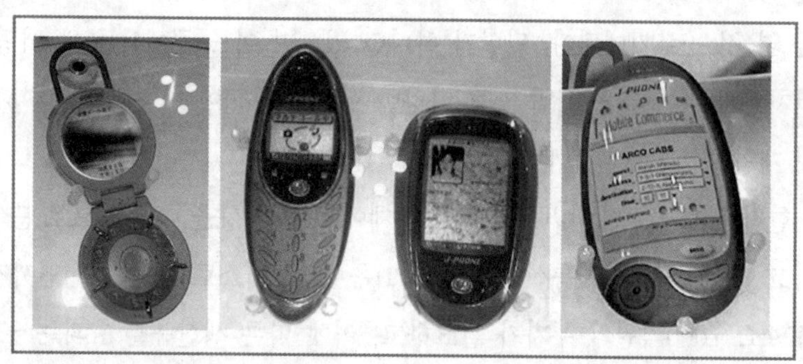

출전) http://www.zdnet.co.jp

◇ **IMT-2000의 활용 이미지** ◇

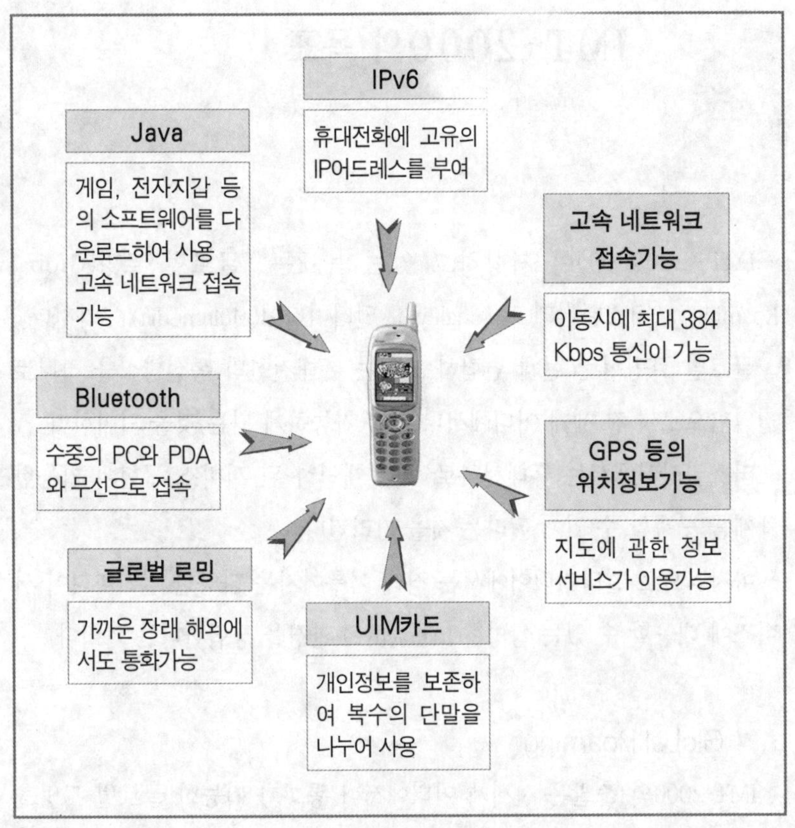

IMT-2000의 목표

IMT-2000(3G)이 지향하고 있는 목표는 「글로벌 로밍(Global Roaming)」「퍼스널리티(Personality)」「멀티미디어(Multimedia)」 3가지다.

글로벌 로밍이란 현재 난립하고 있는 휴대전화의 통신방식을 하나로 집약함으로써 전 세계 어디에서나 통화 가능하게 되는 것을 의미한다.

퍼스널리티에서는 휴대전화로 보다 개인화 된 서비스 구현이 가능한 체계를 구축할 수 있게 된다는 것을 가리킨다.

마지막으로 멀티미디어에서는 장래 이루어지는 다양한 멀티미디어 서비스에 대응할 수 있는 쌍방향(Interactive) 환경을 정립한다는 의미다.

■ Global Roaming

IMT-2000의 출발은 전세계 어디에서나 통화가 가능한 글로벌 로밍을 전제로 하고 있다. 그러나 실상은 cdma2000과 W-CDMA로 크게 나뉘어져 있으며, 4세대(4G) 서비스에 가서야 전세계가 동일한 통신방식을 사용하게 될 것이다.

■ Personality

개인을 지정할 수 있는 ID 정보로써 휴대단말기에 UIM(User Identity Module)을 탑재시킨다. 현재 유럽에서 보급되어 있는 GSM방식의 전화에서는 SIM이라고 불리는 카드가 있는데, 그 카드를 휴대전화에 꽂게 되면 해당 전화기의 소유자에 관계없이 자신의 전화번호로 송신되어 그 번호로 부과금징수가 이루어져 완전히 자신의 전화기처럼 사용할 수 있다.

이 경우 개인을 지정하는 것이 간단하며 휴대전화가 일종의 신용카드와 같은 역할을 가지게 된다. 개인을 지정하는 정보를 해당 휴대전화에 송부할 수 있기 때문에 상품 구입과 서비스 이용시의 대금지불에 유용하게 활용할 수 있다.

■ Multimedia

이동통신 사용자들의 다양한 이용 환경을 고려하여, 정지상태에서 2Mbps, 보행 정도의 이동 중에는 384Kbps, 자동차와 전차 등 고속이동 중에는 144Kbps의 스피드 구현이 가능하도록 규정되어 있다.

4 글로벌 로밍
Global Roaming

IMT-2000의 장점으로서는 자신의 휴대전화를 그대로 해외에서도 이용 가능하다는 글로벌 로밍을 들 수 있다. 실제로 IMT-2000의 규격을 제정할 때 중요한 목표 가운데 하나가 글로벌 로밍의 실현이었다.

가령 글로벌 로밍이 실현되지 않더라도 현지에 있는 공중전화를 사용하거나 또는 휴대전화를 렌털하면 얼마든지 연락이 가능하다. 그러나 이 경우 상대방에게 전화를 하는 것은 얼마든지 가능하지만 상대방으로부터의 전화는 받을 수 없다고 하는 근본적인 문제가 감추어져 있다. 가령 현지에서 일시적으로 자신의 전화번호를 부여받을 경우에도 사전에 어떠한 형태로든지 그 전화번호를 상대방에게 알리지 않으면 안되는 과정이 필요하게 된다.

글로벌 로밍이 가능해지면 전세계 어디에 있어도 국내에 있는 것과 똑같이 휴대전화를 사용할 수가 있으며, 나아가 그 통화료도 매월 청구액에 가산되어 자국통화로 일괄 지불이 가능하기 때문에 매우 편리하게 된다.

또「굳이 해외에까지 휴대전화를 가져가 사용할 필요가 있을까?」라고 하는 독자도 있을 수 있으나 이제 해외라고 하는 개념보다는 자신이 다른 지역으로 이동하였을 뿐이라는 개념으로 바뀌고 있다.

한편으로 전세계 어디에서나 같은 전화번호를 이용할 수 있다고 하는 점에서는 글로벌 로밍만이 유일한 구현방법은 아니다.

W-CDMA의 표준장비가 될 UIM(User Identity Module ; 사용자 확인 모듈)은 메모리 카드 안에 사용자가 계약하고 있는 통신서비스 사업자와 전화번호 등을 기록해두는 방식이다. 동일한 W-CDMA의 기기를 사용하고 있을 때 이용주파수대역과 기기 버전이 다른 등의 문제가 발생하더라도 UIM 카드만 공통화 되어 있으면 다른 휴대전화에 자신의 데이터가 들어 있는 UIM 카드를 끼워 자신의 휴대전화처럼 이용할 수 있게 된다.

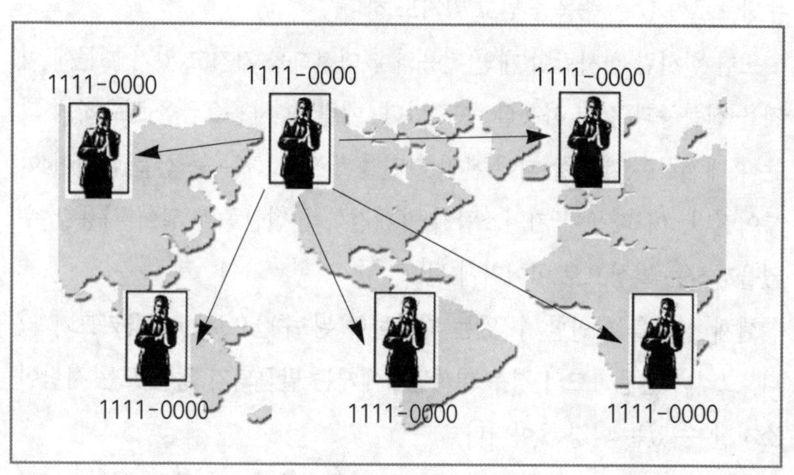

5 퍼스널리티

Personality

휴대전화가 가지는 본연의 의미는 개인과 개인을 연결하는 커뮤니케이션 수단이라 할 수 있다. 또 다른 사람과 공유하지 않는 소유자만의 도구라는 의미에서 휴대전화는 소유자의 개성을 가장 잘 표현하는 도구라고도 할 수 있다. 이 때문에 최적의 One to One Marketing(1대 1 마케팅) 수단으로써 많은 주목을 받고 있기도 하다.

또한 한사람 한사람이 개인 전용의 휴대전화를 가지고 있기 때문에 이 것을 신분증과 같이 사용할 수도 있다. 매월 그 사용요금을 징수하게 되는 휴대전화는 계약할 때에 본인 확인을 필요로 하는 등 신분 확인이 이루어진다. 이 때문에 자연스럽게 휴대전화를 신분증과 같이 사용할 수 없을까하는 발상으로 이어지게 된다.

현재 신분을 확인할 수 있는 디지털화 된 수단으로는 신용카드가 있다. 그러나 신용카드의 경우 미성년자에게는 발급되지 않아 모든 사람이 소지할 수 있는 환경은 아니다.

휴대전화도 모든 사람이 가지고 있는 것은 아니지만, 소유 연령층이라고 하는 개념이 이미 존재하고 있지 않으며(규제도 없다), 앞으로도 그 보급은 더욱 확대되게 될 것이다. 나아가 휴대전화라면 디지털화 된 정보를 무선 네트워크로 이용할 수 있으므로 주목을 받는 것은 어쩌면 당연하다고 하겠다. 장래는 신용카드 기능 그 자체가 휴대전화에 도입될 가능성이 있다. 아니 이미 도입되고 있다.

IMT-2000에서는 이러한 활용에 대응하기 위해 휴대전화와 개인 인증을 물리적으로 구분하여 UIM이라고 불리는 개인 인증 정보를 탑재한 모듈을 이용할 수 있도록 하고 있다.

이 모듈에 유저 정보와 전화번호, 전화수첩, 북마크 등을 보존하기 위해 UIM의 안전성을 높이게 되면 모든 휴대전화의 안전성이 높아지게 된다.

나아가 휴대전화에 UIM 카드를 바꿔 끼우는 것만으로도 활용 정도가 다양해진다. 유저가 지금과 같이 항상 동일한 휴대전화를 사용하는 것이 아니라 회사 근무가 있는 날은 치밀하게 짜여진 비즈니스 스케줄이 탑재된 휴대전화를 사용하고, 휴일에는 전화 기능만을 가진 것으로 바꾸는 등 휴대전화도 그 기능과 목적에 따라 나누어 사용하는 날도 멀지 않았다.

휴대전화가 신분증 기능과 대금결제 기능을 가지게 되면, 누군가가 본인인 것처럼 속여 휴대전화를 사용하려고 하는 경우도 발생하게 될 것이다. 도난을 당하거나 분실하였을 때를 생각하면 다른 사람이 그 휴대전화를 이용하지 못하도록 하는 대응방안이 필요하다. 현재에도 몇 자리의 패스워드로 이용을 제한할 수 있지만, 보다 안전성을 높이기 위해서는 더욱 완벽한 시스템 개발이 과제로 남아 있다.

사용자가 자신의 휴대전화의 배터리가 소모되어도 UIM 카드를 바꿔 끼움으로써 친구의 휴대전화를 마치 자신의 휴대전화와 같이 이용할 수 있어 은행의 입출금 등 타인에게 공개하고 싶지 않은 절차도 안심하고 이용할 수 있게 된다.

이처럼 언제, 어디에서나, 편리하게 이용할 수 있는 환경이 정비되고 또한 치밀한 개인 인증이 이루어질 수 있는 시스템이 확립됨으로써 비로소 안심하고 이용할 수 있는 모바일 사회가 실현되게 될 것이다.

멀티미디어
Multimedia

휴대전화의 활용영역이 지금까지와 같이 음성을 위주로 하는 통신이 주요 활용방법이라면, 약 10Kbps 정도의 통신 스피드만으로도 충분하다.

하지만 IMT-2000에서는 정지시 2Mbps, 보행시 384Kbps, 고속 이동시 144Kbps라고 하는 고속통신을 목표로 하고 있다. 이것은 문자정보는 물론이고 사진과 음악, 동영상 등의 멀티미디어에 대응할 수 있는 데이터를 주고받을 수 있다는 것을 의미하고 있다. 정보는 신선도가 최대의 생명선이다. 따라서 상대방에게 해당 정보가 도착하기까지 너무 많은 시간이 걸려서는 곤란하다.

문자와는 달리 사진은 그 크기와 화질에 따라 용량이 커지게 된다. 나아가 음악과 동영상, 그리고 프로그램 등의 경우 그 용량은 더욱 커진다. 향후 다양한 정보를 송수신해야 할 수요가 더욱 많아지게 될 것이다. 그 때문에 통신 스피드는 무엇보다 중요하다.

특히, 음성과 음악, 동영상의 실시간 재생에서는 일정 이상의 스피드를 유지하지 못한다면 도중에 끊어지거나 하는 문제가 발생하여 제대로 즐길 수 없게 된다.

이 경우 필요한 통신 스피드는 음성 5~10Kbps 정도, 음악은 실시간 플레이어라고 하는 재생 소프트를 사용하였을 때 28.8Kbps 정도, 동영상은 MPEG-4라고 하는 방식으로 송신하였을 때 5~10Mbps 정도이다.

　IMT-2000에서는 영화를 보러갔을 때 극장 앞에서 예고편을 확인하면서 지금부터 관람할 영화관을 결정하는 것은 물론, 야구장을 찾은 사람이 외야석에서 야구장의 분위기를 온몸으로 느끼고 휴대전화를 통해 비치는 영상을 지켜보면서 현 타자에 관한 타율이나 홈런횟수 등 자세한 사항들을 체크할 수 있다.

　경마를 즐기는 유저는 경마장에서 지금부터 달리게 될 경주마의 컨디션을 체크하면서 그 경주마의 현재까지 레이스 상황을 휴대전화를 통화여 문자와 영상으로 확인할 수 있다.

　이제 휴대전화는 언제(Any time), 어디에서나(Any where) 사용자가 필요로 하는 정보를 활용할 수 있는 개인화 된 최적의 정보 도구로 탈바꿈하고 있다.

◇ **멀티미디어에 필요한 스피드** ◇

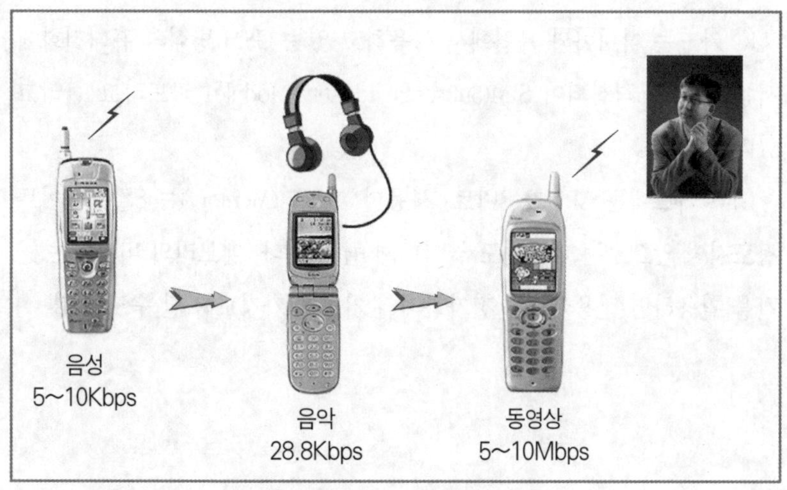

UIM 카드

이미 위에서 언급한 것과 같이 IMT-2000에서는 유저를 식별하기 위한 UIM(User Identity Module)이라고 하는 IC 카드를 이용한다. 여기에는 사용자 식별 ID가 부여되는 것 외에 사용자의 주소와 이름, 전화번호 등도 기록된다. 지금까지는 휴대전화 가입시에 전화기 속에 있는 메모리에 사용자 ID 등을 기록해 두었으나, 그러한 수고를 덜 수 있게 되었고 나아가 단말기를 교체하거나 복수의 단말기를 나누어 사용할 수 있게 되었다. 게다가 UIM 카드에 단축다이얼 정보 등을 입력해 두면 다른 사람의 휴대전화를 빌리더라도 자신의 것과 같이 사용할 수 있으며, 기본 사용료가 하나의 전화번호로 부과되기 때문에 지불이 간편해 진다.

IC 카드는 아시아와 유럽에서 사용하고 있는 GSM 방식의 휴대전화에서는 이미 규격화되어 SIM(Subscribe Identity Module) 카드라고 불리고 있다.

UIM 카드에는 CPU가 8비트, 사용자 메모리(Memory)는 8킬로바이트 정도지만 앞으로는 메모리도 늘어나게 될 것이다. 메모리의 비어있는 공간을 활용하면 신용카드와 전자화폐의 기능을 가지도록 할 수도 있다.

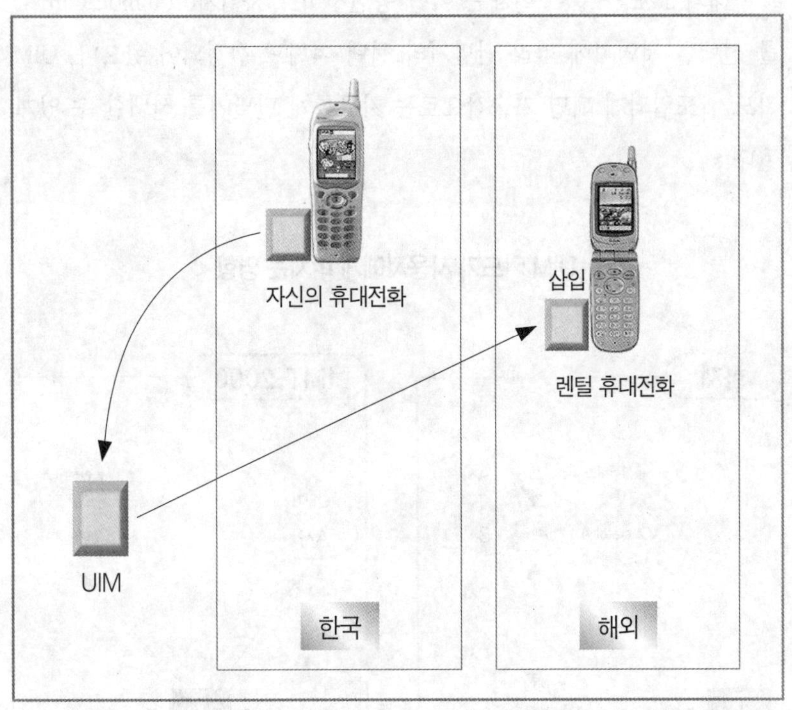

2010년경에는 CPU가 32비트, 유저 메모리 역시 고속으로 읽고, 쓰기가 가능한 플래시 메모리(Flash Memory; 차세대 메모리로 불리고 있으며 휴대전화와 디지털 카메라는 물론, 인터넷을 이용한 휴대 오디오 등 새로운 디지털 휴대기기의 기록 미디어로써 시장에서 많은 주목을 받고 있다)가 채용됨으로써 용량은 1메가바이트가 되리라 예상된다.

그리고 사용자와 통신서비스 사업자와의 계약사항은 UIM 카드의 이용에 한정될 수도 있다. 그렇게 되면 휴대전화 본체는 계약과는 따로 구별되어 판매될지도 모른다. IC 카드 자체는 국제표준에 맞추어 제작할 수 있으므로 카드 1장에 복수의 전화회사를 등록할 수도 있다.

아래의 도표와 같이 현재는 어떤 통신서비스 사업자(Common Carrier)를 선택할 것인가에 따라 단말기의 선택 여지도 한정되어 왔으나, UIM 카드가 도입되게 되면 기술적으로는 자유롭게 단말기를 선택할 수 있게 된다.

◇ UIM 카드가 사용자에게 미치는 영향 ◇

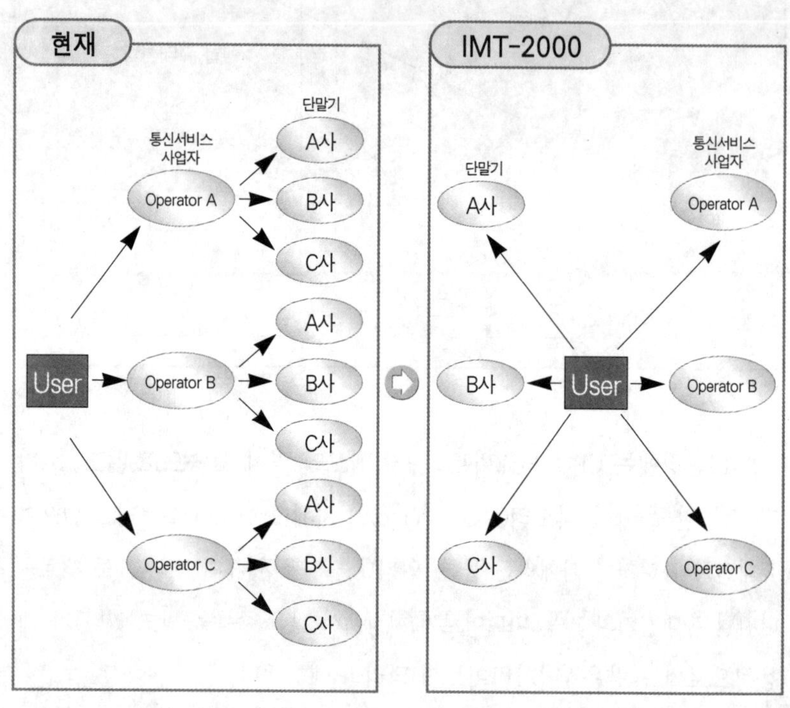

장래 주민등록증과 여권 등을 전자화하여 정보단말기를 통하여 사용하는 서비스도 생각할 수 있겠다. 그러기 위해 필요한 여권과 얼굴사진,

주소 등 개인 데이터를 UIM 카드에 등록해 두면 휴대전화가 주민등록증과 여권 등의 역할을 하여 휴대가 간편해진다.

실용화에는 시큐리티(Security)와 같은 과제가 산적해 있으나, 장래는 UIM 카드 하나로 개인을 인증하거나 각종 교통기관의 승차권, 신용카드 등으로 활용하는 시대가 머지않아 구현되게 될 것이다.

Coffee Break

인스턴트 휴대전화기

「통화가 끝나면 휴지통으로 직행하는 휴대전화!」가 2001년 10월부터 실현되고 있다. 게다가 제품가격이 싸면서도 사용이 편리한 특징도 아울러 가지고 있다.

현재 휴대전화기 시장에서는 웹 사이트 검색과 MP3 재생과 같은 기능 강화에 열중하고 있는 메이커가 존재하는 반면, 다른 한편에서는 그 기능을 줄이는 편이 가입자 획득에 유리하다고 판단하는 메이커도 있다.

미국에서는 무선기기의 보급률이 늘고는 있으나, 여전히 휴대전화기 판매는 그다지 신통치 못하다. 향후 300달러 이상의 휴대전화기는 판매되지 않을 것이라는 애널리스트의 분석이 나올 정도다.

캘리포니아의 전화기메이커 「Hop-on Wireless」(http://www.hop-on.com/wireless/home.html)는 사용 후 버리거나 리사이클이 가능한 휴대전화를 2001년 10월부터 30달러에 발매하고 있다. Hop-on Wireless의 CEO에 따르면, 100만대 이상이 출하하여 미국 내 K마트, 세븐일레븐 등의 매장에 전시될 것이라고 한다.

이 휴대전화기의 통화 가능한 시간은 60분이며, 발신은 할 수 있지만, 착신은 불가능하다는 특징을 가지고 있다. 사용 버튼은 「CALL」과 「END」 2가지 이며 음성 다이얼이 가능하다. 그리고 전화기 본체의 광고 스페이스를 판매 할 계획도 가지고 있다.

미국 「Dieceland Technology」(http://www.dtcproducts.com)라고 하는 기업은 종이로 만든 전화기 특허를 여러 건 취득하고 있는데, 이 회사가 발매 하게 될 인스턴트 휴대전화기의 가격은 10달러 정도가 될 예정이라고 한다. 제품은 아직 개발 단계에 있으나, 이미 GE의 투자부문인 GE캐피털과 판매 계약을 맺고 있다.

그 외에도 여러 기업에서 사용 후 버리는 인스턴트 휴대전화기가 계속 등 장할 것으로 예상된다. 이처럼 싼 가격의 전화기가 시장에 등장하게 되면, 실 제 이용은 물론이고 기업들의 판촉용품으로도 이용할 수 있어 기대감이 높아 가고 있다.

시장조사회사인 "Ovum"의 한 애널리스트는 인스턴트 전화기가 휴대전화 이용자를 늘리기 위한 장대한 실험장이 될 것이라고 지적하고 있다. 현재 미

◇ 인스턴트 휴대전화기 (Hop-on Wireless) ◇

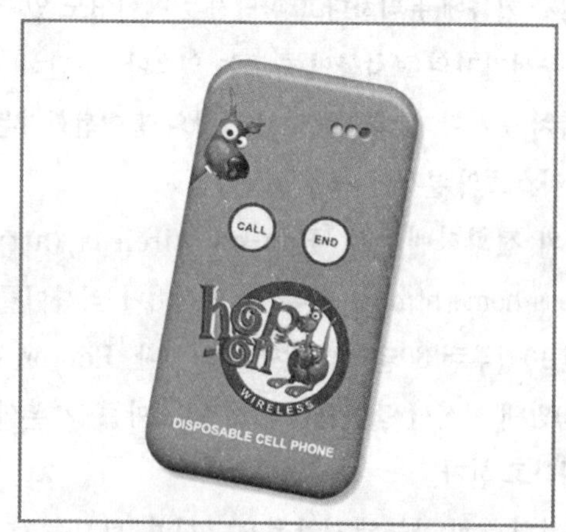

출전) http://www.hop-on.com/wireless/home.html

◇ 인스턴트 휴대전화기 (Dieceland Technology) ◇

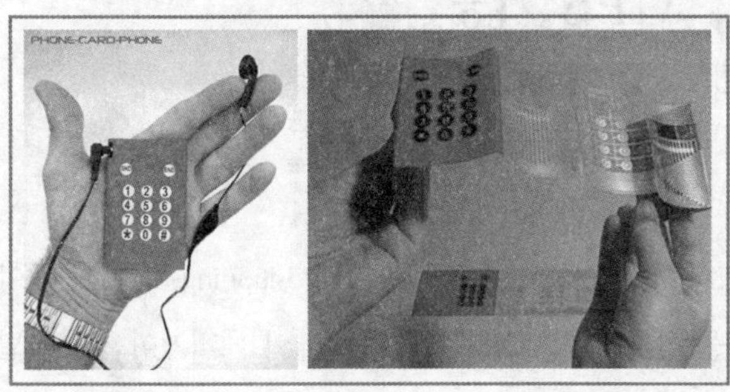

출전) http://www.dtcproducts.com

국의 휴대전화 이용률은 약 40%지만, 인스턴트 휴대전화기 발매로 유럽과 같이 70%까지 증가할 가능성도 있다고 한다.

주요 판매 대상은 새로운 상품에 민감한 층과 비즈니스맨, 여행자 나아가 틴에이저와 고령층도 타깃으로 잡고 있다. 그러나 기능이 매우 간소화됨으로써 기존 휴대전화기에 비해 패션감각이 떨어져 틴에이저가 구입하는 경우는 그다지 많지 않을 것이라는 의견도 있다.

8 GPS 기능

IMT-2000 서비스에서는 GPS(Global Positioning System)를 이용한 기능도 주목을 받고 있다. GPS는 자동차의 카 네비게이션으로 널리 알려진 기술이지만, 이 기능을 휴대전화에 탑재함으로써 현재 자신의 위치를 확인할 수 있으며(알릴 수 있으며), 목적지에 이르는 최단거리를 찾거나 네비게이터로써 활용할 수 있게 된다.

GPS는 미국이 항공기와 선박 등의 항법지원용으로써 개발한 것으로 24개의 인공위성으로부터 발신되고 있는 전파가 수신기에 도착하기까지의 시간을 측정함으로써 현재 위치를 산출해 내는 것이다.

이러한 기술을 이용하여 현재 위치가 파악되면 휴대전화의 화면에 지도를 표시하여 현재 위치해 있는 장소를 표시하는 것은 물론이고, 해당 장소와 지역에 밀착된 정보를 제공받을 수가 있다.

예를 들면, 위치정보와 연동된 정보검색 사이트에서 「음식점」이라고 입력하면 현재 사용자가 위치한 장소 주변에 있는 음식점의 수와 함께 해당 음식점에서 취급하고 있는 각종 메뉴와 그 가격, 영업시간 등을 조회할 수 있다.

현재 휴대전화로 고려하고 있는 위치정보 시스템은 위성으로부터의 전파를 수신하는 GPS도 그 하나지만, 휴대전화 자체가 지상에 있는 전화용 전파를 수신하고 있기 때문에 그것을 이용한 위치정보 시스템도 함게 고려되고 있다.

지금까지의 GPS 시스템에서는 옥내나, 터널, 건물 안으로 들어가면 위성으로부터 전파가 도달하지 않아 위치를 측정할 수 없는 결점을 안고 있었다.

이것을 극복하기 위해 퀄컴(Qualcomm)은 cdma2000에서 이용할 수 있는 위치정보기술로써 「gpsOne」을 개발하였다. gpsOne에서는 위성으로부터 전파가 도달하지 못할 경우 기지국으로부터의 위치정보를 이용함으로써 문제를 해결한다. gpsOne에서는 단말기로 계측 처리를 수행하지 않고 수신한 데이터를 그대로 기지국에 넘겨, 기지국 측에서 계측하도록 하는 시스템이다. 이것은 단말기 측의 처리에 드는 부하를 줄임으로써 소비 전력을 억제하는 효과도 있다.

이처럼 휴대전화와 위치정보 시스템을 조합시킴으로써 장소와 시간에 관계없이 일방적으로 전달되는 DM(Direct Mail)과 같은 스팸(Spam) 정보에서 이제는 사용자가 찾고자하는 장소와 시간에 커스트마이징(Customizing) 된 정보를 입수하게 될 것이다.

GPS와 같은 위치추적 시스템은 미국에서 매우 중요시되고 있다. 휴대전화로부터 911번(미국의 긴급시 통보전화)으로 걸려오는 통보 가운데 약 30%가 자신의 위치를 모르겠다고 하는 통계가 있을 정도로 위치를 정확히 판단하지 못함으로써 초기대응의 장벽이 되고 있다. IMT-2000 서비스에서는 휴대전화로 통화할 때 위치정보도 동시에 송신할 수 있게 하여 곧바로 경찰과 소방관이 달려오게 함으로써 방범대책으로서도 유효하다. 다만, 항시 자신의 위치가 노출됨으로 프라이버시의 문제가 새로운 과제로 등장하게 될 가능성이 있다.

cdma2000 Vs. W-CDMA

세계 통신시장 환경이 급변하고 있다. 작년(2000년)까지만 해도 대세를 점유했던 비동기식(W-CDMA) 진영이 과다한 부채와 기술적인 문제로 크게 위축되는 가운데, CDMA 원천기술 보유사인 퀄컴(Qualcomm)을 중심으로 한 동기식(cdma2000) 진영의 치열한 반격이 계속되고 있다.

실제로 일본의 NTT DoCoMo 등 비동기 선두주자들이 연이어 서비스 연기(2001년 5월에서 2001년 10월로)를 발표하고 있는데 반해, 미국의 대형 전화회사인 버라이존 커뮤니케이션스(Verizon Communications) 등 동기식 진영의 세계 16개국 24개 기업들은 2001년 하반기부터 cdma 2000(동기식 초기 3세대) 서비스를 도입할 움직임이다.

국내 시장도 cdma 2000 시장 중심으로 움직이고 있다. 그러나 동기식 사업자 선정, 통신 구조조정, 시장지배적 사업자에 대한 비대칭규제(차별 규제), SK텔레콤의 시장점유율 낮추기 등 각종 현안들이 얽혀 있어 향후 방향에 대해 쉽사리 예측을 하기가 어렵다.

■ cdma2000의 강점

cdma 2000 역시 W-CDMA와 같은 CDMA의 기술을 이용하고 있다. 양자가 서로 다른 점은 데이터의 전송방식에 있다. 즉, 기술적으로 통신을 위해 전파를 전송하는 모든 기지국의 시각정보가 일치하는가(同期),

일치하지 않는가(非同期)를 의미한다.

cdma 2000의 경우, 음성은 음성, 동화상 데이터는 동화상 데이터로 주파수 대역내의 개별 주파수를 사용하여 전송한다. 이 때문에 cdma 2000은 서로 데이터가 영향을 주고받지는 않게 된다.

그리고 cdmaOne방식으로 서비스를 제공하고 있는 통신사업자라면 기본적으로는 이용하는 주파수대가 다를 뿐이므로 송수신을 하기 위한 무선설비만을 변경하면 되어 다른 것은 cdmaOne에서 이용하고 있는 설비를 그대로 이용할 수 있다.

W-CDMA와 같이 음성과 동영상 등 모든 데이터를 전송할 수 있으며 최대 2.4Mbps라고 하는 초고속으로 데이터 통신을 할 수 있는 고속화 기술이 연이어 발표되고 있다.

구체적으로는 퀄컴이 제안하고 있는 HDR과 모토로라와 노키아가 제안하고 있는 1xTREME, 중국 북경 태평양 연우통신기술 유한공사(中國北京太平洋連宇通信技術有限公司)가 개발한 LAS-CDMA(대지역 분할 다원식 접속) 등이 있다.

이러한 것들은 cdmaOne이 64Kbps를 실현하고 있음에 반해, cdmaOne-1x와 cdma 2000-1x에서는 144Kbps, 그리고 cdma 2000-1x HDR(High Data Rate, 데이터 통신만으로 밖에 이용하지 않는다는 것을 전제)은 최대 2.4Mbps, 1xTREME는 최대 5.2Mbps, LAS-CDMA는 최대 5.53Mbps, 모두 W-CDMA의 최대 2Mbps와 비교해 매우 빠르다는 것을 알 수 있다.

이러한 초고속 데이터 통신기술은 cdma 2000-1x를 확장하는 규격 cdma 2000-1x EV-DO와 데이터 통신과 음성을 통합한 cdma 2000-1x EV-DV로 완결을 목표로 하고 있다.

■ W-CDMA의 강점

현재 GSM 방식으로 서비스를 제공하고 있는 통신사업자라면 W-CDMA를 채용함으로써 기지국에 설치되어 있는 유선부분의 교환기를 앞으로도 이용할 수가 있다.

데이터 통신속도는 휴대전화로부터 기지국으로 향하는 상방향 회선에서는 64~128Kbps, 기지국에서 휴대전화로 향하는 하방향 회선에서는 384Kbps가 된다. 이러한 전송 스피드의 차이는 휴대전화로부터 막대한 정보를 송신하는 경우는 많지 않을 것이라는 가정 아래 설정된 것이다. 때문에 W-CDMA에서는 텔레비전과 거의 동일한 동영상 데이터를 수신할 수는 있어도 송신할 수는 없다.

W-CDMA의 강점은 먼저 현행 단말의 최대 200배에 해당하는 2Mbps

◇ cdma2000 Vs. W-CDMA ◇

구 분	cdma2000	W-CDMA
표준 주도 국가	미국	유럽, 일본
기술 원천	CDMA(부호분할 다중 접속)	GSM(세계무선통신시스템)
이용하는 주파수대역	2GHz	2GHz
주도 기업	Qualcomm	NTT DoCoMo, Ericsson, Motorola, Nokia
사용 국가	미국, 한국, 일본, 아시아 일부 국가	유럽, 일본, 중국
주파수 이용방법	일정한 주파수(1.25MHz)를 복수 동시에 겸용	4개(1.25, 5, 10, 20MHz)의 주파수 가운데 하나를 선택
데이터통신 속도	114Kbps~2Mbps	384Kbps~2Mbps

의 고속데이터 통신이 가능하다는 점이다. 간섭파나 방해파 등에도 강하고 도중에 통화가 끊어지지 않는 등 음성통화의 품질이 훨씬 향상된다. 다만, 같은 대역으로 음성 데이터, 텍스트 데이터, 동화상 데이터를 혼합하여 송신하기 때문에 특정 데이터가 크게 되면 나머지 데이터의 송신속도가 느려지게 된다.

■ W-CDMA의 회의론

근래 영국 "이코노미스트(Economist)"에 따르면, 지난 2000년 주파수 경매에 1,250억 달러를 투자한 유럽 통신서비스 사업자들이 금융문제 외에도 기술적 난관에 직면, "중병을 앓고 있다"고 지적하고 있다. NTT DoCoMo가 밝혔던 "핸드오버(Hand Over)", 즉 이용자가 다른 기지국으로 이동할 때 접속이 끊기는 결함 외에도, 2~3세대 통신망에 동시 접속할 수 있는 단말기 개발 문제로 2003년은 되어야 서비스가 가능하다는 것이다.

또 미국의 투자은행 "메릴린치(Merrill-lynch)"는 최근 보고서에서 3세대 통신서비스는 가격 경쟁력이 없다고 주장하고 있다. 유럽의 경우 현재 서비스 중인 2세대(GSM)를 2.5세대(GPRS)로 업그레이드하기 위해선 30억 달러면 되지만, 3세대 서비스를 실시하려면 80배가 넘는 무려 2,500억 달러가 투자되어야 한다는 것이다.

W-CDMA 상용화 시기는 유럽의 높은 주파수 경매대금으로 인한 통신서비스 사업자들의 기피로 향후 4~5년 후가 될 것으로 예상했다. 또한 W-CDMA의 세계표준 가능성에 대해서도 회의적인 시각을 피력하고 있다. 유럽이 2세대 디지털 이동전화인 GSM에서 2.5세대인 GPRS (Generral Packet Radio System)로 진화한 뒤 다시 북미식 TDMA(시분할

다중 접속)와 결합한 EDGE로 발전하고, 이는 3.5세대인 EW-CDMA (Evolved Wideb and CDMA; 공식명칭 HSDPA)로 곧바로 진화할 수도 있다고 전망했다.

아울러 W-CDMA의 문제점으로 고속전송이 가능하지만 고액의 통신료 부담 때문에 W-CDMA 사용자가 개인 파산할 지도 모른다. 더욱이 고속 데이터에 적합한 컨텐츠가 확보되지 않은 것도 큰 문제라고 지적하고 있다.

반면, 고속 데이터 통신이 가능한 HDR(High Data Rate)로 cdma 2000이 한숨을 돌렸으며, 데이터 통신에 있어 HDR이 W-CDMA에 비해 주파수 효율이 3배 정도 높아 가격 면에서 우위에 있다.

이런 가운데 스페인 정부는 비동기 서비스를 2002년 6월로 연기한다고 발표, 유럽에서는 처음으로 사업권 허가 조건을 수정했다. 다른 유럽 정부는 천문학적인 부채에 시달리는 통신 사업자를 위해 3세대 통신망을 공유하는 방안을 논의하고 있으며(독일에서는 2001년 6월에 공유 허용), 에릭슨(Ericsson), 노키아(Nokia) 등 장비 사업자가 통신서비스 사업자에 라이센스 대금 중 일부를 지원하는 구상도 나오고 있다.

tips!　　　**HDR(High Date Rate)란?**

HDR은 퀄컴이 개발한 cdmaOne 대응 기술로, 1.25MHz폭의 주파수 대역을 그대로 활용하여 153.6Kbps~2.4Mbps의 데이터 통신을 실현한다. 다만, 실제로는 전파 간섭 등으로 평균 600Kbps 정도이다.

HDR의 최대 장점은 800MHz 대역의 설비를 그대로 활용할 수 있다는 것이다. 그 때문에 설비투자에 드는 코스트를 대폭적으로 삭감할 수가 있다.

퀄컴에 따르면, cdma 2000을 신규로 도입하는 것에 비해 약 1/5로 충분하다고 한다. 현재 퀄컴은 HDR 3배의 주파수를 사용하는 「3x HDR」을 개발 중인데, 이것은 HDR과 비교하여 2배의 수용 능력을 가지게 된다.

■ cdma 2000 진영의 반격

미국의 이동통신사인 버라이존 커뮤니케이션스(가입자 2,700만명)는 2001년 3월 루슨트 테크놀러지스(Lucent Technologies)와 50억 달러 규모의 cdma 2000 장비공급 계약을 체결, 동기식 3세대 서비스 도입을 공식화했다. 그리고 지난 2001년 5월에는 넥스텔(Nextel, 가입자 760만명)이 비동기 기술표준을 포기하고 cdma 2000을 채택하였다.

퀄컴(Qualcomm) 역시 한국이 세계 최초로 3세대 서비스를 시작한 국가라는 것을 강조하며 또 한번 통신 붐을 기대하고 있다. 퀄컴은 동영상 등 멀티미디어 서비스가 가능한 모뎀 칩 "MSM 5000 시리즈"를 출시한 데 이어 자체 개발한 무선 인터넷 솔루션 BREW를 공개, 3세대 시장을 주도하고 있다.

또한 중국의 CDMA 도입 결정으로 향후 5년간 7,800만 명의 가입자(점유율 30%)를 예상하는 차이나 유니콤은 2001년 5월 말 cdma 2000 기술교류회를 개최, 3세대 서비스를 위한 첫 발을 내딛었다. 차이나 유니콤은 2001년 말까지 cdma 2000 공급 사업자를 선정하고, 2002년부터 약 300만 회선 규모의 시범사업을 구상하고 있다.

한국전자통신연구원(ETRI)에서도 이 같은 시장 상황의 변화를 반영하여 비동기 대 동기 시장의 비중이 80 : 20이던 2000년 초와 달리, 60 : 40으로 변할 것이라는 보고서를 내놓은 바 있다.

반면, 전세계 CDMA 시장의 38%를 차지하고 있는 국내의 이동통신서비스 사업자들이 cdma 2000 대신에 W-CDMA를 선호하고 있다는 사실과, CDMA 창안자인 퀄컴(Qualcomm)조차 cdma 2000이 성공하면 엄청난 이익을 손에 넣을 수 있음에도 불구하고 근래 W-CDMA에 대한 투자를 게을리하고 있지 않다는 사실이다. 이러한 측면에서 본다면 cdma 2000의 미래가 그다지 낙관적이지만은 않다고 보여진다.

■ 목표는 하나

장래 cdma 2000이든 W-CDMA든 어느 쪽이 주류가 될 것이지 현 단계에서 성급히 판단하는 것은 곤란하지만, 굳이 언급한다면 3세대 서비

◇ 고속통신기술과 그 스피드 ◇

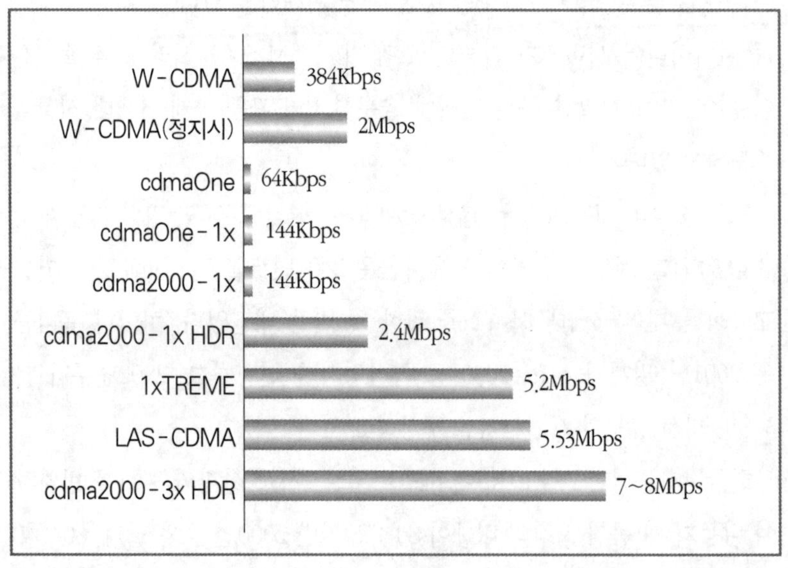

출전) 小林天壽〔2001〕.

스라 할 수 있는 cdma 2000의 바로 아래 단계인 cdmaOne의 서비스가 이미 본격적으로 이루어지고 있어, 적어도 cdma 2000이 W-CDMA보다 시장에서 한발 앞서고 있다(특히 미국)고 평가할 수 있겠다.

결과적으로 향후 어느 방식을 이용하거나 주축이 될지는 조금 더 지켜보아야 하겠지만, 광대역(Broadband) CDMA라고 하는 기술을 이용하여 초고속이면서도 동시에 안정적인 통신을 달성함으로써 전세계 수많은 유저들에게 유용한 도구로써 위상 정립되리라는 점만은 분명한 사실이다.

◇ 기술 방식 비교 ◇

동기(同期)식

◆ GPS를 이용하여 항상 모든 기지국의 동작시간을 일치(同期)시키는 방식
◆ 미국의 핵심망 규격(ANSI-41)에 기반

비동기(非同期)식

◆ 개별 교환기가 제어, 모든 기지국의 동작시간이 동시에 일치하지 않음 (非同期)
◆ 유럽의 핵심망 규격(GSM-Map)에 기반

2.5세대? 3세대?

■ cdma 2000-1x는 3세대?

근래 3세대 서비스를 앞두고 제공되고 있는 서비스 가운데 "cdma 2000-1x"는 2.5세대 서비스인가, 아니면 3세대 서비스인가 하는 논의가 근래까지 진행되어 왔다. 전세계적으로 차세대 이동통신(IMT-2000, 3G) 서비스의 연기가 불가피해지면서 IMT-2000의 초기 형태인 동기식 cdma 2000-1x와 비동기식 GPRS를 IMT-2000으로 볼 수 있느냐는 논쟁이다.

최근, 부호분할 다중접속(CDMA) 원천기술을 보유하고 있는 미국의 퀄컴(Qualcomm)은 최근 「국제전기통신연합(ITU)은 cdma 2000-1x를 2.5세대가 아닌 3세대 서비스로 규정하고 있다」며 "이 기술을 최초로 상용화한 한국에서만 2.5세대라고 부르고 있다"고 논쟁의 단초를 제공했다. 이에 대해 정보통신부 역시 "cdma 2000-1x는 3세대, 즉 IMT-2000"이라고 퀄컴의 주장에 동의를 하기에 이르렀다.

그 근거로 SK텔레콤이 2000년 10월 세계 최초로 cdma 2000 상용 서비스를 개시하였으며, KTF와 LG텔레콤도 2001년 상반기에 서비스를 개시하였다는 것을 예로 들고 있다.

그리고 2001년 7월 초 전세계 100여개 통신기업협의단체인 CDMA개발그룹(CDG)이 「cdma 2000-1x는 3세대 이동통신」이라는 주장을 제기하고 나섰다. 스웨덴 스톡홀름에서 개최된 ITU 라디오통신연구그룹 5차 회의를 통해 CDG는 정보문서 양식을 빌어 「cdma 2000-1x가 2세대 이동통신(cdmaOne)에서 진화한데다 기존 주파수 대역을 그대로 사용하기 때문에 2.5세대인지, 3세대인지 구분이 모호해 혼선을 빚었다」며, 「cdma 2000-1x가 ITU의 IMT-2000 요구사항을 충족하고 호환성을 갖춘 3세대 시스템인 것을 명확히 한다」고 발표했다.

한편으로 전문가들 사이에서는 ITU의 3세대 서비스 규정은 자기 모순적이라는 지적이 있다. 그 이유는, ITU는 IMT-2000의 필요 조건으로 모든 무선 환경에서 144Kbps, 정지시에는 2Mbps의 데이터 전송 속도를 갖춰야 한다고 규정하고 있다. 그러면서도 정지 상태에서 최고 속도가 144Kbps인 cdma 2000-1x를 3세대라고 규정해 주고 있는 것이다.

게다가 최근 국내 이동통신서비스 사업자들이 정보통신부에 보고한 결과에 따르면, cdma 2000-1x의 데이터 전송 속도는 정지상태에서 144Kbps, 도보 이동시에는 80~100Kbps, 차량 이동시에는 50~80Kbps이다. 단말기 개발 지연으로 주문용 비디오(VOD) 등 멀티미디어 컨텐츠 서비스도 거의 이루어지지 않고 있어 IMT-2000이라고 부르기에는 다소 부족한 감이 없지 않다.

정보통신부의 관계자는 "이론상의 최대 속도가 144Kbps이기 때문에 실제로 사용할 때는 이보다 적게 나올 수밖에 없다"며 "유럽에서 2001년 6월부터 서비스되고 있는 GPRS 역시 이론적으로 144Kbps라지만 실제로는 40~50Kbps밖에 안 된다"는 논리를 펴고 있으나 왠지 궁색하기 그지없다.

지금까지 cdma 2000-1x가 2.5세대라는 시각이 우세하였으나, CDG가 3세대로 정의함으로써 새로운 국면을 맞게 되었으며, 우리가 스스로

cdma 2000-1x를 2.5세대로 낮추어 평가할 필요는 없다는 것이 국내 관련 기업들의 분위기다.

■ 새로운 과제

속도만의 문제라면 조만간 해결될 사안이라 생각되지만, cdma 2000-1x는 주파수 대역에서 원래 국제 기준에 미치지 못하고 있어 다른 지역에서 사용할 경우 로밍(Roaming)이 어렵다는 결점이 존재한다. 이 문제를 해결하기 위해 조만간 이 가운데 주파수 대역을 위한 반도체가 개발될 예정이지만 문제는 여기서 끝나지 않는다.

기본적으로 비동기식 CDMA는 유럽을 중심으로 전세계 이동통신 시장의 80%를 차지하고 있기 때문에 이를 도외시하게 되면 국내 이동통신 사업자들의 장래가 어둡게 된다. 이러한 이유 때문에 cdma 2000-1x는 과도기적 단계가 될 가능성도 있다. 나아가 이 서비스가 성공을 거두어 사용자가 증가하고 사용량이 늘어날수록 제한된 주파수는 포화상태에 달하게 되어 결국에는 CDMA 기술을 근거로 한 IMT-2000 서비스를 실시해야 한다는 점이다(News Week〔2001. 6. 6〕).

◇ cdma 2000과 W-CDMA 비중의 변화 ◇

(단위 : 백만명)

구 분		2001년	2002년	2003년	2004년	2005년
2000년 초 예측	cdma 2000	0	2.1	4.4	16.4	49.7
	W-CDMA	3.0	15.5	51.8	106.0	203.4
환경변화에 따른 예측	cdma 2000	2.9	10.3	22.2	37.3	63.3
	W-CDMA	0	2.6	13.0	45.0	93.8

출전) 정보통신부〔2001〕.

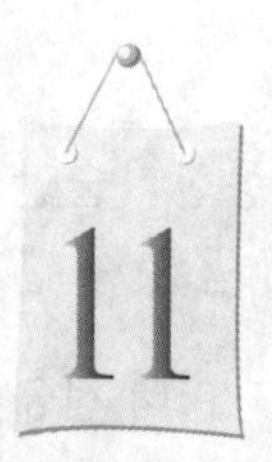

유럽의 3세대 서비스

■ 가입자수와 이용자수는 비례?

무선 인터넷 시장규모는 기본적으로 이동통신서비스 가입자수와 인터넷 이용자수에 비례하는 것으로 알려져 있다. 유럽의 경우 이동통신서비스 가입자수는 2000년 말 현재 2억명 정도이나 2004년에는 3억명 수준에 달할 것으로 보이며, 인터넷 이용자 수도 2000년 8000만명에서 연평균 20% 이상씩 성장하여 2004년에는 1억 7,000만명에 달할 것으로 보고 있다. 이 같은 이동통신과 인터넷 이용자 수의 증가 추이는 앞으로 유럽 무선 인터넷 시장의 높은 성장 잠재력을 반영한다고 할 수 있다.

그러나 2000년 말 현재 유럽 인구의 2명 중 1명이 이동통신서비스 가입자라는 사실에도 불구하고 실생활 속에서 이동통신 단말기를 통해 인터넷을 이용하는 무선 인터넷 실제 이용자수는 극소수에 불과하다.

유럽 이동통신서비스 가입자 가운데 규칙적으로 무선 인터넷에 접속하여 정보, 오락, 쇼핑 등의 서비스를 이용하는 사람 수는 전체 이동통신서비스 가입자의 1% 수준에 머물고 있는 것으로 밝혀졌다. 이 같은 수치는 유럽 무선 인터넷 시장이 활성화되지 못하고 있음을 보여주는 하나의 증거라 하겠다.

이러한 원인으로는 다음과 같은 요인들 때문이다.

■ 느린 전송속도

유럽 이동통신망의 대부분을 구성하고 있는 2세대 통신기술인 GSM(General System for Mobile Communication) 망이 안고 있는 자료 전송속도 및 전송 용량상의 한계다. 예를 들면, GSM 망에서는 데이터 전송 스피드가 9.6Kbps에 불과해 이동전화 단말기를 통해 인터넷에 접속하는 데는 30초 이상의 시간이 걸리며, 인터넷 사이트 간의 이동시에도 적지 않은 시간이 소요되어 무선 인터넷 이용자의 욕구를 충족시키지 못하고 있는 실정이다.

■ 폐쇄적 운영

유럽의 주요 이동통신서비스 사업자들은 무선 인터넷 컨텐츠 시장에 대한 주도권을 장악하기 위해 자신들의 무선 포털(Portal)을 통해서만 컨텐츠에 접근할 수 있는 폐쇄형 전략을 채택했는데, 이것은 무선 컨텐츠 시장의 발전을 저해하였을 뿐만 아니라 무선 인터넷 시장의 활성화에도 부정적인 영향을 미치는 결과를 낳았다.

■ 연기냐, 조기 실시냐

유럽의 3세대 서비스는 대부분 국가에서 오는 2002년 초에 일제히 시작한다는 것이 공식적인 견해이다. EU의 결정에 따라 거의 대부분의 정부가 2002년 1월부터 서비스를 시작할 수 있도록 사업자에게 면허를 교부하였기 때문이다.

유럽의 주요 국가에서는 한국이나 일본과 같이 무료로 3세대 면허를 교부한 국가는 없다. 공평성과 경쟁추진의 관점에서 입찰제도를 도입한 독일에서는 하나의 면허료가 평균 9조 5,000억원에 달하고 있다. 유럽

통신회사들이 3세대 주파수 매입에만 1,200억 달러를 투자함으로써 이로 인해 각 기업의 재무체질이 급속히 악화되고 있다. 게다가 앞으로도 네트워크 구축에 1,000억 달러 이상이 소요될 것으로 보고 이에 대한 우려가 높아지고 있다. 프랑스에서는 주어진 면허를 다 채우지 못하는 사태마저 초래하였다.

이러한 난관을 탈피하기 위해 근래 3세대 네트워크 비용분담 문제에 대한 공감대가 확산되고 있다. 통신서비스 사업자 사이의 3세대 사업 비용분담은 시장경쟁을 위반할 수 있어 논란의 소지를 남겨두고 있다. 하지만 전면적인 비용분담에는 문제가 있으나, 소비자 보호 측면에서 통신서비스 사업자의 매출 및 서비스 지역에 따라 받아들일 수 있을 것 같다.

3세대에서는 기지국 등 인프라스트럭처에도 면허료와 같은 규모의 자금이 필요하며 해당 기업의 자금부족으로 인해 서비스의 준비가 제대로 진행되지 않고 있다.

단말기 시장의 성장이 둔화된 2000년 가을 이후 사업자의 수중에는 현행 기종의 재고가 합계 1,000만대에 달하고 있어 이것을 처분하지 않고서는 다음 단계로 넘어갈 수 없다고 하는 시각도 팽배하다.

하지만 원래는 조기 서비스 개시가 급선무이다. 컨설팅회사들의 추산에 따르면, 입찰 실시국에서 사업자가 면허료를 회수하는데는 평균 9~12년이 걸린다고 한다. 유럽 각국의 3세대 면허는 통상적으로 15~20년의 기간이 설정되어 있어 이익이 발생하는 기간은 극히 짧다.

다시 말해, 벌써 3세대에 거액의 자금을 투자하고 있는 이동통신서비스 사업자에 있어, 이러한 지연은 엄청난 타격임에 틀림없다. 하지만 시장을 보다 상세하게 분석하거나 3세대의 비용 분산을 생각하는 등의 시간적인 여유를 갖기 때문에 반드시 나쁜 것은 아니다.

그럼, 이러한 지연으로 제일 타격을 받는 것은 누구일까? 고속 통신용의 비디오나 음성 등의 애플리케이션을 개발하고 있는 비교적 소규모의 혁신적인 개발 기업이 타격을 받을 것 같다. 지출은 매일 이루어지고 있어 한시라도 빨리 제품을 출하하지 않으면 노력에 대한 보상은 거품으로 돌아간다.

IT기업이 상승세를 타던 1999년과 2000년 전반, 이러한 기업은 적극적인 투자를 받을 수가 있었다. 그러나, IT산업의 거품이 걷히면서 추가 투자를 받을 기회도 사라져, 현금흐름(Cash Flow)의 관리가 한층 어려워지고 있다. 앞으로 이들 기업은 대대적인 구조조정 혹은 도산의 위기에 직면하든지, 대기업에 흡수될 가능성이 있다.

실제로 CNN〔2001. 7. 6〕에 따르면, 에릭슨(Ericsson)이 3세대 이동통신 서비스의 지연으로 수백명의 종업원을 추가 감원하게 될 것이라고 보도했다. 에릭슨은 2001년 1/4분기에 이어 2/4분기에도 손실이 계속 발생하는 등 실적이 악화되고 있다며 이에 따라 수백명 추가 감원이 불가피하다고 밝힌바 있다.

3세대의 빛과 그림자

전세계 대부분의 통신서비스 사업자는 3세대 서비스의 장래성에 자신감을 표시하고 있다. 그러나 투자가와 애널리스트들은 그다지 확신을 가지고 있지 못한 듯하다. 다만, 논쟁의 여지가 없는 것은 모바일 디바이스(Mobile Devices)의 사용 방법이 앞으로 수년 동안 엄청난 변화를 거듭할 것이라는 점이다.

거대한 투자 금액에 비추어 볼 때, 통신서비스 사업자가 주파수의 대역 확보와 새로운 모바일 네트워크 구축에 사용한 수십억 달러를 회수할 수 있을지 투자가들이 우려하는 것도 이해는 간다.

■ 회의론

수익성

먼저, IMT-2000 사업자의 수익성에 대한 우려는 사업권 획득에 따른 과다한 경매대금(혹은 출연금)과 시설투자비로 인해 수익성의 조기확보가 어렵다는 것이다. 독일과 영국에서 엄청난 경매대금으로 IMT-2000 사업자가 자금난에 봉착하고 신용 등급이 추락한 것이 대표적인 사례이며, 또한 막대한 IMT-2000 시설 투자비 재원을 확보하기 위해 유럽의 통신 사업자는 신주 발행을 심각하게 고려하고 있는 상황이다.

유럽의 IMT-2000 사업자들이 이미 주파수 경매대금으로 수 천억 달러의 부채를 가지고 있는 현재 상황에서 또다시 수 십억 달러의 증자를 감행할 경우 신용등급이 다시 한 번 폭락할 가능성이 높으며, 궁극적으로 국제 자금시장의 흐름마저도 왜곡될 것이라고 지적되고 있다.

상용화

IMT-2000 서비스 실시에 대한 우려는 IMT-2000 관련 기술 개발 속도가 미진하다는 것이다. 현재 인터넷에 접속하는 광대역 망의 발전이 기대수준에 미치지 못할 뿐 아니라 다양한 IMT-2000 서비스를 제공하는데 필수적인 단말기의 핵심 칩, 액정, 배터리 등의 기술 개발 속도가 느리다는 것이다.

특히, 단말기 부문에 있어서는 전세계 단말기 판매 1위 업체인 노키아(Nokia)가 2002년 말에서야 IMT-2000 단말기를 출시할 수 있을 것이며, 퀄컴(Qualcomm)과 알카텔(Alcatel)도 2004~2005년에야 비로소 본격적인 상용화가 가능할 것이라고 밝히고 있어, 2002년경에 IMT-2000 서비스의 상용화를 계획하고 있는 국가에서는 심각한 딜레마가 아닐 수 없다.

■ 낙관론

m-커머스

낙관론의 배경에는 무엇보다 무선 인터넷 서비스와 m-커머스가 존재하고 있기 때문이다. 무선 인터넷은 이동전화기의 웹 브라우저를 이용하여 무선으로 인터넷 접속이 가능한 서비스로, 일본의 NTT DoCoMo가

1999년 2월 i-mode 서비스를 제공하여 폭발적인 성장세를 나타내면서 전세계적으로 확산되는 추세다. 참고로 2001년 9월 현재 NTT DoCoMo 의 유저 수는 2,700만명을 넘어서고 있다.

"ARC Group"에 따르면, 세계 무선 인터넷 사용자 수는 1999년 4,630 만 명에서 2005년에 10억 2,000만명으로 급속히 확대되고, 2005년 유럽, 일본 등 주요 선진국의 무선 인터넷 사용자의 비율이 70~80% 수준에 육박할 것으로 분석되고 있다. IMT-2000에서 무선 인터넷의 의미는 이 동통신서비스 사용자의 1인당 매출액(ARPU; Average Revenue Per User) 을 증가시키고 이동통신서비스 사업자에게 음성통화 수입 이외에 또 다

◇ 3세대 사업권료 비교 ◇

국 가	사업권 교부일	사업권료(억달러)	국민 1인당 부담액(달러)
핀란드	1999. 3	0	0.0
스페인	2000. 3	5	11.2
영 국	2000. 4	354	594.2
일 본	2000. 6	0	0.0
네덜란드	2000. 7	25	158.9
독 일	2000. 8	461	566.9
이탈리아	2000. 10	100	174.2
오스트리아	2000. 11	7	86.0
노르웨이	2000. 11	9	20.5
한 국	2000. 12	33	69.6
호 주	2001. 3	12	30.3
싱가포르	2001. 4	2	42.6

출전) News Week〔2001. 6. 6〕.

른 수입원을 창출하는 수단이 될 수 있다는 것이다.

또한 무선 인터넷 시장에서 가입자의 통화량 수입과 같은 네트워크 부문보다는 파생수익이 부가가치가 높을 것으로 분석되면서 m-커머스(Mobile Commerce)가 각광받고 있다. 즉, 이동통신서비스 사업자가 단순히 무선 인터넷을 제공함으로써 발생하는 수익만으로는 사업자 간 경쟁 체제의 심화와 패킷방식에 따른 요금 인하 효과로 인해 기대 수준에 미치지 못하게 될 가능성이 있다. 오히려 광고나 전자상거래와 같은 파생수익의 시장규모가 크다고 보는 것이다.

따라서 이동통신서비스 사업자는 전자상거래 관련 컨텐츠 및 솔루션 제공을 위한 모바일 포털 사업에 적극 나서고 있으며, 이를 통해 기존의 통신 중심의 수익구조를 개선하고 다양화하는 비즈니스 기회로 삼을 것으로 보인다.

■ 새로운 동향

최근 각 이동전화서비스 사업자들은 향후 급속히 성장될 것으로 예상되는 무선 데이터 서비스 시장을 선점하기 위하여 노력하고 있다. 그러나 무선 데이터 서비스의 성장 가능성에 대해서는 모두 공감하고 있지만, 어느 시점에 어느 정도의 이용 기반을 확보할 수 있는가에 대한 예측은 각기 다르다.

다시 말해, 무선 데이터 서비스를 통하여 기존의 통신 서비스와는 다른 향상된 서비스를 제공하기 위해서는 네트워크 속도 향상뿐만 아니라 단말기 기능의 향상, 무선 환경에 적합한 컨텐츠의 개발 등 여러 가지 요인들이 복합적으로 작용하기 때문이다. 또한 해당 서비스를 제공하기 위한 비용이 충분히 낮아질 수 있는 정도로 기술이 발달하고 시장 규모도

성숙되어야 한다.

그러나 최근 동향을 보면 과거의 무선 데이터 서비스에 대한 낙관적인 견해와는 달리 보다 향상된 서비스를 낮은 가격에 제공할 수 있게 되기까지에는 더 많은 시간이 소요될 것으로 전망되고 있다. 이는 현재 3세대 기술 수준이 과거에 의도한 2Mbps의 속도를 실질적으로 지원하지 못하는 것이 큰 원인이며, 무선 데이터 단말기능이 사용자의 불편을 혁신적으로 개선할 만큼 향상되지 못하고 있는 것도 한 원인으로 지적되고 있다.

이에 따라서 최근 각 이동통신서비스 사업자들은 향후 무선 데이터 시장을 선점하기 위한 전략을 수정하고 있는 것으로 파악된다. 특히, 3세대의 네트워크 진화 경로에 대한 새로운 방법을 모색하고 있으며, 이것은 GSM과 cdma 2000 기술의 융합 또는 4세대에 대한 검토로 이어지고 있는 것이다.

특히, 비동기 컨소시엄에 참여한 기업들 사이에서는 서비스 시기가 연기되는 등 사업성이 불투명해지면서 지분매각 움직임이 확산되고 있기도 하다.

Coffee Break

3세대의 딜레마!

불과 1년 전만 하더라도 머니 프린팅 머신(조폐기)이 될 것이라는 기대를 모았던 3세대 서비스였으나, 최근 통신기업의 주가 하락, 부채 급증, 기업신용등급 하락에다가 계속되는 서비스 차질로 3세대 서비스의 사업성 자체에 대한 회의론이 날로 높아지고 있다.

이러한 시장 분위기를 반영하여 미국의 IT전문지 인더스트리 스랜더드
(Industry Standard)는 최신호에서 통신 업계가 해결해야 할 5가지 문제를
다음과 같이 지적하고 있다.

■ 단말기의 고열(高熱)

3세대에 대한 가장 큰 기대는 바로 동영상을 전송할 수 있을 만한 속도다.
그러나 통신 사업자들이 간과하고 있는 것은 단말기 자체가 뿜어내는 열이
다. 동영상 멀티미디어의 전송, 저장, 재생에 소모되는 전력은 기존 문자 메
시지(SMS)나 음성통화와는 비교할 수 없을 만큼 크다.

2Mbps의 속도로 동영상을 전송 받게 되면 단 몇 분만에 배터리가 소모되
거나 단말기 자체를 손으로 쥐지 못할 만큼 뜨거워진다. 참고로 PC의 경우도
열 처리에는 아직 냉각팬을 사용하고 있다.

통신 업계에서도 고열 문제에 대해서는 인정하고 있다. 현재 3세대의 최대
속도를 256~512Kbps로 잡고 있으나, 업계가 TV광고로 보여주었던 스트리
밍 비디오를 취급하기에는 속도가 충분하지 않다.

■ 제2의 i-mode 신화는 불가능

NTT DoCoMo의 i-mode 서비스 성공은 정보 요금의 상당 부분을 과감히
컨텐츠 프로바이더(Contents Provider)에 돌렸기 때문에 가능하였다. 문제는
미국과 유럽의 통신서비스 사업자(Common Carrier)들이 수익을 타사와 나
누는 데 지극히 인색하다는 점이다. 통신서비스 사업자 단독으로는 i-mode
처럼 다양한 컨텐츠를 확보하기 어렵고 컨텐츠 프로바이더를 끌어안자니 수
익을 발생시키기가 어렵다.

이제 통신서비스 사업자는 이 양자 사이에서 결단을 내려야 한다. 그러나
i-mode의 월 정보 사용료는 3달러 정도로 소액이어서 통신서비스 사업자가
3세대 사용자 3,000만 명을 확보하기 전까지는 시스템 구축비용조차 회수할

수 없어 i-mode 신화의 재현은 현실적으로 어렵다.

■ 블루투스 시장의 지체

당초 3세대 보급에 가장 큰 역할을 할 것으로 기대를 모은 것은 근거리 무선 데이터 전송기술인 블루투스(Bluetooth)였다. 그런데 지난 2000년부터 블루투스의 기술결함이 속속 제기되면서 예상과 달리 블루투스의 상용화 시점이 점점 연기되고 있다. 대형 기술박람회에서 기술시연 도중 잇따른 사고를 냈던 블루투스는 2006년에 가서야 비로소 일반 소비자 시장에 보급될 전망이다. 현재 마이크로소프트(MS)도 차기 운영체제인 윈도XP에 블루투스 지원기능 탑재를 포기한 상태다.

■ m-커머스에 대한 신뢰 부족

어린이와 재소자를 제외한 성인 남녀의 거의 100%가 휴대전화를 사용하고 있는 유럽에서도 m-커머스에 대한 사용자의 불안감은 대단히 높다. 경험 미숙으로 초기부터 m-커머스에 대한 주도권을 쥐지 못할 것으로 보이는 통신서비스 사업자는 사용자의 신뢰부터 얻어야 한다.

대부분의 통신서비스 사업자는 m-커머스에 대한 경험이 턱없이 부족해 AOL, 마이크로소프트 등과 경쟁적으로 제휴를 하게 될 것이다. 사용자에 대한 개인정보가 AOL과 마이크로소프트로 넘어가면 사용자의 불안감은 더욱 높아질 것이라는 우려가 제기되고 있다.

■ 자금조달 곤란

2년 전만 하더라도 2001년도 중반이면 3세대 서비스가 본격적으로 실시될 것이라는 기대가 높았었다. 그러나 현재 2.5세대 서비스인 GPRS도 제대로 실시되지 않고 있는 형편이다.

NTT DoCoMo 등 많은 통신서비스 사업자들은 여러 가지 이유를 들어 3세대 서비스를 연기하고 있다. 서비스 연기 자체가 실패는 아니지만, 그에 따른 부담은 매우 크다고 하겠다. 서비스 차질은 곧바로 통신서비스 사업자의 주가, 기업 신용등급 하락으로 이어지고 3세대 네트워크 구축을 위한 자금조달을 어렵게 만들기 때문이다.

유럽 최대의 통신기업인 도이체텔레콤(DT)은 부채가 500억 달러이고 기업 신용등급은 간신히 정크 본드(Junk Bond) 수준을 면하고 있다. 결국, 지난 2000년 3세대 주파수 경매에서 치열한 경쟁을 벌였던 통신서비스 사업자들은 최근 공동 네트워크 구축이란 고육지책을 내놓기에 이르렀다.

Fourth Generation
4세대

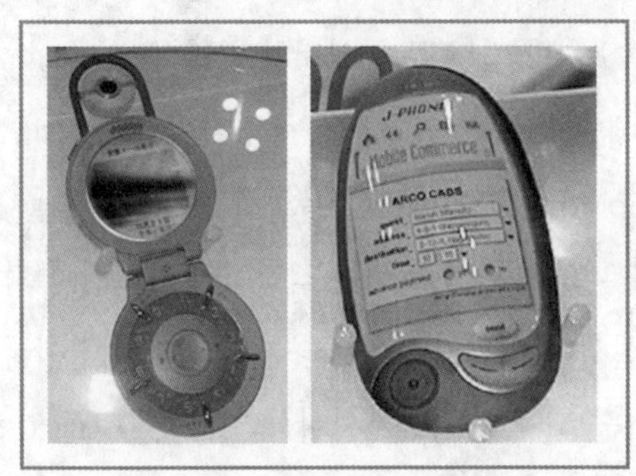

  3세대의 다음 세대인 4세대(4G) 서비스에서는 데이터 속도가 20~ 100Mbps로 현재의 2세대 네트워크보다 2,000배, 3세대보다 10~100배 정도 빨라지게 되며, 인터넷 등 다른 통신수단을 완전히 통합하는 기술(All IP 화)로 알려져 있다.

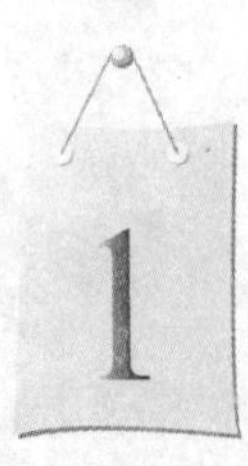

4세대 급부상

이른바 3세대(3G) 서비스를 지칭하는 IMT-2000의 서비스 사업자 결정이 이루어진지 얼마 되지 않은 시점임에도 불구하고 국내외서 벌써부터 4세대(4G) 서비스에 관한 논의가 끊임없이 제기되고 있다.

국내 정보통신부 역시 4세대 이동통신 기술개발에 착수한다고 밝힌 바 있으며, 이를 위해 2001년 125억원의 예산을 투입, 4세대 이동통신의 개념과 비전, 연구개발 방향 등을 설정할 계획이다.

2010년 이후에야 이루어질 것으로 예상된 4세대 서비스를 일본 총무성과 NTT DoCoMo가 2005년에 상용화하겠다는 방침을 표명함에 따라 4세대를 둘러싼 논의에 불을 붙이는 직접적인 도화선이 되었다.

이는 이동통신서비스 사업자들이 다른 경쟁자나 경쟁국에 앞서 4세대의 핵심요소 기술 확보를 통해 「사실상의 표준」(Defacto Standards)화하여 통신 시장의 주도권을 잡겠다는 것으로 해석된다.

그리고 3세대에서 지원이 불가능하였던 다양한 문제들이 4세대에는 해결 가능해짐으로써 꿈의 이동통신이라 해도 과언이 아니다. 구체적으로는 고속의 데이터 전송 속도, 저렴한 시스템 가격, 높은 주파수 대역, 완벽한 글로벌 로밍, 기술 및 세대간 호환성 등을 기대할 수 있게 된다.

4세대는 데이터 속도가 20～100Mbps로 2세대 네트워크보다 2,000배, 3세대보다 10～100배 정도 빨라지게 되며 인터넷 등 다른 통신수단을 완전히 통합하는 기술(All-IP화)로 알려져 있다. 또 3차원 영상을 구현 가능하게 되어 휴대전화로도 생생한 현장감을 체험할 수 있게 된다.

현재 유럽과 미국, 일본 기업을 중심으로 연구프로젝트가 3세대에서 4세대로 이전됐으며, 4세대 이동통신기술의 기반이 될 다양한 핵심요소기술에 대한 논의가 진행되고 있다.

m-커머스의 세계 최강자라 할 수 있는 NTT DoCoMo가 2000년 중반부터 4세대 서비스를 시작할 계획에 있음을 표명함과 더불어, 이를 위해

◇ 휴대전화 세대별 비교 ◇

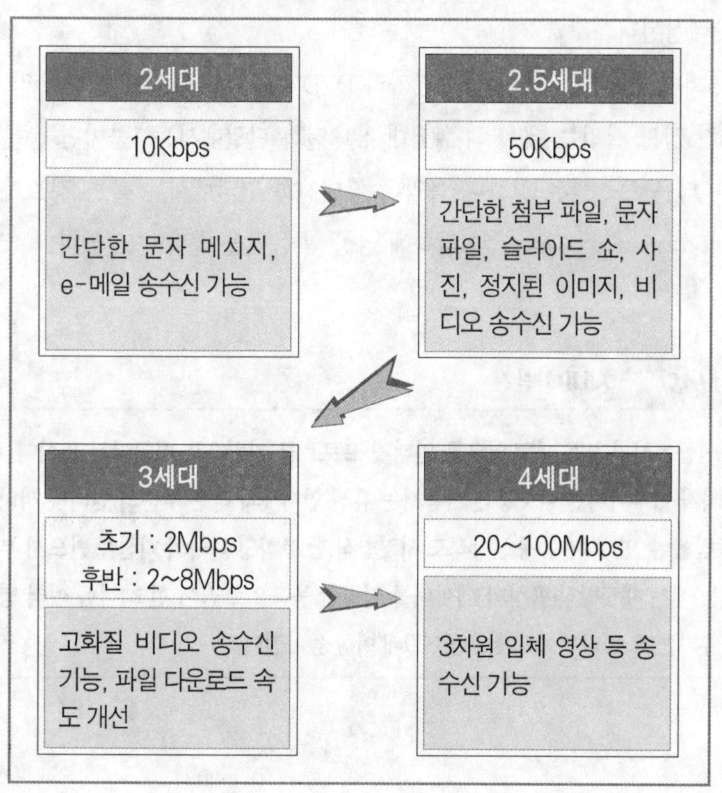

DoCoMo는 지난 2000년 12월 미국 휴렛 팩커드(Hewlette-packard)와 손잡고 4세대 무선통신망을 이용한 멀티미디어 스트리밍 기술과 응용 프로그램을 개발하겠다고 발표한 바 있다.

각 국의 이해관계가 엇갈려 복수로 기술표준(W-CDMA, cdma 2000)을 채택했던 3세대 서비스와는 달리 4세대에서는 국제단일표준이 이루어지게 될 전망이다.

이에 따라 각자 보유한 핵심 기술을 사실상의 표준으로 정착시키려는 경쟁은 더욱 치열해질 수밖에 없다. 따라서 누가 먼저 4세대 시스템 각 분야 핵심 기술을 독점할 것인가에 따라 엄청난 부가가치가 창출될 것으로 예상된다.

3세대 이동통신에서는 2시간짜리 DVD영화를 다운로드 받는데 약 27시간 정도 걸리는 데 반해, 4세대 휴대전화 단말에서는 1분이면 충분하다. 다운로드 받은 영화나 음악은 휴대전화 단말에서는 물론 정보가전(Information Appliances)과 접속해 영상 및 음악을 즐길 수도 있다.

---

tips!　　**All IP화란?**

이동통신의 모든 네트워크를 인터넷 프로토콜 기반으로 바꾼다는 뜻이다. All IP화가 이루어지면 이동통신 사용자는 유선 인터넷과 같은 수준의 인터넷 서비스를 받을 수 있게 된다. 통신방식도 서킷방식(한 통화당 하나의 회선을 반드시 부여하는)에서 패킷방식(음성과 데이터를 일정한 묶음으로 끊어 한 회선을 여러 명이 공유하는)으로 바뀌어 교환효율이 9배 이상 높아진다.

4세대 기술경쟁

"2세대", "2.5세대", "3세대", "4세대"라고 하는 호칭은, 이동통신의 기술진화를 단계별로 구분하기 위해 통상적으로 사용하는 용어들이다. 세대간 구분이 애매 모호하다는 지적이 있지만 편의상 세대별로 개념을 규정해 사용하고 있다.

기술 진화의 궁극적인 목적은 유선통신과 100% 호환되는 무선통신 서비스를 이룩하고 빠른 데이터 통신을 지원하는 데 있다. 이동통신의 고유기능인 음성전달은 전송속도에 크게 좌우되지 않기 때문에 결국 빠른 데이터 통신을 위한 기술이 진화하고 있는 것이다.

■ 차세대 기술경쟁

전송 속도가 빨라지면서 예전에 불가능했던 무선 데이터 서비스를 받을 수 있게 되었다. 주문형 비디오(VOD)는 2001년 6월부터 상용화에 들어갔으며 상대방의 얼굴을 보면서 전화하는 영상이동 서비스도 조만간 등장할 것으로 예상된다.

3세대 서비스는 무선 전송속도를 2∼8Mbps까지 구현한다. IMT-2000으로 불리며 이르면 2002년 말 상용화를 목표로 하고 있다.

국내에서는 SK텔레콤과 한국통신 등 2개 사업자가 비동기식 3세대 이동 통신 사업자로 선정되어 시스템 구성에 착수했다.

그리고 2001년 9월 나머지 1개 3세대 사업자인 동기식 사업자로 LG텔레콤이 선정되었다. 이처럼 3세대 이동통신서비스는 상용화 전 단계에 머물러 있지만, 이동통신서비스 사업자와 통신장비 제조업체는 지난 2000년부터 일찌감치 4세대 이동통신 기술개발에 뛰어 들었다.

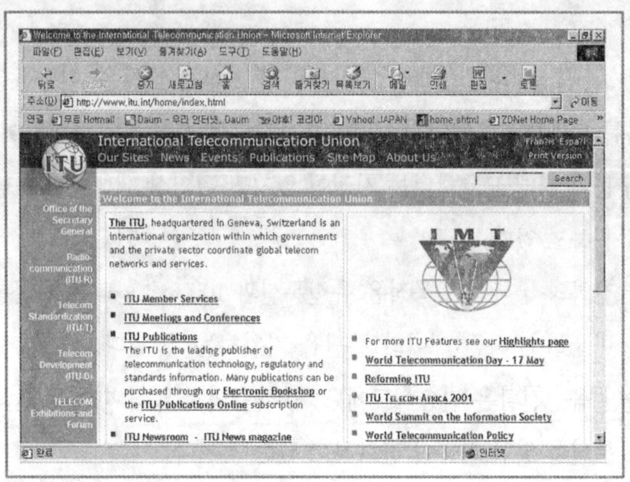

「국제전기통신연합」(http://www.itu.int)

이는 상용화 이전에 전세계 관련 기업이 모여 기술표준을 먼저 선정해야 하는 통신기술의 특성 때문이다. 전세계 이동통신 관련 기업은 3세대 기술표준 선정이 끝나자마자 「국제전기통신연합」(International Telecommunication Union, http://www.itu.int) 을 중심으로 4세대 서비스 개발에 착수했다.

■ All IP화

100Mbps 속도 구현 4세대 이동통신 기술은 "IMT-2000을 넘어서

(Beyond IMT-2000)"라고 규정한다. IMT-2000과 가장 다른 점은 전송속도와 서비스 영역이다.

3세대 서비스는 비동기식과 동기식으로 양분되다보니 글로벌 로밍(Global Roaming)은 어렵다. 이런 단점 때문에 수명이 길지는 못할 것이라 회의적인 예상도 나오고 있다. 심지어 3세대 서비스의 수명이 3~5년에 그칠 것이라고 단언할 정도다.

4세대 서비스는 이런 단점은 물론 시간과 장소의 제약에서 벗어난 자유로운 통신서비스를 구현하는 데 목적을 두고 있다. 4세대 서비스는 유선통신과 같은 인터넷 접속기능을 제공하는 것이다.

사용자는 인터넷에 접속하기 위해 네트워크 접속 장비가 설치된 공간에 들어가는 번거로움 없이 휴대전화 단말기로 인터넷에 접속할 수 있다. 온라인 공간이 무선인터넷 분야로 확대되는 셈이다.

이렇게 되려면 2가지 기술이 뒷받침되어야 한다. 먼저, 3세대 전송속도인 2.4Kbps보다 10~100배 정도 빠른 20~100Mbps까지 구현되어야 한다.

다음으로 유무선간 완벽한 연동서비스를 위해 무선 데이터 통신도 유선 망처럼 인터넷 프로토콜(IP)을 기반으로 서비스를 구현해야 한다.

이 기술은 흔히 「All IP화」로 불리는데, All IP화가 실현되면 휴대전화마다 인터넷 주소가 생기게 되므로 일반 유선망과 같이 무선통신을 사용할 수 있게 된다.

■ 4세대 기술 선점

국제전기통신연합(ITU)은 2002년 6월까지 4세대 이동통신의 목적과 서비스 수준 등 기본 개념을 확정하고 기술 표준을 본격 논의할 예정이다.

　국내의 경우 SK텔레콤, KTF 등 이동통신 사업자는 2001년 들어 4세대 서비스를 준비하는 전담팀을 구성, 지적재산권(IPR) 확보경쟁을 벌이고 있다. 국내외 특허 등록으로 지적재산권을 확보해둔 4세대 이동통신 기술이 국제표준으로 정착되면 전세계 사업자로부터 기술료를 받을 수 있기 때문이다.

　SK텔레콤(http://www.sktelecom.com)은 2001년 초 설립한 4세대 개발팀에서 13명의 직원을 배치했다. 게다가 인터넷 프로토콜(IP) 네트워크 품질관리와 고속 무선전송기술 등 4세대 관련 기술에 대해 다수의 특허 출원을 마친 상태라고 전해진다.

　KTF(http://www.ktf.co.kr)는 표준화 연구팀에서 5명의 연구인력이 4세대 서비스 개발업무를 맡고 있다. 현재 3세대 이동통신서비스를 4세대로 확장할 수 있는 기술을 6건 개발해 국내 특허출원을 마쳤고, 2건은 국외 특허출원까지 했다.

　국외의 경우 미국 모토로라(Motorola), 일본 NTT DoCoMo, 스웨덴 에릭슨(Ericsson), 핀란드 노키아(Nokia), 프랑스 부이그텔레콤(Bouyges Telecom) 등이 4세대 연구를 활발히 진행중이며, 사업자마다 무선 전송속도 목표는 조금씩 다르다. 이 가운데 NTT DoCoMo는 이미 독자적인 시스템 구축을 위한 멀티미디어 전송과 네트워크 전송 응용기술 개발을 진행하고 있으며, 2005년부터 상용화하겠다고 발표한 상태다.

　이와 같은 전세계 통신서비스 사업자들의 4세대 기술 개발 경쟁에 따라 당초 2010년쯤으로 예상되었던 상용화 시기가 많이 앞당겨지리란 관측도 나오고 있다. 오는 2004～2007년쯤 4세대용 주파수 배정이 이루어지고, 2005～2008년 사이 서비스가 시작될 것으로 예측된다.

　여기서 주목해야 할 것은 몇 년쯤에 4세대 서비스가 이루어질 것이라는 현재의 예상은 별 의미가 없다. 왜냐 하면, IT 분야에서는 킬러 애플리케이션(Killer Application)의 등장으로 그 예상을 항상 무색하게 만들고 있기 때문이다. 이러한 이유 때문에 오히려 4세대 나아가 5세대에 대한 지속적인 관심이 필요한 지도 모른다.

◇ 모바일 IP 전화 ◇

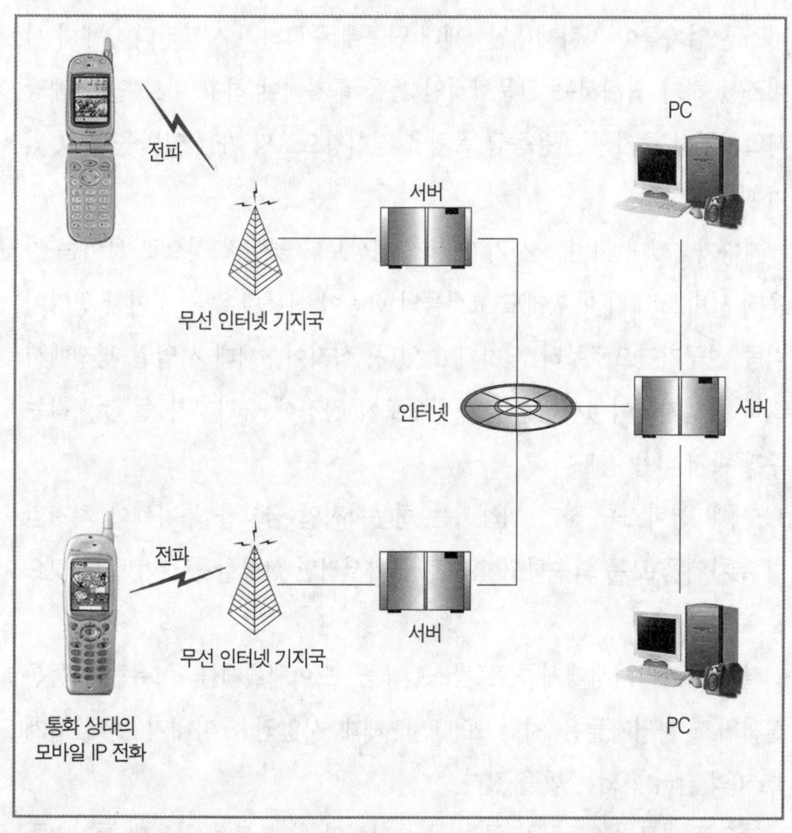

출전) 日本經濟新聞〔2001.6.3〕.

3세대 생략?

최근 3세대 이동통신에 대한 회의론이 확산되면서 전세계 이동통신서비스 사업자들이 차차세대인 4세대 연구에 주력하기 시작했다. 3세대 서비스를 하기 위해서는 천문학적인 돈을 투자해야 하고 이로 인해 해당 사업자들의 주가와 신용등급 폭락을 경험함으로써 자금 압박을 받고 있기 때문이다.

게다가 3세대 서비스 시기가 당초 예상보다 늦어질 것으로 보이는 가운데 서비스 개시 이후에도 고객들의 반응이 신통치 않을 것이란 전망이 각종 연구기관으로부터 제기되고 있다. 심지어 3세대 사업권 경쟁에서 밀린 사업자들이 4세대로 직행함으로써 진정한 승리자가 될 것이라는 주장 마저 나올 정도다.

3세대 서비스를 하기 위해서는 천문학적인 금액을 투자해야 하지만 이 투자액을 모두 회수하고 흑자로 돌아서려면 상당한 시간이 걸릴 것으로 보인다.

실제로 브리티시텔레콤, 프랑스텔레콤, 도이체텔레콤 등 유럽 이동통신서비스 사업자들은 지난 2000년 3세대 사업권을 따내기 위해 합계 1,250억 달러나 되는 빚을 졌다.

앞으로 인프라스트럭처 구축 등 투자해야 할 부분은 많은데 투자자들이 추가적으로 투자하기를 꺼리면서 3세대 사업자들의 자금 사정이 악화되고 있다.

이러한 이유 때문에 3세대 서비스의 출범은 예상보다 2〜3년 정도 늦어지거나 심지어는 3세대를 건너뛰고 곧바로 4세대를 준비하는 것이 낫다고 보는 사업자들마저 등장하게 된 것이다.

실제로 모토로라, 노키아, 에릭슨 등은 이미 4세대 연구부서를 별도로 설치해 무선 데이터 전송속도를 높이는 연구에 들어갔다. 프랑스 부이그 텔레콤은 최근 3세대 입찰을 포기하고 4세대 서비스에 곧바로 진입하겠다고 선언하는 등 발빠르게 움직이고 있다.

4세대란 IMT-2000 등 3세대 이후에 등장하는 이동통신서비스를 지칭하는 말이다. 그러나 어렴풋한 개념만 제시되었을 뿐, 4세대의 정확한 정의, 기술 표준, 서비스 형태 등은 아직 미정상태다. 국제전기통신연합(ITU)에서도 4세대에 대해 별다른 용어를 정하지 않은 채「Future Systems beyond IMT-2000」(IMT 이후의 미래 시스템)으로 규정하고 있다. 이는 국제전기통신연합이 세계 통신서비스, 장비 사업자들의 이해를 대변하는 기구이기 때문에, IMT-2000에 천문학적인 금액을 투자하고 있는 사업자들의 이익을 보호하기 위해서이다.

# 일본 4세대 선행?

일본 총무성과 NTT DoCoMo 등 주요 이동통신서비스 사업자들이 공동으로 발표한 「Beyond IMT-2000」인 4세대 기본 사양에 따르면, 현재의 2세대 무선 인터넷 i-mode보다 약 1만 배나 빠른 100Mbps로, 재생시간 2시간 정도의 음악CD 다운로드에 1분 미만으로 제공된다. 총무성은 2010년도에는 2단계인 100Mbps 실현을 목표로 하고 있으며, 2005년에 상용화하는 것을 목표로 2002년부터 본격 개발에 나설 계획이다.

이와 같이 4세대 이동전화서비스는 음성통화보다 인터넷 등 데이터통신 서비스가 중심이 된다. 또한 이용자는 PC나 정보가전 등과 연계하여 다운로드한 소프트웨어를 실행하거나 고품질의 영상과 음악을 즐길 수 있게 되며, 보다 정밀하고 선명한 동영상을 단시간에 송수신할 수 있게 된다.

4세대 서비스 개발작업에는 NTT DoCoMo, KDDI, 일본텔레콤 등 3대 이동통신 업체를 비롯해 마쯔시타통신, NEC, 후지쯔 등 통신장비 기업들도 참가한다.

총무성은 호환성을 위해 이동전화 단말기의 사양을 통일하여 통신 사업자를 변경하더라도 단말기를 교체할 필요가 없도록 할 방침이다. 이로 인해 유저는 단말기 교체 비용을 절약할 수 있게 되며, 각 사가 제공하는 서비스의 품질과 만족도에 따라 계약해지 및 사업자 변경도 가능하게 된다.

2010년쯤에나 실용화할 것으로 예상되어 온 4세대 서비스를 이처럼 앞당겨 추진하는 것은 다름 아닌 사실상의 표준(Defacto Standard)을 장악하기 위한 일본 정부와 기업들의 야심 때문이라 하겠다.

DoCoMNo가 지난 2001년 5월 수도권 일부 지역에서 개시한 IMT-2000 시험서비스(Foma)는 동영상을 수신할 수는 있지만, 화질이 떨어지는 것으로 전해지고 있다. 이에 대해 4세대 서비스는 영화, TV 프로그램 등을 선명한 화질로 받아볼 수 있기 때문에 방송과 통신을 통합하는 인프라스트럭처가 될 것으로 유력시되고 있다.

그리고 4세대의 도입으로 새로운 고속 대역을 개척할 필요가 있다. 즉, 주파수 부족이 큰 문제로 4세대 다음에는 5세대 서비스를 고려하지 않을 수 없다. 3세대 서비스에서는 2GHz 대역을 쓰게 되고, 4세대는 아직 확정되지 않았지만 주파수 대역은 2.2GHz, 5GHz, 7GHz 등을 새롭게 할당하는 방안이 검토되고 있다.

주파수는 한정된 자원인 만큼, 고도 네트워크 사회의 실현을 위해서는 효율적인 주파수 배분문제가 중요한 과제로 부상하고 있는 것이다.

지난 2001년 7월 도쿄에서 열린 「Wireless Conference 2001」에서 일본 총무성의 한 관계자가 밝힌 4세대 휴대전화의 특징은 다음과 같다.

◆ 전송 속도 50~100Mbps 정도.
◆ 주파수와 통신방식을 소프트웨어에 따라 변경할 수 있는 소프트웨어 무선 기술을 도입.
◆ HotSpot(Java언어로 개발된 애플리케이션 소프트웨어를 고속으로 동작시키는 기술)에서도 이용 가능한 100Mbps 이상의 무선 접속 시스템.
◆ 고정도(高精度)의 동화상 전송을 포함한 모바일 멀티미디어.

◆ IPv6에 대응.

◆ 차세대 블루투스, 무선 홈 링크 등과 디지털 방송과의 Seamless성.

◇ 휴대전화의 세대별 차이 ◇

	통신속도(초)	주요 서비스	특 징
현 행	9,600bps	• 음성통화 • 문자를 중심으로 한 인터넷	• 단말기 간의 호환성 없음 • 국외에서 단말기 이용 불가
차세대	2Mbps	• 동화상의 발신 • 음성 통화	• 단말기 간에 호환성 없음 • 해외에서도 단말기 이용이 가능
차차세대	100Mbps	• 고화질 동화상 발신 • 저렴한 인터넷 전화	• 단말기 간에 호환성 있음 • 단말기에 탑재하는 조작 소프트 　웨어도 갱신 가능

Coffee Break

휴대전화로 버스 도착시간을 체크

　도쿄 교통국은 2002년에 도영(都營)버스의 운행정보를 인터넷 접속이 가능한 휴대전화에 제공하는 새로운 서비스를 시작한다. 현재 버스의 위치와 정류소 도착예정시각 등을 발신하게 된다.

　이 서비스에서는 무선 시스템으로 얻을 수 있는 주행 중인 버스의 위치 정보와 정류소까지의 평균 소요시간 등의 데이터를 기준으로 정류소 도착 예정시각과 목적지까지의 소요시간을 산출한다. 버스 이용자는 휴대단말기를 활용, 도영버스 홈페이지에 접속하여 정류소 이름과 노선 이름, 버스 행선지 등을 입력함으로써 정보를 취하게 된다.

　지금까지 버스는 교통 정체 등으로 인해 도착이 늦어지는 경우가 많아 전차와 같은 다른 교통기관을 이용하는 이용자가 많았다. 그러나 이처럼 새로운 서비스 도입으로 고객을 다시 원상 회복시킴과 더불어 버스사업의 규제완화로 예상되는 택시회사와 운송회사 등의 신규 진입을 저지하기 위한 방편으로도 활용하게 될 것이다.

◇ 운행정보 제공 이미지 ◇

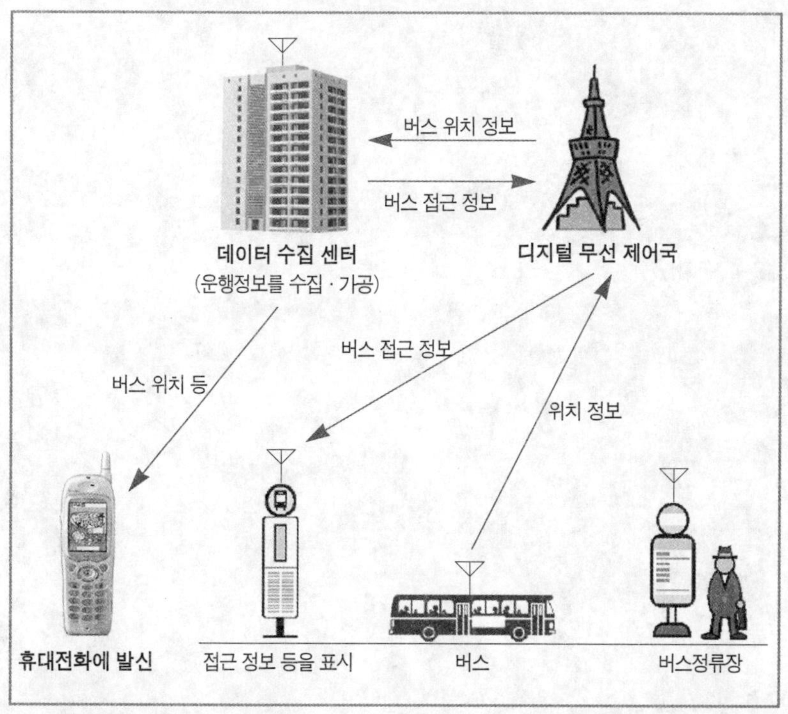

출전) 日本經濟新聞〔2001. 5. 29〕.

자바

Java는 컴퓨터에 탑재하고 있는 MPU(Micro Processor Unit, 초소형 연산처리장치)와 OS(Operating System, 기본운영체제)의 차이를 넘어 작동하는 구조로 인터넷에 적합한 언어여서, 근래 많은 주목을 받고 있다.

 자바(Java)란?

Java는 1995년 미국의 선 마이크로 시스템즈(Sun Micro Systems, http://www.sun.com/)가 발표한 프로그래밍 언어이다. 컴퓨터에 탑재하고 있는 MPU(Micro Processor Unit, 초소형 연산처리장치)와 OS(Operating System, 기본운영체제)의 차이를 넘어 작동하는 구조로 인터넷에 적합한 언어라고 할 수 있다.

한마디로 표현하면,

Write Once, Run Anywhere.

원래 Java는 냉장고나 전자레인지와 같은 가전에도 사용할 수 있도록 개발된 프로그램 언어이다. 다시 말해, Java는 가전제품에 들어가는 소프트웨어를 개발하기 위한 프로그래밍 언어로 출발하였다.

가전제품의 프로세서와 주변 기기는 성능 향상과 코스트 다운을 위해 항상 변화하게 될 숙명에 있다. 이러한 이유로 종전부터 존재하였던 프로그래밍 언어에서는 고유의 프로세서에 대응된 프로그램이 일반적이어서 변화가 급속한 가전제품에는 어울리지 않았다.

그 때문에 특정 기기에 의존하지 않는 중립적인 언어 개발이 요구되기에 이르렀다. 동시에 언어 그 자체의 신뢰성을 높이기 위해 심플한 언어

체계, 객체지향, 분산처리, 안전성, 휴대성 등에 대한 조건 역시 필수적이었다. 이와 같은 환경을 극복하기 위해 탄생한 프로그래밍 언어가 바로 Java이다.

그리고 Java 대응 컴퓨터와 휴대전화, 정보가전(Information Appliance) 사이에는 단말기나 메이커, MPU, OS가 달라도 인터넷 경유로 영상과 프로그램을 송신할 수 있어 인터넷에 접속한 휴대전화로부터 자택의 가전제품을 원격 조정하거나 개인정보단말(PDA)로 전자상거래를 하거나 할 시에 그 위력을 발휘하게 된다.

일반적으로 사용자는 자신이 원하는 소프트웨어를 작동시키면서 자신과 상대방 단말의 MPU나 OS의 차이까지 생각해야 한다면 여간 성가신 작업이 아닐 수 없다. Java는 사용자의 소프트웨어 프로그램과 각 머신의 MPU, OS의 사이에 「VM」(Virtual Machine)이라고 불리는 자동번역기와 같은 소프트웨어를 개재시키고 있다. 물론 단말기와 기기에 탑재하는 소프트웨어는 Java에 대응할 수 있어야 한다.

PC에 사용하는 MPU와 OS는 세계 일류 메이커(Intel, Microsoft)가 실질적인 세계표준을 쥐고 있지만, 정보가전 등은 그렇지 않다. 따라서 PC와 휴대전화, 정보가전을 인터넷에 접속하여 연동시키기 위해서는 OS의 차이를 극복하지 않으면 안 된다. 그러한 이유 때문에 시장에서 Java가 다시 각광을 받고 있는 것이다.

휴대전화에도 이미 Java 대응 단말기가 국내외에서 등장, 인기를 모으고 있으며, Java 자체도 진화하고 있다. 지금까지 VM을 개재하기 때문에 처리가 늦어지는 문제점을 안고 있었으나, 선 마이크로시스템즈는 1998년 말 2세대의 「Java2(J2)」를 공개하였다. J2는 PC와 텔레비전 등의 정보가전을 위한 「J2SE」(Standard Edition) 등을 용도별로 나누어 사용하기 편리하게 되었다.

Java는 처음부터 동영상의 송수신에 강하다는 평가를 받아 왔으며, 향후 영화와 게임 등의 실시간 송수신 등에 많이 사용되게 될 것이다.

또 J2EE의 중핵기술인「EJB(Enterprise Java Beans)」에서는 웹 서버상에서 작동하는 프로그램을 필요한 기능마다 블록화가 가능하다. 때문에 소프트웨어 개발 부담이 경감되고 OS가 다른 하드웨어 사이의 전자상거래 시 주문과 결제, 보안 등을 뒷받침할 수 있는 기술로 기대를 모으고 있다.

◇ Java의 기본적인 이미지 ◇

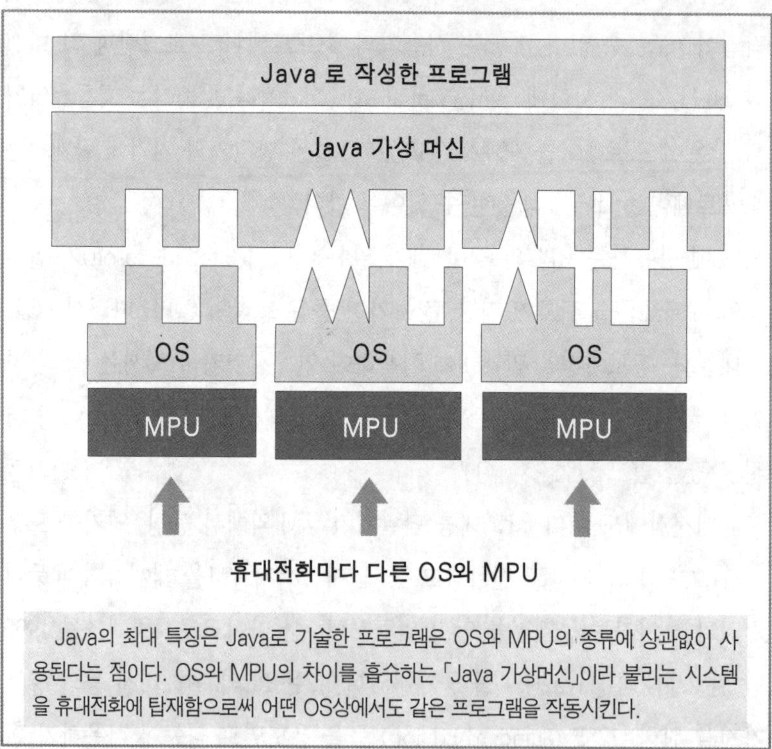

Java의 최대 특징은 Java로 기술한 프로그램은 OS와 MPU의 종류에 상관없이 사용된다는 점이다. OS와 MPU의 차이를 흡수하는「Java 가상머신」이라 불리는 시스템을 휴대전화에 탑재함으로써 어떤 OS상에서도 같은 프로그램을 작동시킨다.

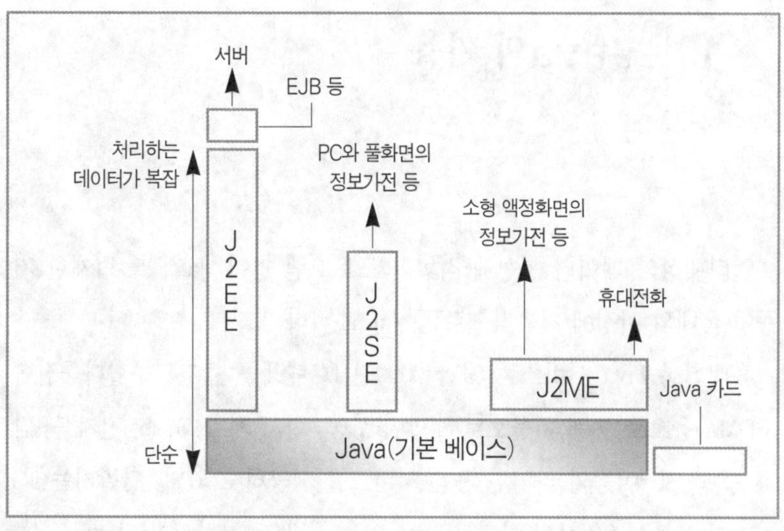

출전) 日經産業新聞〔2001.1.9〕.

출전) http://java.nikkeibp.co.jp/Java

2 Java의 기능

인터넷상의 데이터 통신에 적합한 프로그램 언어 「Java」를 탑재한 기종이 국내외 시장에 지속적으로 등장하고 있다.

휴대전화 Java 서비스는 지난 2000년 LG텔레콤이 코드분할다중접속(CDMA)용으로 세계 처음으로 개발에 성공, 현재 게임, 뉴스, 전자북, 만화 등 약 300여종의 다양한 응용 서비스를 제공하고 있다. 단말기는 LG전자가 2000년 9월부터 아이북(i-book)을 개발, 공급하고 있다.

국외에서는 세계 최대의 모바일 유저 그룹을 구축한 NTT DoCoMo의 i-mode 서비스가 2001년 1월부터 Java 기능이 탑재된 i-mode 단말이 판매되고 있는데 이로 인해 컨텐츠의 표현력과 시큐리티가 비약적으로 높아졌다는 평가를 받고 있다.

이제 휴대전화가 웹 사이트에 접속하기 위한 도구에서 직접 프로그램을 작동시키는 「소형 PC」로 진화를 거듭하고 있다. 인터넷을 개재한 네트워크 게임과 자동정보검색 등이 가능하게 되었다. Java 대응 휴대전화의 등장으로 포스트 PC의 주역으로 휴대전화 시대가 본격적인 막을 올린 것이다.

Java 탑재로 휴대전화의 어떤 점이 구체적으로 바뀌는 것일까? 개략적으로 나누면 다음의 2가지라 하겠다. 먼저, 웹 사이트상에서 동영상을 볼 수 있게 되었다. 지금까지는 기본적으로 문장과 정지 화면을 조합시킨 컨텐츠밖엔 볼 수가 없었다. 또 게임 등의 Java 프로그램을 모두 인터넷으로부터 받아 단말기의 메모리에 보존하고 이용하고 싶을 때 인터넷에 접속하지 않고서도 단말기만으로 프로그램을 작동시킬 수 있다.

◇ 휴대전화가 휴대 PC로 ◇

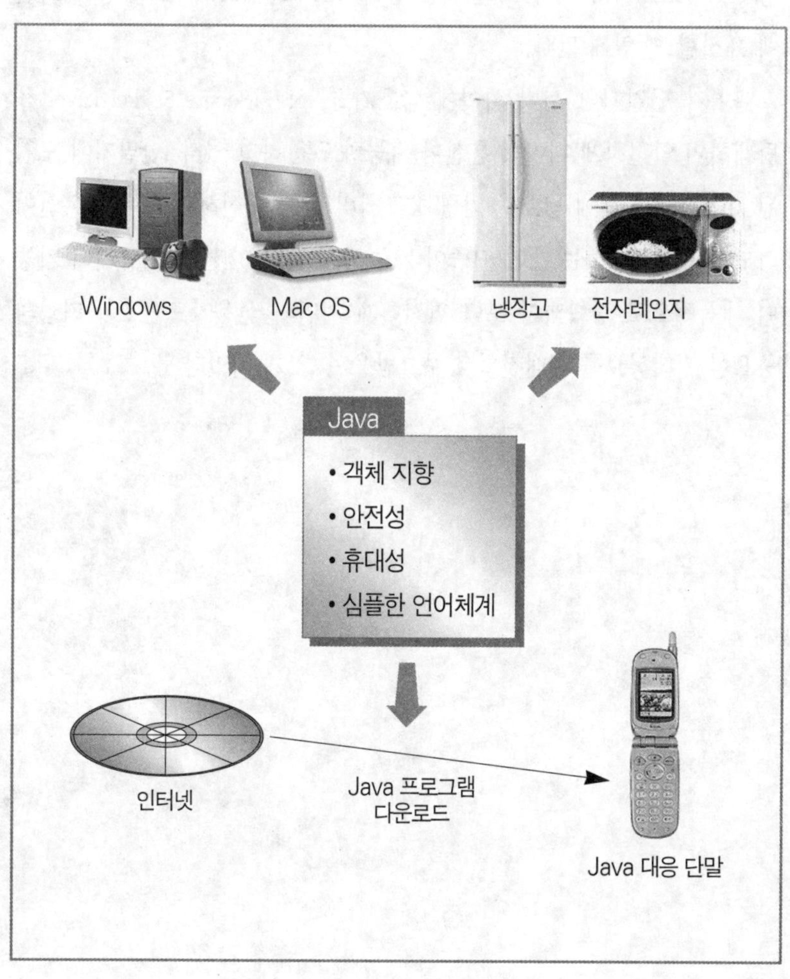

나아가 Java는 실용적인 분야에서도 위력을 발휘한다. 그 대표적인 사례가 「에이전트」(Agent)라고 불리는 기능이다. 에이전트라는 것은 이용자의 의도를 판단하고 인터넷상에서 자율적으로 움직여 일정 시간마다 정보를 수집하거나 하는 프로그램 기능을 말한다.

예를 들면, 사용자 자신이 보유하고 있는 특정 주식의 가격변동이나 경부고속도로의 정체 정보를 일정 간격으로 그래프나 지도를 통해 화면에 표시할 수 있게 된다.

나아가 단말기와 서버 사이에 암호기술 「SSL」(Secure Socket Layer)을 탑재하여 안전하게 데이터 통신이 가능하도록 하고 있다. 단말기에 도입된 Java 프로그램에 암호를 입력하고 서버 측에 송신하면 소유자 본인이라고 판단할 수 있는 개인 인증이 가능하게 된다. 이처럼 시큐리티 기능이 대폭적으로 강화되어 보다 안전하게 개인의 신용카드번호와 기업의 중요한 거래정보를 휴대전화로 주고받을 수 있게 되었다.

3   Java VM

m-커머스의 최대 견인차는 인터넷 접속 기능을 갖춘 휴대전화라 하겠다. 그러나 제품화된 최신 기술로는 모바일 단말을 위한 Java 가상머신인 「VM」(Virtual Machine) 탑재를 들 수 있겠다. 지금까지 휴대전화는 내장된 애플리케이션밖에 활용할 수 없었으나, VM을 탑재함으로써 인터넷으로부터 다운로드 받은 임의의 Java 애플리케이션(Java 애플릿)을 실행 가능하게 되었다.

Java 애플릿의 이용법으로서는 리얼타임 정보의 수신, 데이터베이스 검색, 엔터테인먼트 등 다양한 종류가 공개되고 있으며 새로이 개발이 진행되고 있다. 주가와 환율 등 시시각각으로 변화하는 실시간 정보의 경우 종전에는 필요할 때 사용자가 웹 사이트에 접속하여 체크해야만 하였다.

그러나 VM 탑재의 전화기라면 Java 애플릿을 가져와 구동시킴으로써 자동적으로 최신 정보를 다운로드 받아 표시하게 된다. 또 앞으로는 로케이션(Location) 서비스를 통해 취득한 현재 위치를 Java 애플릿으로 정보제공 사이트에 전송함으로써 부근의 도로 정보와 가장 가까운 역 안내, 목적지에의 최단 경로를 표시하는 서비스 등의 개발도 예상된다.

또 Java 애플릿은 메모리에 기억된 정보와 서버 측의 정보를 비교하여 변경된 정보만을 다운로드 받는 기능도 갖추고 있다. 예를 들면, 우리나라 지도와 조합시켜 제공되는 일기예보 등의 경우 최신 정보만을 다운로 드하여 메모리상에 지도와 함께 표시하는 것 등이 가능하게 된다. 종래의 기종에서 접속할 때마다 지도를 포함한 모든 정보를 다운로드 받는 것과 비교하면 대폭적인 시간 절약을 가능하게 하였다.

종래 기종은 통신서비스 사업자에 따라 웹 브라우저 사양에 다른 부분이 있었기 때문에 매번 서버 측의 대응이 필요하였다. 그러나 Java 애플 릿에 이러한 차이를 흡수하는 기능을 도입함으로써 통신 서비스 사업자가 다른 휴대전화로부터의 접속의 경우에도 서버를 단일화할 수 있게 된 것이다.

다만, VM은 아직까지 표시 계통에 제약이 많고, 또 프로세서의 처리 능력(일반적인 소프트웨어는 곧바로 실행할 수 있는 형태로 제공되고 있으나, Java 애플릿의 경우는 Java VM에 의해 실행할 때마다 해당 형식으로 변환하면서 구동한다)도 떨어지기 때문에 본격적인 웹 애플리케이션의 이용에는 조금 더 시간이 필요하다.

4 플랫폼 표준화

■ Java Vs. C

VM(Virtual Machine) 표준화 문제는 국내의 관련 기업들을 둘러싸고 꾸준히 제기되고 있는 문제 가운데 하나이다. VM은 Java를 기반으로 한 KVM과 C언어를 기반으로 하는 GVM(BREW) 방식 등이 있다.

즉, "Java냐, C냐"와 같이 현재 국내에서 벌어지고 있는 VM 표준화 논쟁의 중심에는 VM 플랫폼의 핵심인 사용언어 문제가 개입되어 있다.

다양한 VM 플랫폼이 존재하는 현 상황에서 무선 인터넷 컨텐츠 및 솔루션 업체가 공급을 확대하려면 개발을 위한 경제 및 시간적 부담이 결코 적지 않다. 하지만 컨소시엄 형태로 특정 이동통신서비스 사업자와 연결된 상황에서 만약 해당 플랫폼이 표준화 경쟁에서 밀려난다면 해당 기업의 사활문제로 직결된다. 이 때문에 VM 표준화 문제가 쉽사리 결론 내려지기 어려운 민감한 사안인 것이다.

■ BREW 등장

모바일 Java가 주도권을 지켜온 무선 인터넷 플랫폼 시장에 퀄컴 (Qualcomm)이 「BREW」(Binary Runtime Environment for Wireless)로 도전장을 내 치열한 격전을 예고하고 있다. BREW는 휴대전화로 실행하는 프로그램 개발환경으로 Java가 아닌 C와 C++언어로 기술할 수 있는 것이 특징이다.

지금까지는 모바일 Java를 기반으로 개발된 VM(Virtual Machine)이 휴대전화에 탑재되어 무선 인터넷을 위한 플랫폼으로서의 기능을 충실히 수행하여 왔다. 이러한 VM은 이미 언급한 것과 같이 1회 접속으로 관련 프로그램을 다운로드 받아 실행할 수 있다는 점에서 접속 요금의 절감 등 많은 장점이 있었다. 하지만 PC 기반의 다양한 운영체제에서 호환성을 확보하기 위해 개발되었다는 태생적 한계를 가지고 있다.

이에 비해 퀄컴이 선보인 BREW는 휴대전화에 최적화 된 플랫폼이다. Java를 응용하여 휴대전화에 맞게 해당 사업자가 독자적으로 개발해 온 VM과 달리, 무선 인터넷 플랫폼 용도로 개발되어 CDMA 칩이 내장된 휴대전화라면 같은 플랫폼으로 작동된다.

그에 따라 BREW에 적합하게 개발된 컨텐츠라면 이동통신 사업자에 따라 컨텐츠의 변경 없이 제공할 수 있는 장점이 있다. 만약 BREW가 CDMA 분야에서 퀄컴의 우월적 지위와 접목될 경우 적지 않은 폭발력을 발휘할 것으로 예상된다.

현재로서는 선 마이크로시스템즈가 기존 Java 언어를 모바일 기기에 맞게 다시 개발한 "J2ME(Java 2 Micro Edition)" 기반의 Java VM은 시장 점유율에서 C계열에 앞서고 있는 상황이다.

VM 전문 기업들과 주요 컨텐츠 프로바이더(Contents Provider)들은 Java 진영이 세계적으로 양적인 면에선 앞서 있지만, 앞으로 상황은 많이 달라질 것으로 보인다. 객체지향 기술기반의 Java가 나름대로 장점이 있지만, 구조가 복잡하고 무엇보다 속도가 느려 "Speed = Money"인 무선 인터넷 개발 플랫폼으론 적합하지 않다는 것이다. 게다가 개방 언어인 C와 달리 Java는 저작권자인 선 마이크로시스템즈에 적지 않은 로열티를 지급해야 하는 부담도 따른다.

■ 기술 종속

한편으로 무선 인터넷 플랫폼인 BREW 도입을 놓고 기술 종속의 우려도 제기되고 있다. 플랫폼(Platform)을 PC로 표현하자면, 운영체제(OS)인 Windows와 같은 존재다. 모든 프로그램이 이를 통해 구동되며 여기에 맞게 제작된 소프트웨어만이 작동을 한다. 따라서 소프트웨어 개발기업이나 컨텐츠 프로바이더는 플랫폼 소유자에게 종속될 가능성이 있다. BREW가 도입되면 당장 컨텐츠 프로바이더는 퀄컴의 검증을 받고 퀄컴 측에 등록해야 된다. 이렇게 되면 세계를 상대로 비즈니스를 하는 퀄컴의 전략이 반영되기 때문에 국내에 특화 된 서비스가 어려워진다.

게다가 컨텐츠 프로바이더 입장에서는 수입 감소가 불가피하다. 현재 컨텐츠 프로바이더는 통신서비스 사업자에게 등록하고 사용자가 컨텐츠를 이용한 만큼 통신서비스 사업자를 통해 이용료를 징수대행 받고 있다. 기존에는 통신서비스 사업자와 수입을 분배하여 왔으나, 앞으로는 퀄컴과 함께 3자가 나누어야 하므로 그만큼 수입이 줄어들게 된다.

통신서비스 사업자도 제 몫을 빼앗길 우려가 높다. 그 동안에는 사용자와 컨텐츠 프로바이더를 상대로 서비스의 경쟁력을 높이기 위해 노력해왔다. 하지만 앞으로 컨텐츠 프로바이더가 떨어져나가게 되면 퀄컴을 위해 단순히 사용자를 확보하고 컨텐츠 이용을 많이 하도록 하는 단순 노동만 하게 되는 격이다. 이로 인해 포스트 PC의 주역인 무선 인터넷 시장에서 리더십을 상실하는 결과를 초래하게 된다.

이러한 가운데 C계열인 GVM과 Java계열인 KVM으로 서비스를 이원화하겠다고 전격 발표한 SK텔레콤의 경우처럼 오히려 플랫폼을 이원화,

승패를 시장에 맡기겠다는 전략이 나오고 있는 것도 이 같은 맥락으로
풀이된다.

앞으로 무선 인터넷을 위한 플랫폼으로 휴대전화에 Java VM이나
BREW 등 채택 여부에 관계없이, 휴대전화는 VM과 BREW의 탑재로 한
차원 격상된 무선 인터넷 활용의 유연성을 획득하게 되었다. 즉, 다양한
비즈니스와 생활 환경 속에서 효율적으로 정보를 활용할 수 있게 함으로
써 모든 일을 정확하면서도 스피디하게 처리할 수 있게 된다는 것을 의미
한다.

◇ 국내 주요 VM 현황 ◇

이동통신 사업자	SK텔레콤	KTF	SK텔레콤	LG텔레콤	KTF
VM명칭	GVM (Game Vitual Machine)	MAP (Mobile Application SW Plug-in)	XVM (SK-VM)	KVM (Kilobyte Viture) Machine)	브루 (Brew)
개발업체	신지소프트	모빌탑	XCE	선 마이크로 시스템즈(JG)	퀄컴
사용언어	모바일C	ANSI-C	자바(크린룸)	자바(키티호크)	ANSI- C/C++
적용단말기	SK IM-2000, 삼성 X-100 LG Cyber-1000 등 30여종	삼성 X-1000 (8라인, 4그레이)	삼성 X-130 (8라인, 4그레이)	LG i-Book (8라인, 4그레이)	없음 (LG, 삼성 예정)

출전) http://www.sbmedia.co.kr

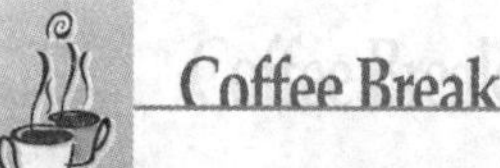

수동형 모바일 정보 단말기

히타치(日立製作所)는 지난 2001년 6월 초, 간단하면서도 직감적인 인터페이스 실현을 목적으로 본체 외부에 모든 버튼을 배제한 정보단말기 「Waterscape」의 시제품을 발표하였다.

본체 내부에는 가속도 센서를 탑재하여 조작 버튼 대신에 본체를 기울이거나 흔들거나 하는 사용 방법이 텍스트, 동영상, 정지화면, 음악과 같은 컨텐츠를 즐기기 위한 조작 명령이다.

Waterscape는 윗면의 둥근 창을 통해 물 속을 들여다보고 있는 것과 같은 감각을 유저에게 준다. 컨텐츠는 물 속 바닥으로부터 떠오르는 거품을 이미지화하고 있으며, 경사 정도에 의해 거품 이동 방법이 바뀐다. 원하는 컨텐츠의 선택은 수평으로 Waterscape를 맞춘 후 시작하게 된다.

조작은 내장된 가속도 센서를 통해 이루어지기 때문에 버튼이나 키보드, 펜이 필요 없다. 가령 크게 흔들거나, 기울이기 등의 움직임을 통해 명령어를 구분함으로써 브라우징하게 된다.

히타치는 20대 전반의 남녀를 대상으로 그룹 인터뷰를 실시한 결과, 이들이 정보를 적극적으로 취득하기보다는 흐르는 정보에 수동적으로 접하고 있다는 것을 파악하고, 「수동형」으로 특화시킨 인터페이스를 개발하게 된 것이다.

히타치에 따르면 Waterscape는, "정보단말기도 아니고 오락을 목적으로 한 게임기도 아니며 천천히 즐기며 최신 정보에 접할 수 있는 인터페이스"라고 한다.

◇ **Waterscape의 외관** ◇

출전) http://www.hitachi.co.jp

m-커머스

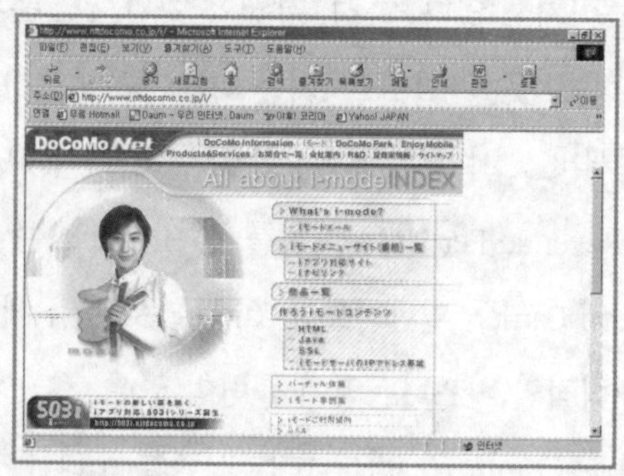

    m-커머스에 관한 BM(Business Model)을 논할 때, NTT DoCoMo의 i-mode 서비스를 많은 사람들이 떠올리게 된다. i-mode 서비스는 C-HTML이라는 웹 페이지 기술언어(記述言語)와 컨텐츠(Contents)의 유료화, 패킷(Packet) 방식의 사용료 징수 시스템, 공식·비공식 사이트의 공존 등을 기반으로 대대적인 성공을 거두었기 때문이다.

m-커머스란?

근래 무선통신과 휴대전화 등 모바일(Mobile) 통신의 급속한 발달은 지금까지 특정 위치에 고정된 네트워크와 단말기의 장소적 제약을 일시에 해소시키는 결정적인 역할을 하고 있다. 그와 함께 세계적으로는 IMT-2000(3G) 서비스 사업자 선정이 마무리됨에 따라 m-커머스에 대한 관심이 날로 높아지고 있다. 특히, 유선을 기반으로 하는 e-비즈니스를 통해 만족스럽지 못한 결실을 거둔 컨텐츠 프로바이더(Contents Provider)와, 통신서비스 시장의 경쟁심화로 인해 가입자당 평균 수익률(ARPU=Average Revenue Per Unit) 저하를 경험하고 있는 많은 통신서비스 사업자(Common Carrier, 일반적으로 Carrier라고 불림)에게 있어 m-커머스는 대단히 매력적인 비즈니스임에 틀림이 없다.

m-커머스(Mobile Commerce)라고 하는 개념을 우리들이 접하게 된 시기는 대략 1999년 하반기부터라 할 수 있다. 그 이전에도 서유럽 이동통신서비스 사업자들은 1998년 초부터 m-커머스를 시작하고 있다. 그러나 m-커머스라는 단어가 국내에 널리 회자되기 시작한 것은 일본 NTT DoCoMo의 i-mode 서비스가 1999년 8월에 100만 가입자, 11월에 200만 가입자를 확보하였다는 뉴스가 각종 매스미디어를 통해 알려지면서부터다.

유럽의 초기 모바일 인터넷 서비스는 주로 SMS(Short Message Service)

에 근거한 단순한 정보이용 수준에 지나지 않았으나, NTT DoCoMo의 i-mode 서비스는 C-HTML이라는 웹 페이지 기술언어(記述言語)와 컨텐츠(Contents)의 유료화, 패킷(Packet) 방식의 사용료 징수 시스템, 공식·비공식 사이트의 공존 등을 기반으로 처음부터 철저히 비즈니스를 목적으로 출범하였기 때문이다.

이러한 이유 때문에 m-커머스에 관한 BM(Business Model)을 논할 때, NTT DoCoMo의 i-mode 서비스를 떠올리게 되는 것은 어쩌면 자연스러운 현상이라 해도 과언이 아니다. 실제로 하이테크 컨설팅 회사인 "Eurotechnology"의 조사 결과에 따르면, 전세계 모바일 인터넷 가입자 가운데 75%가 일본에 있다고 한다. DoCoMo는 일본 국내 시장의 60%를 차지하고 있기 때문에 전세계 무선 인터넷 가입자 가운데 50%가 i-mode 서비스를 이용하고 있는 셈이 된다.

m-커머스에 대한 개념 정리를 하면, 기존의 e-비즈니스는 주로 특정한 장소에 고정된 PC(Personal Computer)를 활용하여 인터넷에 접속, 온라인상에서 이루어지는 상거래를 의미하였다. 그러나 m-커머스는 언제(Any time), 어디서나(Any where) 무선(Wireless) 정보 단말기를 활용하여 인터넷에 접속, 전자적(Electronic)으로 거래하는 것을 가리킨다.

보다 구체적으로 표현하면, 모바일이란 Move(움직이는 것)와 Able(할 수 있는 것)의 의미가 합쳐진 말이며 노트북, PDA, 휴대전화 등 휴대 가능한 정보 단말기를 가지고 장소적 제약 없이 1일 24시간, 1년 365일 인터넷 접속을 통해 이루어지는 상행위(商行爲)를 m-커머스라고 한다.

이러한 m-커머스는 시장에서 여전히 현재 진행형이며 그 전개 시점 또한 발전도상에 있어 비즈니스 기회 역시 날로 확장을 거듭하고 있는 상황이다.

2 i-mode 부상

미국의 유력 시사잡지 『Fortune』(2000. 9. 18)은 "DoCoMo CRAZY"라는 특집 기사를 통해 NTT DoCoMo의 i-mode 서비스를 「1980년대 초반 소니(Sony)의 워커맨(Walkman) 이래 일본으로부터 탄생한 가장 큰 소비현상으로 엄청난 잠재성을 가지고 있다」고까지 격찬하고 있다.

또 플레이스테이션 2를 개발한 소니 컴퓨터 엔터테인먼트의 CEO도 「우리들이 두려워하는 것은 마이크로소프트(MS)도 인텔(Intel)도 아니다. i-mode를 비롯한 인터넷 접속대응의 휴대전화다」라고 단언하고 있다.

그 외에도 유명 경제전문지 등에서 i-mode의 성공을 대대적으로 보도하고 있다. 예를 들면, 「휴대전화의 선진지역인 유럽에서조차 인터넷 접속서비스는 일본에 18개월은 뒤지고 있다. 게다가 미국은 유럽에 18개월 뒤지고 있다」 「일본에서 붐을 일으키고 있는 휴대전화를 통한 인터넷 접속 서비스는 세계를 석권할 가능성이 있다」와 같은 논조가 눈에 띄고 있다.

실제로 i-mode 서비스는 2001년 9월 초 기준으로 가입자 수 2,700만명을 넘고 있다. i-mode는 1999년 2월 말 서비스를 개시한 이래 6개월째 되는 8월 초 100만명을 돌파, 그로부터 7개월이 지난 2000년 3월 중순에는 500만명, 그리고 그해 8월 초에는 마침내 1,000만명, 2001년 3월에는 2,000만명의 계약자를 확보하는 등 기록갱신을 거듭하고 있다. 현재도 매일 4～5만명이 i-mode 서비스에 가입하고 있어, 2001년 말에는 가입자 수가 3,000만명을 가뿐히 넘어설 것으로 추산되고 있다.

그리고 지난 2000년 7월 말 기준으로 가입대수가 6,023만대(PHS 585만대 포함)에 달한 일본의 휴대전화 시장에서 NTT DoCoMo는 3,157만대로 절반 이상의 시장 점유율을 차지하고 있다. 나아가 점유율만이 아니라 시장을 확대해 가는 속도에서도 「EZweb(KDDI)」(http://www.kddi.com)이나 「J-sky(J-phone)」(http://www.j-phone.com)와 같은 경쟁기업의 추종을 불허하고 있다. 2000년 7월 한달 동안 일본 전역에서 새로 가입된 76만 7,000대의 휴대전화 가운데 83.6%인 64만 3,000대를 DoCoMo가 차지하여 경쟁기업과의 격차를 더욱 벌여놓고 있다.

영업조직과 인력 그리고 지명도에서 많은 장점을 가지고 있는 NTT DoCoMo는 이를 발판으로 신규 가입자를 늘리고 i-mode는 자연스럽게 계약건수가 늘어가고 있다. 이러한 인기 덕분에 i-mode는 Nikkei

NTT DoCoMo의 i-mode 공식 사이트(http://www.nttdocomo.co.jp/i)

Business가 실시한 2000년 일본 국내 최대의 히트상품으로 선정되기도 하였다.

　실제로 i-mode 서비스는 모바일 인터넷 시장에 가장 큰 충격을 가져다주었다는 평가를 받고 있기도 하다. 나아가 세계에서 처음으로 휴대전화를 이용한 인터넷 접속 서비스를 개척함으로써 음성(Voice) 통화가 주류를 이루고 있었던 휴대전화에 데이터(Data) 통신이라고 하는 새로운 경지를 여는 장본인이 되었다.

　이와 같은 위상 때문에 지난 1년 동안 세계통신업계 화제의 중심에는 늘상 NTT DoCoMo의 i-mode 서비스가 위치해 있었다. 2001년에 들어서도 가입자가 2,700만명(9월 초 현재)을 넘어서는 등 여전히 주목 대상이 되고 있다.

3　DoCoMo와 m-커머스

　앞으로 m-커머스는 지금까지 무관하였던 업종과 기업, 인재들을 둘러싸고 다양하면서도 거대한 시장을 형성하게 될 것이다. 인간과 인간 사이에 이루어지는 음성을 통한 커뮤니케이션에 인터넷 기능이 부가됨으로써 휴대전화는 인터넷 단말, 나아가 언제, 어디서나 활용 가능한 종합정보 단말기로서 진화를 거듭하고 있다.

여전히 발전도상에 있는 m-커머스의 가능성 진단 첫 단계로써 NTT DoCoMo의 i-mode 서비스에 초점을 맞추어 그 성공전략의 이면에 감추어진 각종 요인들을 구체적으로 다루어 본다.

i-mode 서비스가 현재와 같이 대대적인 성공을 거두게 된 배경에는 일반적으로 다음과 같은 요소들이 많은 역할을 했다는 평가를 받고 있다.

- ◆ C-HTML 채용
- ◆ 패킷 통신요금과 컨텐츠 유료화
- ◆ 경쟁구도 확립(공식 · 비공식 사이트)
- ◆ Common Carrier 주도
- ◆ 사용료 징수 시스템 확립
- ◆ 쉬운 인터넷 접속
- ◆ 완벽한 시큐리티
- ◆ 풍부한 비즈니스 도구 지원
- ◆ 사외 인재의 활용

이와 같은 각 요소들로부터 판단하는 한 DoCoMo의 성공은 결코 우연이 아니라 끊임없는 노력과 치밀한 전략의 산물임을 알 수 있다.

논의의 중심은 위에서 제기된 주요 성공 요인들 가운데 다음의 3가지 요소에 초점을 맞추어 각각의 요소들이 세부적으로 i-mode 서비스의 성공에 어떤 형태로 결부, 공헌을 하게 되었는지 검증해 보기로 한다.

특히, 위의 3가지 요소는 i-mode 서비스의 성공에 지대한 역할을 하였다는 평가를 전문가들 사이에서 받고 있기도 하다.

현재 제공되고 있는 전세계의 수많은 m-커머스 가운데 가장 대표적인 BM으로 인정받고 있는 i-mode 서비스의 성공요인에 관한 연구는, 앞으로 m-커머스를 준비하는 모든 모바일 사업자나 그 관련자들에게 많은 논점을 시사하게 될 것이다.

그와 함께 현재 i-mode 서비스가 새로이 당면하고 있는 문제점에 대해서도 거론해봄으로써 국내 통신서비스 사업자 및 컨텐츠 프로바이더의 대응 전략수립에 유용한 데이터로 활용되기를 기대한다.

Coffee Break

M-커머스는 아직은 시기상조?

차세대 무선 네트워크 사업으로 모바일 전자상거래(m-commerce)가 가장 각광받는 새로운 수익 창출원이 될 것이라고 IT 전문 시장 조사 업체인 "Cahners In-Stat Group〔2001.04.18〕"이 밝혔다. 그러나 m-커머스 시장은 그 동안 알려져 온 것보다 성장 속도가 늦을 것이라고 언급했다. 성장 둔화의 요인으로는 무선 데이터 서비스에 대한 사용자의 무관심, 차세대 무선 네트워크 증강의 지연, 개발 속도의 둔화, 일본, 유럽, 미국 외 지역에서의 m-커머스 부진 등을 지적했다.

Cahners In-Stat Group의 무선 전자상거래 서비스 부문의 한 애널리스트는 "수익 잠재력에서부터 사용자 수에 이르기까지 m-커머스에 대한 광고의 상당 부분은 과장된 것"이라고 지적하고 있다.

다시 말해, m-커머스는 무선업계에서 두각을 나타낼 것이며 앞으로 5년 내에 수십억 달러에 이르는 매출을 기록하게 될 것이지만, 수천억 달러의 매출이 이루어 질 것이라는 주장은 대단히 과장된 것이라는 것이 Cahners In-Stat Group의 입장이다. "사용자들은 유선 인터넷만큼의 즐거움을 무선인터넷에서 경험하고 있지 못하다"며, "더 중요한 것은 무선인터넷 사용자 중에 전자상거래(e-commerce)의 인기 품목인 서적, CD 혹은 컴퓨터를 m-커머스를 통해 구입하는 사람은 거의 없다"고 이 애널리스트는 덧붙였다.

그는 또한 "대개, 무선 데이터 사용자들은 무선 전화를 통해 문자 메시지를 보내거나, 운동 경기의 점수 확인 또는 주가를 확인하고 있다"고 말했다.

또한 Cahners In-Stat Group에 의하면, 무선인터넷 사용자 실태 조사에서 응답자 중 45%가 무선인터넷 서비스를 이용한 구매를 한 경험이 있는 것으로 나타났다.

m-커머스 구매 경험이 있는 사용자 중 60%가 개인 혹은 사업적인 이유로 구매를 한 반면, 단지 9%만 비즈니스만을 위한 목적으로 m-커머스 구매를 한 것으로 나타났다.

m-커머스 베스트 셀러 중 한가지는 항공권과 같은 비즈니스용 티켓이다. 예약 서비스와 같은 모바일 프로페셔널(Mobile Professional)들을 위한 서비스가 기업고객을 대상으로 한 m-커머스 초기 시장에서 승자로 부상할 전망이다.

4 초스피드 성장

일반적으로 IT(Information Technology) 관련 비즈니스는 전문가의 예상을 훨씬 뛰어넘는 성장을 하든가, 또는 전혀 성장을 하지 않든가 하는 양극화 특징을 가지고 있다. 실제로 우리들은 지난 1, 2년 사이 천당과 지옥을 오가는 수많은 IT 기업들의 성장과 몰락 과정을 지켜보았다. 이러한 시대적 흐름에 비추어 본다면, i-mode 서비스는 분명 전자(前者)의 「예상을 훨씬 뛰어 넘는…」 대표적인 사례로 기록될 것이다.

i-mode 서비스는 1999년 2월 22일 시작되었는데, 당시 획득 가입자 수의 목표는 서비스 개시 후 1년 동안 200～300만 가입자를, 3년 후에는 가입자 1,000만을 획득한다는 것이었다.

결과는 이미 언급한 바와 같이 출범 당시의 예상을 훨씬 뛰어넘는 대대적인 성공을 거두었으며, 현재도 그 성장세가 멈추지 않고 있다. DoCoMo가 당면 목표로써 내건 100만 가입자를 달성한 것은 서비스 개시로부터 약 6개월 시점인 1999년 8월 8일이었다. 이러한 수치는, DoCoMo의 휴대전화 가입자가 100만을 넘어서기까지 13년의 시간을 필요로 한 것과 비교한다면 기적에 가까운 것이기도 하였다.

DoCoMo가 100만 계약을 하나의 중요한 목표로 설정한 데에는 그에 합당하는 이유가 있었다. 100만 가입자는 향후 성장을 위한 "임계점 (Critical Point)"이기 때문이다. 100만이라고 하는 임계점을 넘어서게 되면 주변에서 i-mode 서비스 가입자를 자연스럽게 접하게 되고, 자신도 이용해보고자 하는 소비자가 늘어나는 이른바 "호순환(Positive Feedback)" 사이클로 접어들기 때문이다.

예상대로 가입자가 100만을 넘어서면서부터 계약 증가 속도는 급속히 빨라져 그 이후의 100만 가입자 확보에는 불과 2개월밖에 걸리지 않았으며, 2000년에 들어와서는 가입자 증가 추세가 더욱 빨라져 또 다른 100만 가입자 확보에 걸리는 시간은 1개월 반이면 충분하였다. 나아가 2001년도에는 불과 20일 정도로 100만 가입자를 확보하는 대단한 성장세를 보이고 있다.

그 결과 NTT DoCoMo의 i-mode는 서비스 개시로부터 불과 2년여만에 2,000만 가입자 확보라는 초유의 성과를 달성하면서 전세계 통신업계를 리드하고 있다.

그러나 여기서 주목해야 할 것은 이러한 i-mode 서비스의 효용과 잠재성은 아직 발전도상에 있다는 점이다. 2001년 1월부터는 Java 기능이 탑재된 i-mode 단말이 판매되고 있는데 이로 인해 컨텐츠의 표현력과 시큐리티가 비약적으로 높아졌다.

개별 가입자에게 있어 i-mode 서비스를 통해 비즈니스 기회를 개척할 수 있을지의 여부는 별개로 가까운 장래 i-mode 대응 휴대전화가 전화와 e-메일 등의 커뮤니케이션 도구로서는 물론이고 일, 게임, 지갑, 그리고 자택에 있는 각 가전제품(Information Appliance)의 리모컨 역할을 하게 될 것은 분명한 사실이다.

경쟁기업에 앞서 다양한 서비스를 제공함으로써 절대다수의 가입자와 확고한 브랜드를 구축한 i-mode 서비스는 일본 국내에서 이미 필요 불가결한 도구로서 그 효용성을 인정받아 무시할 수 없는 존재로 부각되고 있다. 나아가 전세계에 가장 앞서 2001년 5월 말에 시작된 3세대 서비스 (IMT-2000)는 NTT DoCoMo의 입지를 더욱 확고히 하게 될 것이다.

◇ 모바일 인터넷 유저 수의 추이 ◇

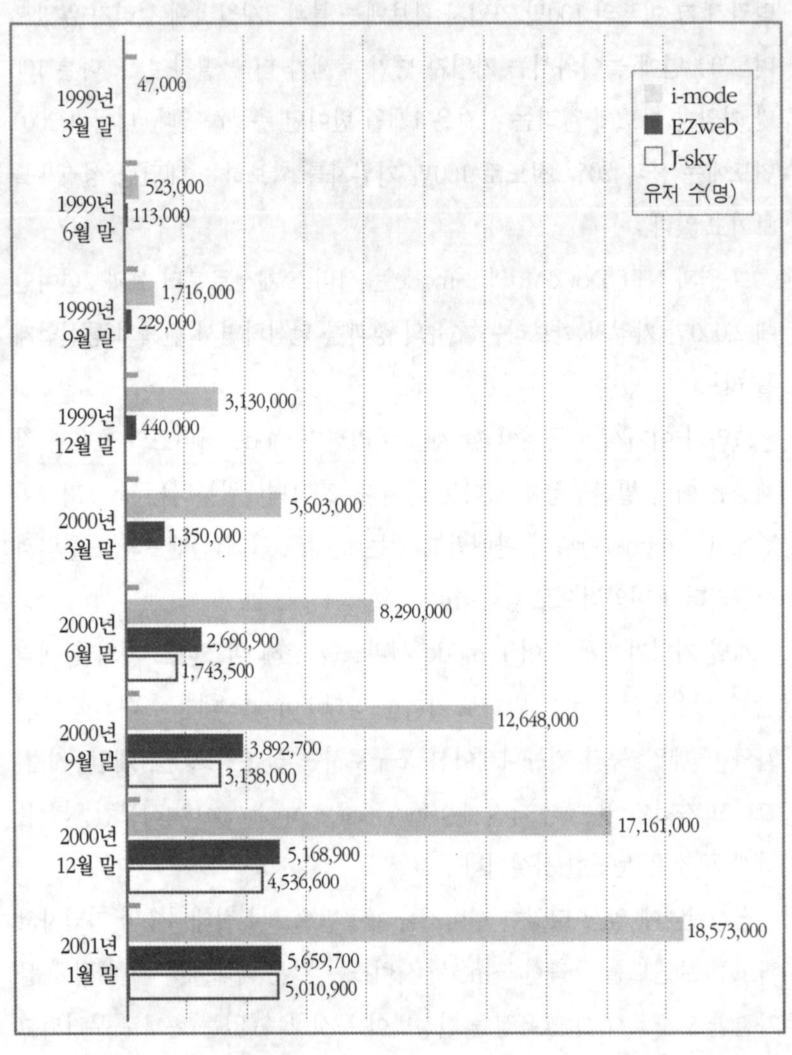

차세대 휴대전화 서비스라 할 수 있는 「FOMA」의 본격개시 시기는 2001년 10월부터 실시되고 있다. 그 이전인 5월 말부터 9월 말까지는 개인 가입자와 법인을 포함하여 4,500명 정도로 한정하여 시험 서비스를 실시, 시스템 안정성 확인과 조작성에 관한 평가를 거쳤다. 이러한 FOMA는 2004년 3월까지 600만 계약을 목표로 하고 있으며 시험서비스는 도쿄 23구, 요코하마, 카와사키의 일부를 서비스 지역으로 하여 음성, TV 전화, 64Kbps · 디지털통신, 패킷통신, 영상발신 등의 서비스를 제공하게 된다.

5 i-mode 서비스 출발

i-mode 프로젝트 개시 전후, NTT DoCoMo의 현 회장인 오오보시(大星公二)는 「제2의 S커브」라고 하는 성장곡선을 제시하고 있다. 이에 대해 『i-mode strategy』〔2000〕의 저자이자 DoCoMo의 컨텐츠 담당부장인 "나쯔노(夏野剛)"는, 통신서비스 사업자에게 있어 통화료 수입이 크게 성장하는 시기가 바로 「제1의 S커브」라고 한다. 바꾸어 말하면, 「Volume(量)」의 성장커브라는 것이다. 그러나 가입자가 한정되어 있는

시장에서 계약 수의 급성장이 장기간 계속되지 않으리라는 것은 명약관화하다. 휴대전화를 사용하고자 하는 가입자 모두가 1대씩 소유하게 되면 성장은 그 시점에서부터 정체되는 것이다.

성장이 둔화되면 통신서비스 사업자의 수익은 자연히 떨어지게 된다. 가입자가 늘어나지 않는 이른바 「제로섬(Zero Sum)」게임에서는 통신서비스 사업자 사이의 경쟁은 요금인하 경쟁이라고 하는 방향으로 자연히 흐르기 때문이다.

◇ 제2의 S커브 ◇

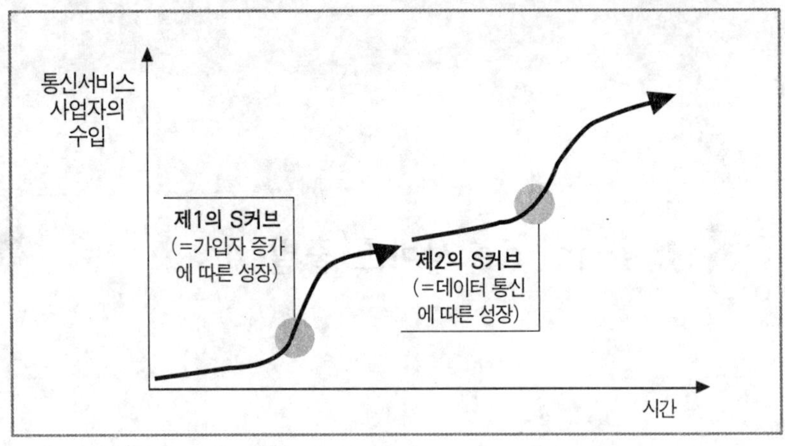

출전) 夏野〔2000〕.

경쟁이 치열한 미국의 고정전화 서비스의 경우, 사용자가 계약 통신서비스 사업자를 바꾸면 처음 1개월 통신료를 무료로 해주거나 통신료 일부를 돌려주는 등 다양한 할인 경쟁이 벌어지고 있다. 이렇게 되면 사업자 사이의 재정 낭비를 부추겨 결국 소모전 성격을 띠게 된다. 이러한 소모전으로 인해 통신서비스 사업자의 새로운 서비스 개발 능력을 저하시키고, 나아가 업계의 서비스 수준을 떨어뜨릴 리스크마저 내포하게 된다.

위와 같은 상황을 방지하기 위해 DoCoMo가 제시한 것이 바로 제2의 S커브 창출이었다. 즉, 종래의 음성 통화에다가 데이터 통신이라고 하는 새로운 시장을 개척함으로써 또 한번의 도약 계기로 삼겠다는 것이었다.

가령 가입자 수가 현재의 상태를 유지하더라도 기존 가입자가 음성 통화 이외의 용도로 활용된다면 통신서비스 사업자의 새로운 수익으로 직결되기 때문이다. 이것이 제2의 S커브, 다시 말해 「Value(價値)」의 성장 커브라는 것이다.

이것을 실현하기 위해서는 가입자가 휴대전화를 더욱 활용하고자 하

◇ DoCoMo의 ARPU 추이 ◇

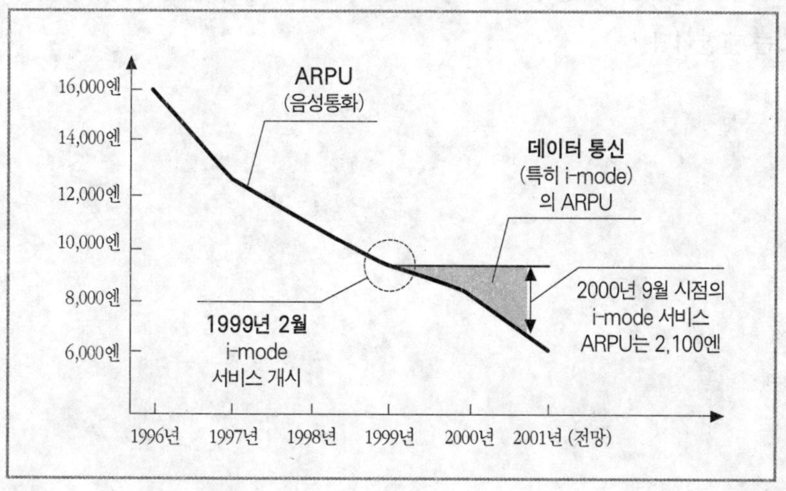

출전) 週刊ダイヤモンド〔2001. 4. 21〕.

는 욕망을 이끌어낼 수 있는 서비스를, 사업자에게 있어서는 데이터 트래픽(Data Traffic)을 유도할 수 있는 새로운 서비스를 개척하지 않으면 안 된다. i-mode 서비스는 이러한 배경 아래에 그 개발이 시작된 것이다.

실제로 누가 보아도 음성 통화에 의한 수요·수입 증가에는 한계가 있다. i-mode 서비스 출범 이전부터 이미 가입자 1인당 음성 통화 수입은 날로 감소하고 있었다. 그러나 i-mode 서비스의 개시로 인해 데이터 통신에서의 ARPU는 DoCoMo의 음성 통화 수입의 하락을 보충하기에 충분하였다.

i-mode 서비시 개시 당초 1인당 데이터 통신료는 3,000Packet 정도였으나, 칼라 단말기의 도입과 캐릭터 발신, 착신 멜로디와 같은 컨텐츠의 영향으로 2000년도 말에는 약 5,000Packet, 2001년도에 들어서는 약 6,000Packet에 이르고 있다. 1Packet당 수입은 0.3엔, 월간 사용료가 300엔이므로 사용자 1인당 매월 2,000엔 이상의 수입을 올릴 수 있게 된다는 계산이다.

i-mode 서비스 사례

i-mode를 통해 성공을 거두고 있는 기존의 서비스 사례를 2가지 정도 거론해 보자.

그 하나는 인터라넷(Interanet)을 구축함으로써 또 하나의 캠퍼스를 만든 대학의 사례, 다른 하나는 i-mode 서비스를 최대한 활용함으로써 고객 서비스 향상을 이룩한 보험회사의 사례를 살펴보기로 한다.

■ i-mode에 의한 인트라넷 구축 사례 — 릿쿄대학

① 도입(Introduction)

「좀더 직접적으로 학생과 의견교환이 가능하다면…」 등과 같은 교수진의 제안에 따라 릿쿄대학에서는 1999년부터 출발한 인터넷과 인트라넷을 조합시킨 새로운 연구교육용 정보환경 「릿쿄V(버추얼) 캠퍼스」를 더욱 진화시켜, 학생이 어디에서나 「i-mode」로 세미너와 강의에 대한 질문과 의견교환 등이 가능한 「모바일V 캠퍼스」를 출범시켰다.

② 시스템(System)

「모바일V 캠퍼스」에서는 세미너와 강의별 게시판은 물론이고 수업의 스케줄과 휴강정보도 확인할 수 있다. e-메일도 충실하게 갖추어져 있으며 재해시에 대학의 대응방향을 알리는 「긴급 뉴스」도 표시하여 학교 생활을 다양하게 지원하고 있다.

③ 발전(Growth)

「학생의 생각을 직접적으로 파악할 수 있어 강의도 조금씩 변화되기 시작했다. 활발한 학구의 장(場)이라고 하는 이상적인 캠퍼스에 접근해 가는 느낌이다」라고 교수진의 반응도 좋다. 이처럼 대학과 학생의 관계도 다음 세대를 향해 더욱 새롭게 발전해 가고 있다.

◇ i-mode에 의한 인트라넷 구축 사례 : 立敎大學 ◇

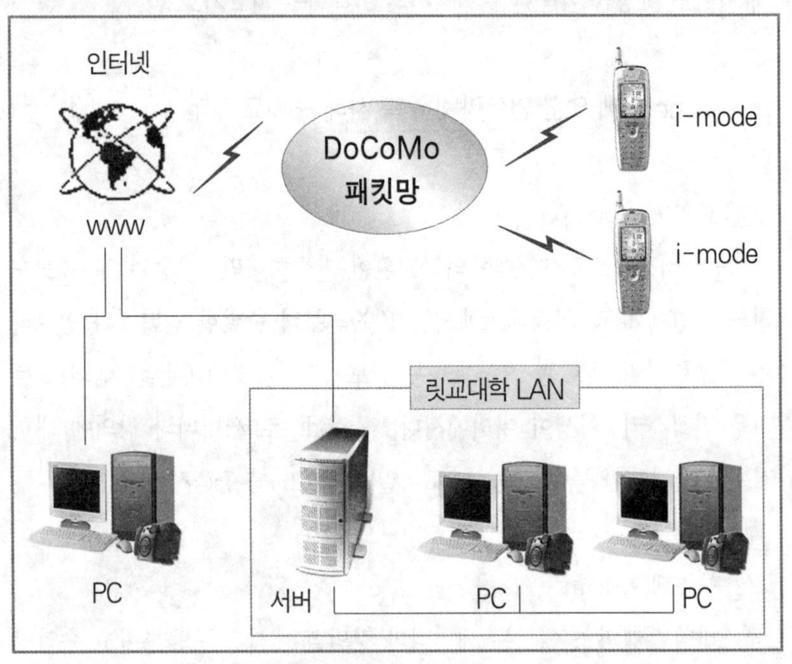

출전) http://www.nttdocomo.co.jp/i/jirei.html

■ i-mode를 이용한 고객 서비스 향상 사례 : 스미토모생명보험상
호회사

① 도입(Introduction)

「요즈음에는 정보 보안에 관한 문제로 인해 고객 사무실을 직접 방문
하기도 어려워지고 있다」. 이러한 영업사원들의 의견에 부응하기 위해
스미토모생명에서는 일본 전국에 있는 약 6,000명의 영업직원을 대상으
로 하여 「i-mode」 도입을 결정하였다.

② 시스템(System)

곧바로 자회사의 스미토모생명 컴퓨터서비스주식회사가 시스템을 구
축, 출장지에서도 「i-mode」를 사용하여 사내 데이터 베이스에 접속, 계
절인사의 표준문형 등을 활용하여 e-메일을 고객에게 송신할 수 있게
되었다. 고객의 사무실을 일일이 찾아가지 않고서도 직접적인 접촉을 실
현한 것이다.

③ 성과(Result)

e-메일만으로 면담 약속이 가능하게 됨으로써 커뮤니케이션은 훨씬
부드러워졌다. 보험에 가입할 때의 건강진단 촉탁의(囑託醫)의 검색도
「i-mode」로 가능하게 되었으며, 고객에 대한 접객서비스도 보다 스피디
하게 이루어지고 있다.

④ 만족(Satisfaction)

i-mode의 도입으로 인해 서비스는 한층 더 치밀해졌으며 풋워크

(Footwork)도 향상, 영업 스타일은 점점 바뀌고 있다. 언제, 어디서나 고객과 연결되어 있다는 것은 한편으로 영업사원들에게 영업에 대한 자신감을 갖도록 하였다.

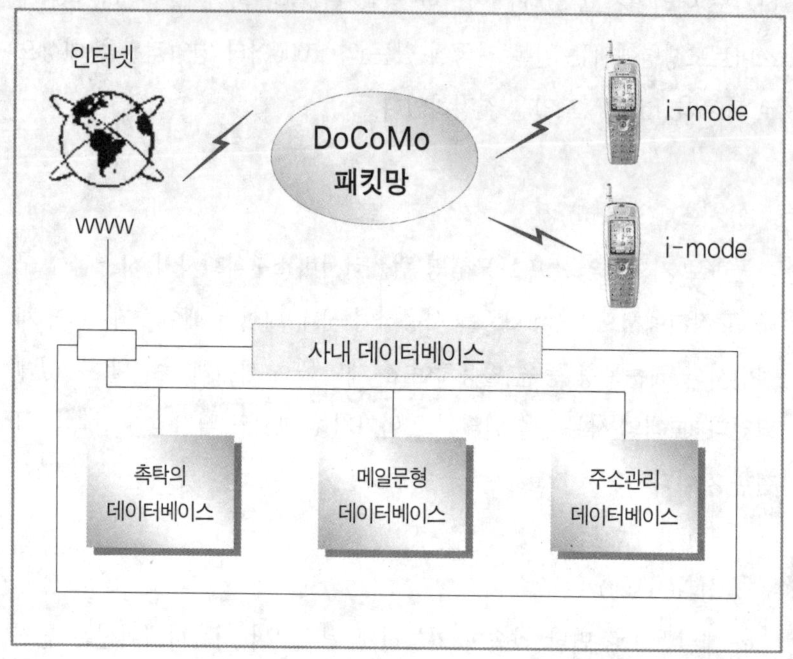

출전) http://www.nttdocomo.co.jp/i/jirei.html

각 이동통신 사업자별로 인기를 끌고 있는 게임을 살펴보면, SK텔레콤 n.TOP에서는 WAP 방식인 컴투스의 춘추열국지, 거원의 카지노랜드, 프리넷 코리아의 슬롯머신 등이고, VM방식에서는 컴투스의 폰고도리, 엣데이터의 꽝박 대 피박, 웹이엔지코리아의 손가락 DDR 등이 높은 히트 수를 보이고 있다.

한국통신프리텔과 엠닷컴 무선포털이 통합된 magicⓝ에서는 피엔아이테크의 꽁돈퀴즈와 마나스톤의 모바일 삼국지가 단연 눈길을 끈다. 특히, 꽁돈퀴즈의 경우는 광고 업체와 관련된 퀴즈를 맞춘 사용자에게 마일리지를 주고 성적에 따른 순위를 매겨 상금도 환원해 주는 방식의 광고와 게임을 접목한 컨텐츠로 상당한 반향을 일으키면서 서비스를 시작한 지 2달도 안돼 1,300만 페이지 뷰를 기록하고 있다.

SK신세기통신 아이터치에서는 이매그넷의 엔츠와 컴투스의 세인트페노아가 선두를 달리고 있다. 앤츠와 세인트페노아는 서비스 1달만에 각각 400만, 500만 히트 수를 돌파함으로써 안정적인 수익 기반을 닦았다는 평을 받는다.

가장 많은 게임 컨텐츠가 경쟁을 벌이고 있는 LG텔레콤 ez-i에서는 세인트페노아, 모바일 삼국지 이외에 오락스의 알라뷰 모티즌들로부터 좋은 반응을 얻고 있다.

국내 모바일 컨텐츠 프로바이드 가운데 탑클래스에 올라 있는 업체가 거둬들이는 수익은 1달에 고작 4,000~6,000만원 수준인 것으로 알려졌다(Mobile Business〔2001. 5〕).

◇ 인터넷 컨텐츠 시장 전망 ◇

(단위 : 억원)

연 도	시장 규모
2000년	12,691
2001년	13,927
2002년	16,689
2003년	21,678
2004년	30,341
2005년	45,519

출전) 한국소프트웨어진흥원.

◇ 이동통신사별 인기 모바일 게임 ◇

이동통신사	메뉴	게임명	업체명
011 n.TOP	WAP	춘추열국지	컴투스
		카지노랜드	거원
		슬롯머신	프리넷 코리아
	VM	폰고도리	컴투스
		광박 대 피박	엣데이터
		손가락DDR	웹이엔지 코리아
016-018 매직ⓝ	WAP	꽁뜬퀴즈	피엔아이테크
		모바일 삼국지	마나스톤
		아라뷰	오락스
	VM	화재구조원	모빌탑
		삽질코만도	모빌탑
017 i-touch	WAP	ANTs	이매그넷

		뿌리왕 다덤비	소프트엔터
019 ez-i		모바일 삼국지	마나스톤
		M-Fishing	언와이어드 코리아
	WAP	세인트페노아	컴투스
		모바일 삼국지	마나스톤
		버츄얼 야구	버츄얼웨어
	VM	테트리스	자바게임주식회사
		고스톱	컴투스
		팽귄크레프트	가바플러스

참조) 2001년 4월 13일 현재.
출전) Mobile Business〔2001. 5〕.

7 성공 요인 분석(1)
— C-HTML 채용 —

■ 호순환

i-mode 서비스에는 컨텐츠 프로바이더(CP)와 DoCoMo가 공동으로 서비스 내용을 검토한 「공식 사이트」가 있으며, 그 외에도 인터넷상에서는 i-mode에 대해 막대한 수의 사이트가 정보를 발신하고 있다. 이른바 「일반 사이트」 또는 「비공식 사이트」로 불리는 사이트로 2001년 5월 현

재 44,000여 사이트가 존재하고 있다.

이와 같은 일반 사이트는 휴대전화 화면 위에 일반 인터넷과 같이 「http://www.」로 시작되는 URL을 입력하면 해당 사이트로 접속할 수가 있다.

4만여 공식 사이트와 비공식 사이트가 발신하는 정보와 서비스 메뉴의 다양성이야말로 사용자로 하여금 i-mode 서비스를 이용토록 하는 원동력이 되고 있다. 이와 같이 다양한 정보와 서비스로 인해 사용자가 증가하게 되면, 점점 서비스 메뉴도 증가하게 된다. 서비스 메뉴가 늘어나면 그것을 활용하고자 하는 사용자가 더욱 증가하게 된다. 이러한 「Positive Feedback(호순환)」이 계속됨으로써 i-mode는 현재와 같은 세계 최대의 모바일 인터넷 사용자 그룹으로 탄생한 것이다. 결국 i-mode의 성장 사이클은 다름아닌 풍부하고 충실한 컨텐츠가 그 핵심 포인트였던 것이다.

여기서 중요한 포인트는 이러한 호순환의 발생계기를 어떻게 이끌어 냈을까 하는 점이다. i-mode 서비스 출범 초기의 100만 사용자가 없었다면, 그 이후의 1,000만명 나아가 2,000만명의 사용자는 존재할 수 없다. m-커머스뿐만이 아니라 모든 비즈니스에 있어 해당 사업자는 누구나 이 프로세스의 계기를 이끌어내기 위해 많은 노력과 에너지를 소비한다.

가령 i-mode상에서 제공되는 풍부한 정보나 다양한 서비스가 없었다면 사용자가 모여들리 만무하고, 그렇게 되면 i-mode를 통해 정보(서비스) 제공을 원하는 컨텐츠 프로바이더의 참여도 기대할 수 없게 된다. 다시 말해, 닭이 먼저냐, 계란이 먼저냐하는 태초 이래의 논쟁으로 빠져들게 되는 것이다. 또한 호순환 발생의 계기를 이끌어내지 못한다면 악순환으로 이어져 아무리 시간이 경과해도 시장은 형성되지 않게 된다.

　결국, i-mode가 단기간에 100만명의 사용자를 획득할 수 있었던 최대 포인트는 i-mode 서비스의 출범단계에서부터 매력적인 정보와 컨텐츠를 풍부하게 갖추고 있었기 때문에 가능하였다. 즉, 사용자가 거의 전무한 단계에서부터 충실한 정보와 서비스를 제공할 수 있는 컨텐츠 프로바이더를 확보하는 것이었는데, 당시 일본을 대표하는 유력기업 67개 사가

◇ i-mode 서비스의 호순환과 그 계기 ◇

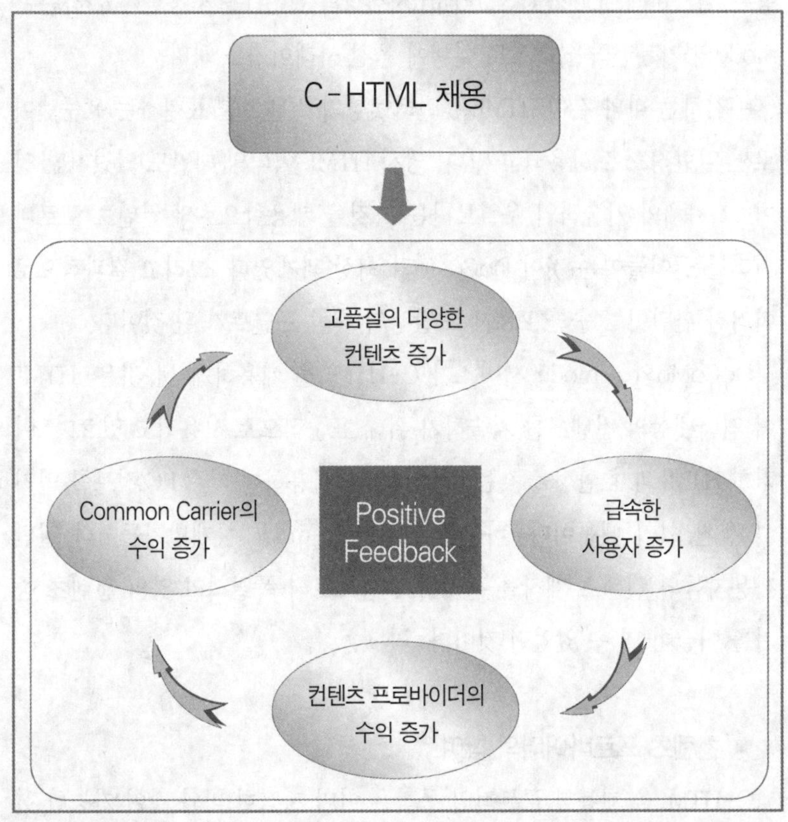

출전) 김광희〔2001〕.

서비스 개시 시점에 컨텐츠 프로바이더로 참가함으로써 가능하게 되었다.

그리고 이러한 유력기업들이 출범초기부터 컨텐츠 프로바이더로 참가하게 된 결정적인 계기는 C-HTML(Compact-Hyper Text Markup Language) 기술언어의 채용이었다(C-HTML은 HTML 3.0에 일부기능을 추가하고 단순화시킨 버전이다. 따라서 기존의 HTML로 작성된 웹 컨텐츠는 손쉽게 i-mode 대응 C-HTML로 변환시켜 전송할 수 있다). HTML 언어의 채용은 철저하게 「Defacto Standard(사실상의 표준)」를 사용한다고 하는 i-mode의 기본전략을 최초로 실행에 옮긴 사례이기도 하다.

주지하는 바와 같이 HTML은 인터넷상의 컨텐츠를 표현하는 표준언어로써 일반적으로 사용되고 있다. 당시 HTML 이외의 대안도 있었지만 언어 그 자체의 기술적인 우열보다는 그것을 채용함으로써 컨텐츠 프로바이더를 끌어들이는 것이 DoCoMo의 최상 과제였다. 그리고 결과적으로 이러한 판단이 호순환 프로세스 발생의 핵심 포인트가 된 것이다.

DoCoMo의 i-mode 서비스가 C-HTML을 채용하게 된 것은, HTML이 인터넷상의 컨텐츠를 기술하기 위해 표준적으로 사용되고 있으며, 이러한 HTML과 호환성을 갖는 C-HTML을 사용하여 기존 PC 정보를 얻기가 훨씬 쉽기 때문이다. 바꾸어 말하면, i-mode는 개발자들이나 일반 사용자들의 컨텐츠 제작을 편리하게 함으로써 폭발적인 양의 컨텐츠 증가를 이끌어 낼 수 있었던 것이다.

■ 컨텐츠 프로바이더의 참여

C-HTML을 채용한 근본적인 목적은 이미 지적한 바와 같이 가능한 한 많은 컨텐츠 프로바이더로부터 다양한 컨텐츠를 제공받기 위해서였다.

i-mode가 C-HTML을 채용함으로써 기존 인터넷상에 정보(서비스)를 제공하고 있는 컨텐츠 프로바이더는 그 컨텐츠를 조금만 다듬어 곧바로 i-mode 사용자에게 정보를 발신할 수 있게 되었던 것이다.

나아가 시장에는 이미 HTML 언어를 사용하여 웹 페이지 대응 컨텐츠를 제작하고 있는 사람이 무수히 많다는 점이다. 따라서 HTML을 채용하게 되면 i-mode 컨텐츠에 대한 장벽은 압도적으로 낮아지게 된다는 것을 i-mode 개발 담당자들은 잘 알고 있었던 것이다.

물론 C-HTML의 채용에 있어 반대 의견이 전혀 없었던 것은 아니다. 무선 통신상에서는 효율이 좋지 않다고 하는 의견, 기술적으로 더욱 우수한 언어가 있다는 의견들이 그것이다.

실제로 당시는 모토로라, 노키아, 에릭슨과 같은 미국과 유럽의 휴대전화기메이커 Top 3개 사가 중심이 되어 「WAP(Wireless Application Protocol)」이라고 불리는 프로토콜(Protocol)을 제안하고 있었다. 무선통신용으로 최적화한 데이터 통신용 프로토콜로써 전세계 통신사업자 등이 채용할 움직임을 보이고 있었다. DoCoMo로서도 WAP 기술의 동향에는 주목을 하고 있었으며, WAP 기술의 추진단체인 「WAP 포럼」의 멤버이기도 하였다. 이러한 이유로 i-mode가 처음 등장하였을 때 일본 국내에서만 통용되는 서비스라는 낮은 평가를 받았다. 이미 세계표준은 WAP이라고 하는 분위기가 모바일 인터넷 시장을 지배하고 있었으나, i-mode 서비스가 급속한 속도로 시장에서 지지를 받음으로써 그러한 평가는 뒤바뀌게 되었다.

모바일 인터넷의 정보망에는 한계가 있어 PC로 구현되는 거대한 컨텐츠 정보를 활용해야 하는데, WAP은 PC 언어를 풀어내는 체계가 약하다. PC는 HTML을, WAP은 WML을 기본 언어로 사용하고 있기 때문이다.

그렇기 때문에 WAP은 WML이라는 언어를 따로 배워야만 웹 페이지를 제작할 수 있다. 비록 WAP 게이트웨이 등 '통역' 장치가 나오고는 있으나, 일부 텍스트 문서 등에만 국한되어 왔다.

예를 들어, i-mode의 기술언어가 WML이라면 컨텐츠 프로바이더는 기존의 인터넷과 새로운 얼굴 i-mode에 대한 중복투자를 필요로 하게 된다. HTML용의 기존 웹 서버와 HTML을 기술하는 프로그래머, 그리고 WML용의 서버와 WML의 프로그래머를 구축·사용하지 않으면 안 된다.

그렇게 되면 컨텐츠 프로바이더의 부담을 증가시켜 제대로 된 컨텐츠 확보에 지장을 초래할 우려가 있었다. 다시 말해 악순환의 연속을 의미

◇ 기술언어와 컨텐츠 변환 ◇

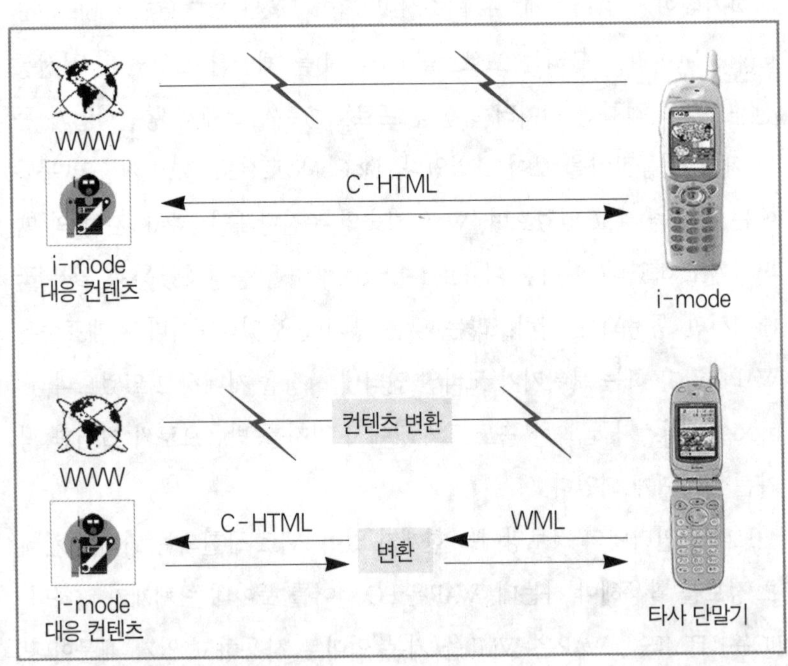

한다.

결국 C-HTML의 채용은 i-mode 서비스의 성공을 결정짓는 중요한 요소가 되는데, 일례로 i-mode가 인정한 공식 사이트와는 달리 비공식 사이트의 경우 'i-menu'로부터 링크(Link) 기능도 없으며, 또 DoCoMo가 서비스 요금을 징수대행하지도 않는다. 그럼에도 불구하고 2001년 5월 말 현재 4만 4,000을 넘는 비공식 사이트가 i-mode에 대해 정보를 발신하고 있다. 이러한 구도가 성립 가능한 것은 다름아닌 PC로 대표되는 유선 인터넷과 같은 기술언어를 채용하였기 때문인 것이다.

DoCoMo의 한 관계자는 WAP 포럼의 WML과 i-mode 기술언어 HTML의 비교를 외국어 취득에 비유해서 다음과 같이 설명하고 있다. 「HTML을 영어라고 한다면 i-mode의 HTML은 유치원 원생이 사용하는 영어 'Kindergarten English'이며, WML은 같은 알파벳이지만 제로(0)에서부터 배우는 프랑스어」라고 표현한다.

기술언어에 관한 동향을 간단히 소개하면, WAP 포럼을 이끌어왔던 에릭슨, 노키아, 모토로라 등 대형 휴대전화기 메이커들이 최근 WAP이 아닌 「XHTML(eXtensible Hypertext Markup Language)」언어를 채용하기로 결정하였다. XHTML(XHTML은 소위 HTML+XML로 표현을 하기도 하지만, 이는 HTML과 XML을 합한 것과 같다는 의미라기보다 HTML과 XML의 중간적인 입장의 태생이라고 보는 것이 옳을 것이다. 웹 표준규격을 담당하는 W3C에서는 "미래의 웹은 XML 웹이다"라고 하며 미래의 웹 표준을 XML에 무게를 두고 있다. 그러나 HTML과 XML은 그 구조부터가 다르기 때문에 모든 웹을 XML로 변환하는 것은 개발자나 운영자의 입장에서 그다지 쉬운 일이 아니다. 그렇기 때문에 그 중간적인 입장의 XHTML을 사용하면 아래로는 HTML을 포용하고 위로는 XML과의 호환성을 확보할 수 있는 것이다) 방식은 WAP 전용 페이지는 물론 기존 웹 페이지의 컨텐츠를 별도작업 없이 이용할 수 있어 유선 인터넷 사이트의 풍부한 컨텐츠를 그대로 사용할 수 있다. 이 때문에 그 동안 무선 인터넷 활성화의 걸림돌로 작용한 컨텐츠 부족문제도 해결할 수 있을 것으로 기대되고 있다.

이러한 WAP 포럼의 움직임은 유선 인터넷과 모바일(무선) 인터넷의 컨텐츠를 동시에 활용할 수 있는 기술언어가 장래에도 해당 서비스 성공의 열쇠를 쥐게 된다는 것을 검증하고 있는 셈이다.

◇ 국내 업체의 기술언어 ◇

업체	SK텔레콤	신세기통신	KTF	LG텔레콤
서비스명	n-Top	i-touch 017	magic-n	ez-i
브라우저	WAP(에릭슨)	UP(폰닷컴)	ME(마이크로 소프트)	UP(폰닷컴)
컨텐츠 언어	WML	HDML	M-HTML(016) S-HTML(018)	HDML

출전) On the NET[2001. 9]

성공 요인 분석(2)
― 컨텐츠 유료화와 과금 시스템 ―

■ 컨텐츠 유료화

「정보의 바다 인터넷에 떠있는 컨텐츠 이용은 당연히 공짜다. 때문에 최종 소비자를 상대로 하는 e-비즈니스는 사업성이 없다」고 하여 지금까지 "인터넷 컨텐츠는 무료"라는 인식이 당연시 되어 왔다.

그리고 현재까지 인터넷 컨텐츠 비즈니스의 주요 수익원천은 사이트 상에 게재된 배너(Banner) 광고에 의한 것이 대부분이었다. 그러나 배너 광고는 근래 그 효과에 대한 의문이 높아지면서 안정적인 수익원천이 되기는 어려워지고 있다. 이러한 수익원천의 불안정이 컨텐츠 비즈니스의 보틀넥(Bottle-neck)이 되고 있기도 하다.

이러한 가운데 i-mode 서비스가 통신업계에 끼친 최대 공적은 지금까지의 통념을 뒤엎었다는데 있다. 다시 말해, i-mode 서비스는 인터넷을 통한 컨텐츠 비즈니스를 구축하면서 최대의 장애가 되고 있었던 「사용료 징수 시스템」과 「컨텐츠 유료화」라고 하는 2가지 난제를 보기 좋게 해결하고 있다.

정보 제공 그 자체를 통해 수입을 취하는 것에는 뉴스나 착신 멜로디 발신, 게임 등이 대표적이며, 켄텐츠의 정보이용료는 월 100~300엔(약 1,000~3,000원)으로 잡지 1권의 비용보다 저렴하게 설정하여 i-mode 서비스 성공의 주춧돌이 되었다. 현재 NTT DoCoMo가 인정하는 공식 사이트 약 1,600개 사이트 가운데 유료사이트는 약 500개 사이트에 달하고 있으며, i-mode 서비스의 컨텐츠 시장규모는 월 40억엔(약 400억원)에 달하고 있다.

수년 전 다마고치로 전세계 어린이들의 뜨거운 시선을 한꺼번에 받은 「반다이」(http://www.bandai-net.com)가 제공하고 있는 인기 서비스 「언제라도 캬랏파!(いつでもキャラつぱ!)」에는 300만명 이상의 사용자가 있다. 「캬랏파!」는 만화의 캐릭터 화상을 휴대전화기에 매일 발신하는 단순한 서비스로, 사용자는 받은 화상을 휴대전화기의 첫 화면(대기화면)으로 등록하여 사용하고 있다.

컨텐츠 이용료가 월 100엔인 「캬랏파!」를 통해 반다이가 벌어들이는 월수입은 3억엔 이상, 나아가 연간 36억엔(약 360억원) 이상을 i-mode에 대한 서비스 제공을 통해 벌어들이고 있는 셈이다.

게다가 정보료 가운데 NTT DoCoMo에 지불하는 수수료는 불과 9%이기 때문에 컨텐츠 제공업자 측이 취하는 비율은 91%로 이 모두가 수익으로 떨어지게 된다. 그 뿐만 아니라 현재 i-mode 붐으로 인해 이용자가 매일 늘고 있어 수익도 그에 따라 동반 상승하고 있다.

한편, 유료 서비스를 행하고 있는 신문사 사이트 역시 「캬랏파!」만큼은 아니지만 막대한 이익을 내고 있다. 일본 경제신문사의 경우, 약 9만명의 사용자와 월 300엔의 유료 계약을 맺고 있다.

그 외에도 월 100엔의 이용요금을 설정, 약 30만명과 계약을 맺고 있는 신문사가 있는 등 i-mode에 대한 정보 제공을 통해 실질적으로 이익을 발생시키고 있다.

오프라인의 종이 신문과 비교한다면 부수와 매출 등의 측면에서 압도적으로 적은 규모지만, 앞으로 정보 제공 계약자 수가 수만에서 수십만

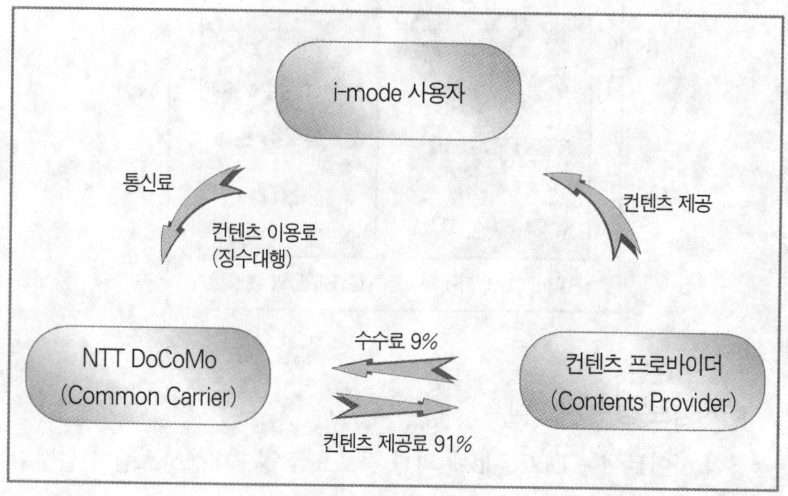

으로까지 확대된다면 비즈니스 잡지나 전문 잡지의 이익규모를 능가하게 될 것이다.

이상과 같이 유료 서비스를 제공하고 있는 것은 기존 컨텐츠를 대량으로 보유하고 있는 기업만이 아니다. 소규모 벤처기업도 적극적으로 참여하고 있다. 이 같은 진입이 가능한 이유는, i-mode상에서의 컨텐츠 제작은 기존 텔레비전이나 신문, 잡지와 같은 미디어에 비해 진입장벽이 대단히 낮기 때문이다.

그로 인해 현재도 i-mode 대응 컨텐츠 제공을 목표로 새로운 서비스 개발에 여념이 없는 벤처기업이 적지 않다. 벤처기업만이 가지는 기동력을 살린다면 대기업의 손이 닿지 않는 틈새시장과 전문성이 강한 시장을 개척하여 컨텐츠 유료화를 달성할 수 있기 때문이다.

| BANDAI의 카랏파 | CYBIRD의 波傳說 |

■ 사용료 징수 시스템

공식 사이트에는 DoCoMo에 의한 정보요금 징수대행시스템이 설정되어 있다. 현재 월 고정된 소액징수만 하고 있으나, 정보 요금 징수를 NTT DoCoMo가 대행함으로써 벤처기업을 비롯하여 많은 기업이 유료 서비스를 할 수 있는 인프라스트럭처를 제공하고 있는 셈이다.

인터넷 비즈니스의 최대 매력은 대기업이나 중소기업, SOHO 등 그 규모에 관계없이 국내는 물론이고 전세계 고객을 대상으로 비즈니스를 추진할 수 있다는 점이다. 그러나 문제는 컨텐츠(상품) 제공에 대한 대가를 어떻게 회수하는가 하는 점이 최대 걸림돌이다. 지구 저편에 있는 고객을 직접 찾아가 미지불 대금을 회수할 수는 없는 일이다. 게다가 100원, 200원과 같은 소액의 경우 지불청구엽서 1장만 발송해도 140원(국내의 경우)이 들기 때문에 회수비용을 생각하면 채산성이 맞지 않는다. 그러나 i-mode의 공식 사이트로 인정받게 되면 컨텐츠 프로바이더를 대신해서 DoCoMo가 전화료와 함께 정보요금을 징수해 준다.

이러한 사용료 징수 시스템을 가리켜 일본 국내에서 인기를 끌고 있는

"100엔 숍(이 숍에 진열된 상품은 모두 100엔이다)" 또는 "껌장사"로 비유되기도 한다. i-mode의 공식메뉴에 등록되어 사용자에게 부과되는 부과금액이 100~300엔이란 이유로 생겨난 비유다. i-mode 서비스 초기에는 컨텐츠 제공 기업들이 월 정액 300엔 미만이라는 점에 대해 불평을 토로하였으나, 가입자의 폭발적인 증가로 수많은 컨텐츠 프로바이더가 적극적으로 참여하게 되었다.

i-mode가 시장에 등장하기 전까지는 인터넷상에서 정보를 제공해도 이익은 커녕 수익을 발생시키는 것조차 어려웠다. 먼저 가입자를 확보하는 것부터 난관이었다. 물론 국내의 「다음」(http://www.daum.net)과 같이 2,200만명을 넘는 포털 사이트도 있지만, 대부분 이러한 사이트들은 무료로 e-메일과 홈페이지 등의 공간을 서비스로 제공하기 때문에 가능하다. 요즈음 몇몇 국내 사이트들의 기존 회원에 대해 유료화 방침 표방과 동시에 거의 대부분 회원들이 이탈하는 것을 보면 이익을 창출할 수 있는 유료회원 확보란 대단히 어려운 작업임에 틀림이 없다.

때문에 지금까지 유료회원이라고 해야 수천에서 수만 정도의 성인사이트나, 교육사이트가 고작이었다. 게다가 과금(Billing)을 하려고 하면 개별기업이 인증을 위해 서버와 고객관리 데이터 베이스를 구축할 필요가 있는 등 비효율적이었다. 그로 인해 좋은 아이디어가 있어도 위와 같은 부수적인 어려움 때문에 중도에 비즈니스를 포기하는 경우가 많았다.

이러한 시장환경을 타파하기 위해 DoCoMo가 컨텐츠 프로바이더를 대신하여 과금과 요금회수의 플랫폼을 구비한 BM을 제시한 것이다. 이러한 BM을 통해 컨텐츠 프로바이더에게 사용자가 지불하는 서비스 요금은 DoCoMo가 회수하면서 그 대가로 요금의 일부(9%)를 수수료로 취하는 형태를 갖추어 많은 지지를 받고 있다.

　물론 DoCoMo가 징수 대행하는 이상 각 컨텐츠 프로바이더에 대해서는 계속적으로 서비스 내용의 향상과 개선을 요구할 의무를 지게 된다. DoCoMo가 제공하고 있는 공식메뉴에는 많은 수의 컨텐츠 프로바이더가 등록을 희망하고 있지만, DoCoMo의 공식 메뉴로 등록되기 위해서는 i-mode의 사용자가 충분히 만족할 수 있는 나름대로의 가치를 내포하고 있어야 한다는 것이 DoCoMo의 이념이기도 하다.

　i-mode 서비스는 인터넷 접속이나 e-메일을 주고받는 경우, 그 통신(접속)시간이 아닌 송수신한 데이터의 정보량을 기준으로 요금이 계산되는 패킷(Packet) 통신료 방식을 적용시키고 있다. 일부 모바일 인터넷 단말과 PC를 통한 인터넷 접속 경우, 수신 대기 시간도 포함한 접속요금과 전화대금 등이 요구되는 경우(Circuit 방식)가 일반적이지만 i-mode 서비스의 경우에는 그러한 염려가 없다.

　나아가 모바일 인터넷을 대상으로 검색엔진 서비스를 실시하고 있는 「케이타이넷」(http://k-tai.net)은, 지난 2001년 3월 중순부터 i-mode로 열람할 수 있는 사이트의 문자 수를 자동적으로 삭감하는 기능의 검색엔진 서비스를 개시하고 있다. 각 사이트에는 휴대전화에 표시되지 않는 문자와 사이트 작성자가 사용한 관리용 기술(記述), 필요 없는 태그(Tag) 등이 많이 포함되어 있다. 케이타이넷의 패킷 압축서버는 표시와 관계가 없는 것을 자동적으로 삭제, 대체하는 등 사용자의 휴대전화에 가장 적합한 형태로 표시하고 있다. 사이트에 따라 다르지만, 최고 70%에서 최저 5%의 패킷압축이 이루어져 평균 30% 정도의 통신비 절감이 가능해짐으로써 사용자의 호평을 받고 있다.

　이처럼 유용한 보조 시스템의 개발은 사용자의 만족도를 높여 i-mode 서비스의 위상을 한 단계 높이는 계기가 되고 있다.

9 성공 요인 분석(3)
— 공식 사이트와 비공식 사이트의 존재 —

■ 공식 Vs. 비공식

i-mode를 통해 이용할 수 있는 웹 페이지에는 크게 2가지 종류가 있다. 그 하나는 「공식 사이트(Official Contents Providers)」라는 것으로 i-mode의 메뉴 리스트에 들어 있는 1,600 이상의 DoCoMo 공인 사이트를 말한다. 공식 사이트에 대한 접속은 별도의 어드레스(URL) 입력이 불필요하며 화면의 일부를 클릭만해 나가면 사이트를 열람할 수 있다.

또 다른 하나의 사이트가 이른바 「비공식 사이트(Unofficial Contents Providers)」로 불리는 것으로 개인이나 벤처기업 등이 자유롭게 만든 사이트다. 비공식 사이트 역시 컨텐츠의 유료화가 가능하지만 요금징수 등은 해당 컨텐츠 제공업자가 스스로 하지 않으면 안 된다. 그 때문에 당연히 공식 사이트로 등록되기 위해 수많은 사이트들이 DoCoMo에 대해 심사요청을 하고 있으나 채용되는 건수는 극히 적다.

실제로 매월 DoCoMo에 대해 3,000건 이상의 공식 사이트 신청이 들어오는데 그 가운데 심사를 통과하여 채용되는 건수는 10건 정도라고 한다.

이처럼 공식 사이트로 채용되기가 어려운 이유는 i-mode 서비스의 품질을 유지하기 위해 그 채용기준을 설정, 컨텐츠를 엄선하고 있기 때문이다. 공식 사이트는 어떤 의미에서 선택된 사이트라 하겠다. DoCoMo에는 컨텐츠의 내용을 심사하는 부서가 별도로 있으며, 뉴스·

정보와 여행 등 분야별로 20～30명의 담당자가 심사를 수행, 매월 회합을 통하여 공식 컨텐츠를 결정한다.

지금까지 성인물과 도박 등은 인정하지 않는다고 하는 방침을 제외하고는 상세한 채용기준은 기본적으로 공개하지 않았으나, 지난 2001년 3월 i-mode의 공식 메뉴에 대한 게재 여부를 판단하는 내부 기준을 공개하였다. 이로써 채용기준에 관한 컨텐츠 프로바이더의 의문에 마침표를 찍게된 셈이다.

그 기준은 「컨텐츠 게재에 관한 기본 방침」 「i-mode 메뉴 사이트 윤리 강령」 「컨텐츠 게재 기준」의 3부로 구성되어 있다. 각각 「양식(良識) 이 있을 것」 「사용자가 이해하기 쉬운 서비스일 것」 「프로바이드가 컨텐츠를 계속해서 제공할 능력이 있을 것」 등을 들고 있다. 하지만 앞으로 DoCoMo가 제시한 게재기준을 만족시킨다 하더라도 i-mode 공식 메뉴에 곧바로 게재되는 것은 아니며, 게재 여부는 어디까지나 DoCoMo가 최종적으로 판단하게 된다.

■ 공식 · 비공식 사이트의 장단점

먼저 공식 사이트에 대해 살펴보면, 뉴스, 모바일 뱅킹, 엔터테인먼트 등 9가지의 카테고리로 분류되어 있으며, "i-menu"에 게재되어 있어 버튼 하나로 자신이 원하는 사이트를 열람할 수 있다.

이러한 공식 사이트의 장점은 대표적으로 다음과 같은 3가지를 들 수 있겠다.

첫째로 사용자가 원하는 해당 사이트로의 접속이 쉽다는 점이다. "i-menu"에 게재되어 있으므로 URL을 직접 입력하지 않아도 되기 때문이다. 게다가 접속 수가 많은 사이트는 메뉴의 상위에 게재되므로 점점 사용자의 접속이 늘어나는 호순환이 계속된다.

둘째, 정보료 징수대행 서비스를 이용할 수 있다. NTT DoCoMo가 통신료와 함께 정보료도 징수를 대행해주므로 요금을 확실히 회수할 수 있다. 이로 인해 컨텐츠 프로바이더들이 정보나 서비스 제공에 대해 유료화 할 수 있게 되었다.

셋째, 시큐리티(Security)를 확보할 수 있다. 일단 NTT DoCoMo라고 하는 폐쇄된 네트워크 가운데 있어 신뢰성이 높다. 특히, DoCoMo의 모든 기종에 i-mode 록(Lock)이라고 하는 시큐리티 기능이 부가되어 있다.

다음으로 비공식 사이트의 장점에 대해 먼저 살펴보기로 하자.

첫째, 무엇보다 자유로운 웹 페이지 제작이 가능하다. 공식 사이트와는 달리 DoCoMo의 간섭을 받지 않기 때문에 높은 자유도와 창의성을 발휘할 수 있는 컨텐츠를 구성할 수 있다.

둘째, 게시판의 설치가 가능하다. 사용자가 자유로이 발언을 할 수가 있어 사용자의 충성도와 고정화를 촉진시키고 나아가 사용자의 니즈(Needs) 등을 탐색하는 근거가 된다.

역으로 비공식 사이트의 단점은, 첫째로 사용자의 접속이 어렵다는 점이다. 공식 사이트가 "i-menu"의 메뉴리스트로부터 간단하게 해당 사이트에 접근할 수 있는 데 비해 비공식 사이트는 사용자가 사이트의 URL을 입수, i-mode의 버튼을 사용하여 URL을 직접 입력하지 않으면 안 된다. DoCoMo가 배포하는 책자 등에 소개되어 있지 않기 때문에 해당 사이트의 존재를 모르는 사용자가 많다.

둘째, 사용자에게 요금을 부과할 수 없다. 공식 사이트는 DoCoMo가 정보료의 징수대행을 행하지만 비공식 사이트에는 그것이 불가능하다.

하지만 이와 같은 비공식 사이트의 단점은 서서히 해결되고 있다. 비

공식 사이트의 존재에 대해서는 최근 일본 국내의 많은 인터넷 잡지 등
이 i-mode 관련 특집을 게재함으로써 별도의 책자가 발행되는 등 점차
적으로 알려지기 시작하였다. URL 입력의 번거로움도 i-mode용 검색사
이트의 링크기능을 사용하여 단번에 해당 사이트에 접속하는 방법이 사
용자 사이에 침투하고 있다. 나아가 사용자의 사용료 부과에 대해서는
지난 2000년 가을 이후 여러 종류의 전자결제시스템이 비공식 사이트의
요금 부과를 위해 서비스가 시작되었다.

◇ i-mode 서비스를 둘러싼 외부 환경 ◇

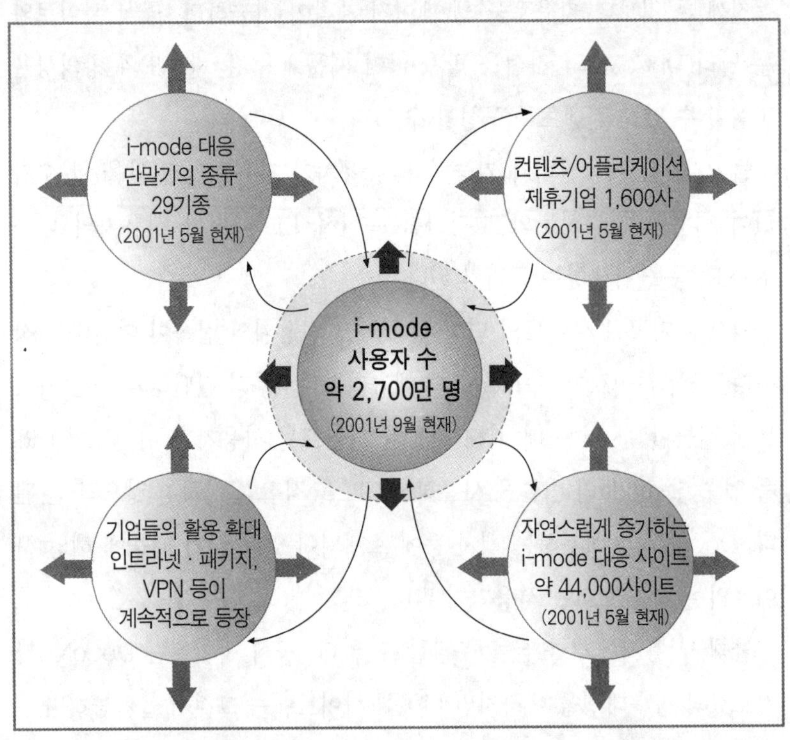

출전) 夏野〔2000〕를 필자가 재구성.

그와 함께 NTT DoCoMo가 사외에 설치된 「제3자 기관」이 인정한 컨텐츠에 대해서는 공식 사이트와 동일한 이용요금 징수대행 서비스를 제공토록 할 예정이다. 제3자 기관의 설치는 「일본 총무성」(http://www.soumu.go.jp)이 지난 2001년 2월 각 사업자들에게 검토할 것을 제안해 현재 활발한 논의가 진행되고 있으며 2002년 3월을 목표로 설립을 추진하고 있다.

■ 경쟁구도 확립

위에서 살펴본 바와 같이 i-mode를 통해 제공되는 컨텐츠는 크게 DoCoMo가 인정하는 공식 사이트와 그렇지 않은 비공식 사이트로 구별되어 있다.

전자는 i-mode를 통해 사용자에게 제공되는 컨텐츠의 질을 높인다는 측면에서 유효하며, 후자는 컨텐츠 제작에 자율성과 창의성을 발휘토록 한다는 측면에서 양자 역할은 중요한 의미를 가진다.

이러한 양자의 구도는 결론적으로 DoCoMo의 의도와는 무관하게 "공식(Official)" 그리고 "비공식(Unofficial)"이라는 대립요소가 m-커머스 시장에 존재한다는 것을 가리킨다. 그리고 이러한 구도는 컨텐츠의 양과 질을 두고 자연스럽게 경쟁을 유발시키는 촉진제로 작용하고 있어 최종적으로 i-mode 서비스 사용자의 이익으로 직결되고 있다.

인터넷 게임 사이트마다 게이머들로 북적댄다. 포털사이트들도 수익을 올리기 위해 유료 게임을 늘리고 있다. 이 같은 게임 열풍은 휴대폰으로 번지고 있다.

모바일 게임을 즐기는 모티즌도 빠르게 늘고 있다. 그런데도 모바일 컨텐츠 사업자(CP)들은 한숨만 짓고 있다.

"아무리 좋은 게임을 만들어도 모바일로는 돈이 되지 않습니다. 약 100개에 달하는 모바일 게임업체 가운데 한 달에 5,000만원 이상 매출을 올리는 업체는 다섯 손가락으로 꼽을 정도입니다. 2001년 초 모바일 게임 유료화가 시작됐을 때만 해도 모바일 CP들은 기대를 했죠. 본격적으로 시장이 형성될 것이라고. 그러나 이 기대는 "한낱 꿈"으로 바뀌고 있습니다."

모바일 게임 업체 임원이라고 밝힌 K씨는 최근 이 같은 내용을 담은 e-메일을 보내왔다. 휴대전화로 1시간만 게임을 즐겨도 7,000원에 가까운 요금을 내는데 모바일 게임을 만드는 업체들의 주머니는 텅 비어 있다는 얘기였다.

K씨는 며칠 뒤 심야 채팅 인터뷰에 응했다. K씨에 따르면 문제는 과금체계에서 비롯된다.

예를 들어 휴대전화로 게임을 30분간 이용할 경우 이용자는 약 3,500원의 요금을 내야 한다. 그런데 이 가운데 통신이용료가 3,000원을 차지하고 게임이용료는 500원에 불과하다. 통신이용료는 모두 망사업자 몫이다.

모바일 CP는 게임이용료 500원 가운데 10%를 망사업자에게 주고 나머지 90%를 가져간다. 따라서 이용자는 3,500백원을 내지만 CP사업자 손에는 겨우 450원만 돌아간다.

또 하나의 문제는 CP가 이동통신 사업자에게 컨텐츠를 공급할 때 각기 다른 플랫폼으로 제작해야 한다는 점이다.

현재 SK텔레콤은 GVM 방식의 플랫폼을 사용하고 있고, LG텔레콤은 TVM을, KTF는 컬컴의 BREW 방식을 채택하고 있어 전혀 호환이 되지 않는다.

따라서 CP들은 각각의 플랫폼에 맞게 따로따로 모바일 게임을 개발해야 한다. K씨는 "통신이용료를 대폭 낮춰 모티즌들이 부담없이 모바일 게임을 즐기게 하든지 일본 NTT DoCoMo처럼 패킷요금제를 도입해야 한다"면서 "현 상태로는 CP가 아무리 좋은 컨텐츠를 만들어도 이익을 낼 수 없다"고 강조했다.

또 "최근 많은 게임업체들이 모바일 게임 개발을 포기하거나 다른 분야로 떠나고 있는 현상을 주목해야 한다"고 역설했다.

정보통신부는 바로 이런 문제를 해결하기 위해 2001년 초 이동통신 사업자들에 패킷요금제를 도입하라고 권고했다.

그러나 이동통신업체들이 과금 체계를 개발해 사용하기까지는 적어도 1년 남짓 걸릴 것이라고 한다. 모바일 CP들이 그때까지 버틸 수 있을까. K씨는 이렇게 반문했다(한국경제〔2001. 6. 28〕).

◇ 이동통신 사업자별 컨텐츠 현황 ◇

구 분	포털사이트	제휴업체 수	컨텐츠 수	인기 컨텐츠
SK텔레콤	www.n-top.com	350여 개	6000여 개	게임, 유머, 마이벨, 메일 등
신세기통신	www.itouch017.com	200여 개	2000여 개	채팅, 게임, 미팅 등
KTF	www.magicn.com	360여 개	4500여 개	채팅, 미팅, 문자나라 등
LG텔레콤	www.ez-i.com	1100여 개	5800여 개	자바게임, 커뮤니티, 교육 등

출전) On the NET〔2001. 9〕.

◇ 우수 CP들의 평균 수익 ◇

사업자	무선 인터넷	우수 CP의 월 평균 수익
SK텔레콤	엔탑(n.TOP)	• 거원시스템 : 1억 2,000만원 • 텔미정보통신 : 1억 2,000만원 • 다날 : 1억 4,000만원
KTF	매직엔(magicⓝ)	• 다날정보통신, 모빌릭, 텔미정보통신 : 9,000～1억원 • 5425 : 1억원 • 야후피아 : 7,000만원
LG텔레콤	이지아이(ez-i)	• 옴니텔, 야후커뮤니케이션 : 1억 5,000～2억원

출전) 한국경제〔2001. 5. 31〕.

10 장벽 제거

이상의 분석에 따르면, NTT DoCoMo의 i-mode 서비스가 성공을 거두게 된 배경에는 기존 시장에 존재하는 각종 장벽들을 제거해 줌으로써 달성된 것이다. 다시 말해, 유저(가입자), 컨텐츠 프로바이더, 통신서비스 사업자 3자 모두에게 "Win-Win-Win"이라는 구도가 형성 가능하게 됨으로써 성공을 이끌어 낼 수 있었던 것이다.

■ 기술 장벽 제거

웹 페이지의 기술언어에 있어 Defacto Standard라 할 수 있는 HTML 축약형인 C-HTML을 채용, 유선 인터넷에 제공되고 있는 충실한 컨텐츠를 i-mode를 통해서도 제공할 수 있게 함으로써 다양한 컨텐츠 프로바이더의 참여 기회를 부여하였다. 그리고 다양한 컨텐츠 프로바이더의 참여는 사용자의 증가를 불러들이는 호순환의 직접적인 계기가 되었다.

■ 유료화 장벽 제거

i-mode 서비스의 최대 공적은 역시 모바일 인터넷을 통해 제공되는 컨텐츠를 유료화함으로써 m-커머스의 가능성을 검증받았다고 하는 점이다. 이른바, 「인터넷에 떠다니는 컨텐츠 이용은 무료이며, 그로 인해 최종 사용자(End User)를 상대로 하는 e-비즈니스는 돈벌이가 되지 않는다」고 하는 지금까지의 고정관념을 깨는 출발점이 되었다. 그리고 이러한 유료화는 DoCoMo의 징수대행 서비스 제공으로 가능해진 것이다.

■ 비경쟁 장벽 제거

DoCoMo가 컨텐츠 내용을 보증하는 공식 사이트와 자율적으로 i-mode에 대해 정보를 발신하고 있는 비공식 사이트의 양대 구도가 시장에 존재함으로써, 양자의 끊임없는 경쟁을 촉발시켜 컨텐츠의 양적, 질적 수준을 향상시키는 계기가 되었다.

11 당면 과제

NTT DoCoMo의 i-mode 서비스가 m-커머스의 대표적인 성공사례라
는 격찬에 어울리지 않게 그 이면에는 급격한 성장과정 속에서 파생된
새로운 난제들이 고개를 들고 있다.

그 가운데서도 컨텐츠 프로바이더 사이에 자사의 수익구조를 재정비
하려는 움직임이 일어나고 있다는 점이다. 한 예로 휴대전화 대기화면에

◇ 자주 이용하는 유료 컨텐츠

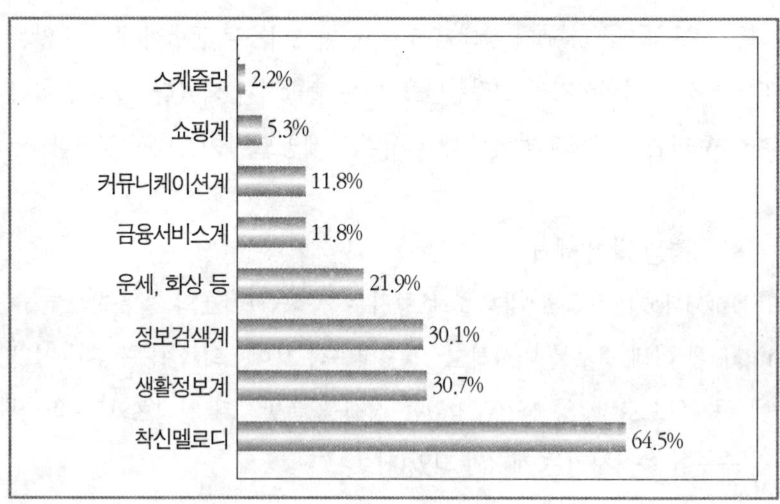

참조) 3개까지 복수회답.
출전) NTT-X와 三菱總合研究所〔2001. 1. 18~2. 2〕(http://nnb.nikkeibp.co.jp).

대한 캐릭터 발신 서비스 「캬랏파!」의 성공으로 i-mode 공식 사이트 가운데 가장 성공을 거두었다고 평가받는 "반다이"조차 「i-mode 비즈니스는 결국 100엔 숍의 특성을 가지고 있어 좀처럼 이익과 결부시키기란 어렵다」고 지적할 정도다. 또한 DoCoMo 관련자 역시 「i-mode에 참여하고 있는 모든 기업이 이익을 내는 것은 아니다」고 하여 이익 창출에 따른 어려움을 일정부분 인정하고 있다.

실제로 NTT DoCoMo가 공인한 공식 사이트 약 1,600개 사이트 가운데 유료사이트는 약 500개 사이트에 달한다. 그러나 이러한 유료사이트 가운데 이익을 낼만큼 충분한 가입자를 획득하고 있는 것은 극히 일부에 지나지 않는다. 게다가 유료사이트 가운데 절반은 회원이 10,000명도 되지 않아 경영에 압박을 받고 있다.

NTT-X와 미쯔비시종합연구소가 2001년 1~2월에 걸쳐 실시한 「차세대 휴대전화에 관한 조사」에 따르면, i-mode 등 인터넷 대응 휴대전화 가입자 가운데 유료 컨텐츠 가입자는 65.1%에 달하고 있다(2001년 1월 23일 시점). 그러나 실제로 이용하고 있는 컨텐츠를 보면, 휴대전화의 착신음으로 사용하는 멜로디 데이터 「착신 멜로디(着メロ)」가 64.5%로 과반수를 차지하고, 다음으로는 「생활정보계」가 30.7%였다. 「생활 정보계」에는 뉴스와 일기예보, 타운정보 등 엔터테인먼트계 이외의 컨텐츠도 다수 포함하고 있어 착신 멜로디를 제외하고는 각 컨텐츠가 충분한 가입자를 획득하지 못한 상태임을 알 수 있다.

일본 전자상거래추진협의회(ECOM) 등이 발표한 「2000년도 전자상거래에 관한 시장규모·실태조사」〔2001. 1. 31〕에서도 590억엔이라는 m-커머스 시장 가운데 착신 멜로디를 중심으로 하는 엔터테인먼트 시장이 420억엔으로 전체의 71.5%를 차지하고 있는 등 착신 멜로디를 근간으로 하는 엔터테인먼트 이외의 시장규모는 극히 적고 사업성이 떨어지고 있다.

가입자가 지불하는 컨텐츠 사용요금이 낮은 것도 i-mode 서비스 등 m-커머스 시장을 압박하고 있다. NTT-X와 미쯔비시종합연구소 조사에서는 월간 가입자당 컨텐츠 이용료는 100엔이 12.7%, 200엔 이하가 14.0%, 300엔 이하가 21.7%였다. 이러한 결과를 통해서도 i-mode 비즈니스는 바로 100엔 숍의 양상을 표출하고 있음을 알 수 있다.

◇ 컨텐츠 프로바이더의 지출과 수입 ◇

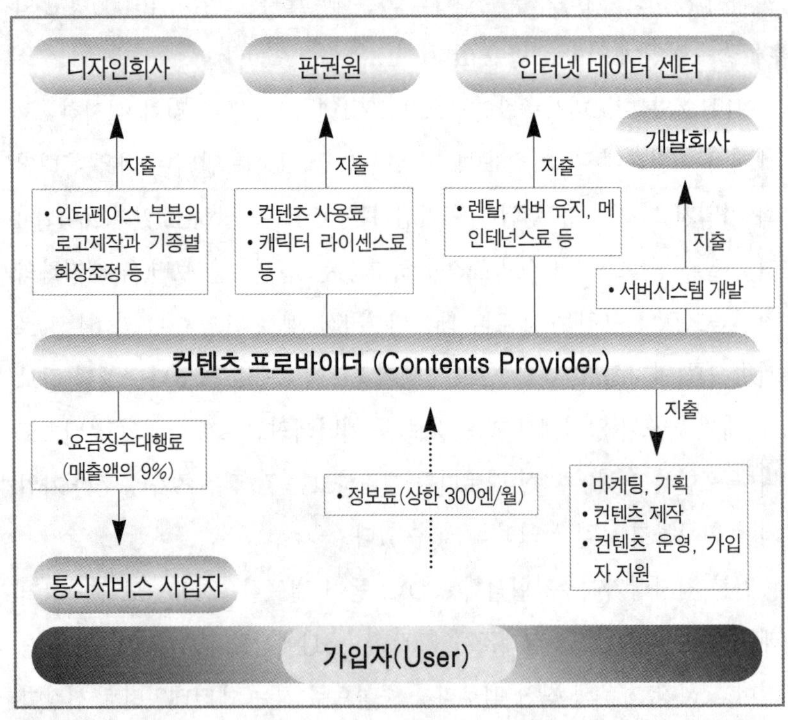

출전) 週刊ダイヤモンド〔2001. 4. 21〕를 필자가 재구성.

이러한 배경에는 i-mode 요금징수 대행서비스의 상한 금액이 컨텐츠 당 월 300엔으로 제한되어 있다는 점이 주요 원인으로 제기되고 있다. 경쟁사인 EZweb과 J-sky에서는 월 2,000엔까지 부과할 수 있지만, m-커머스 시장을 사실상 이끌고 있는 NTT DoCoMo의 「상한 300엔」이 사실상의 표준이 되고 있어 문제해결은 쉽지 않다.

12 시사점

모바일 인터넷 가입자 수의 성장은 2002년 전후로 포화상태에 이를 것으로 예견되고 있다. 결국 이러한 전망은 컨텐츠 프로바이더가 처해 있는 현재의 상황을 더욱 악화시키게 될 것이다. 서비스 초기에는 통신서비스 사업자가 틈새시장 부분을 컨텐츠 프로바이더와 같은 벤처기업에 아웃소싱한다. 그러나 해당 틈새시장이 주역으로 성장하게 되면 자신의 비즈니스로 흡수해 버린다. 게다가 이른바 돈이 되는 장사는 대기업의 진입으로 그 자리를 빼앗길 위험에 노출되어 있다.

앞으로 가입자 수와 가입자당 컨텐츠 이용료가 그다지 늘지 않는다고 가정한다면, 가입자 사용료 징수 이외의 BM 구축이 급선무라 하겠다.

컨텐츠 프로바이더 각 사 또한 가입자 사용료만으로 성장할 수 있다고는 판단하지 않고 있으며, 다른 수익원 창출의 필요성을 느끼고 있다.

예를 들면, 일본 모바일 컨텐츠의 허브(Hub)를 자칭하는 「CYBIRD」(http://www.cybird.co.jp)는 현재 약 70개의 컨텐츠를 가지고 있으며, 그 대부분을 가입자 사용료로 운영하고 있다. 그러나 2000년 말부터 카탈로그 통신판매회사와 여행상품판매회사 등 전자상거래 기업과 제휴를 맺었다. 컨텐츠사업에서 쌓아온 노하우를 살려 휴대전화를 대상으로 전자상거래 기획과 시스템 개발 · 운영에 진출하고 있다. 나아가 앞으로는 시스템 투자 확대에 어려움을 겪고 있는 컨텐츠 프로바이더에 대해서도 시스템 운영대행 서비스 등을 제공할 예정이라고 한다.

「반다이」 역시 대기화면 화상의 발신기술을 다른 기업에 라이센스 제공하는 것을 검토하고 있다. 반다이는 대기화면 화상의 발신에 대해 이미 BM 특허를 출원한 상태며 향후 기술제공이 큰 수익원이 되리라 기대하고 있다.

일본 국내에서 휴대전화를 대상으로 하는 전자상거래와 마케팅의 성공사례로 꼽히고 있는 「TSUTAYA 온라인」(http://www.tsutaya.co.jp)도 서비스 개시 당초에는 엔터테인먼트계 정보를 유료로 제공하는 BM 모델도 검토하였다. 그러나 설비투자 등을 고려한다면 곧바로 한계가 올 것으로 판단, CD판매 등 e-비즈니스와 광고사업을 조합하기로 한 바 있다.

한편으로 i-mode 서비스의 제1막은 대기화면과 착신 멜로디와 같은 디지털 컨텐츠가 견인차 역할을 하였으나, 근래에는 전자상거래와 마케팅에 i-mode를 활용하여 성과를 거두는 기업이 계속적으로 늘고 있다.

이상과 같이 현재 DoCoMo의 i-mode 서비스를 둘러싸고 벌어지고 있는 새로운 문제점과 이를 타파하기 위한 다각적인 활로 모색은 국내 통신서비스 사업자, 컨텐츠 프로바이더 등 m-커머스 관련 기업들이 가까운 장래에 당면하게 될 사안들이기도 하다.

　마지막으로 모바일 인터넷으로 구현되는 m-커머스는 기존 PC를 중심으로 이루어지는 e-비즈니스의 연장선이 아니라 새로운 비즈니스(New Business) 영역으로 인식해야 한다. 다시 말하면, 다양한 정보검색과 컨텐츠 제공, 그리고 원 투 원 마케팅(One to One Marketing)이 가능한 인터넷의 특성을 언제(Anytime), 어디서나(Anywhere), 개인화(Personalization)된 패턴으로 휴대전화와 어우러진 것이 모바일 인터넷이며 i-mode는 이를 m-커머스로 가장 적절히 구현하고 있다.

◇ 향후 m-커머스의 BM ◇

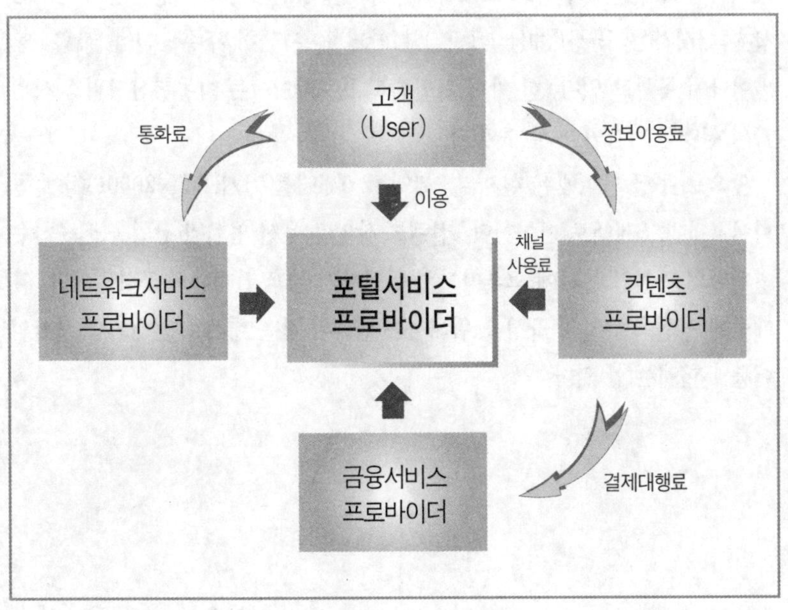

CP는 현대판 머슴

국내 무선 인터넷 역시 유선 인터넷과 마찬가지로 가입자가 해당 사이트의 URL을 입력하여 원하는 사이트로 접속하게 된다. 그러한 측면에서 기술적인 개방성은 보장되어 있다고 할 수 있다.

그러나 이동통신서비스 사업자들은 다른 사이트보다 자사 무선 인터넷 포털사이트(n.TOP, Magicⓝ, ez-i 등)에 우선 접속되도록 네트워크 망을 운영하고 있다.

또한 자사 무선 포털사이트에 등록된 컨텐츠 프로바이더(CP)에 대해서만 정보 이용료 징수를 대행해 주고 있다. 때문에 독자적으로 사용료 징수 시스템 운영이 어려운 독립계 컨텐츠 프로바이더의 경우는 비즈니스 여건이 날로 악화되고 있는 실정이다.

게다가 대부분의 컨텐츠 프로바이더와 이동통신서비스 사업자와의 관계는 상호 협력하는 공생관계(共生關係)가 아니라, 여전히 주종관계(主從關係)를 벗어나지 못하고 있다. 한 마디로 컨텐츠 프로바이더는 이동통신서비스 사업자의 현대판 머슴이라 할 수 있다.

앞으로 무선 인터넷은 현재의 2세대, 2.5세대를 거쳐 IMT-2000(3G)에 곧이어 4세대, 5세대로 이어진다. 컨텐츠 산업은 무선 인터넷 산업을 좌우하는 경쟁력의 원천인 동시에 고부가가치 산업이며 향후 거대한 수출산업이다. 그때문에 컨텐츠 산업의 육성을 위해서는 현재와 같은 형태로 컨텐츠 프로바이더를 두어서는 안 된다.

◇ 무선 인터넷 접속방식 예 : 011의 경우 ◇

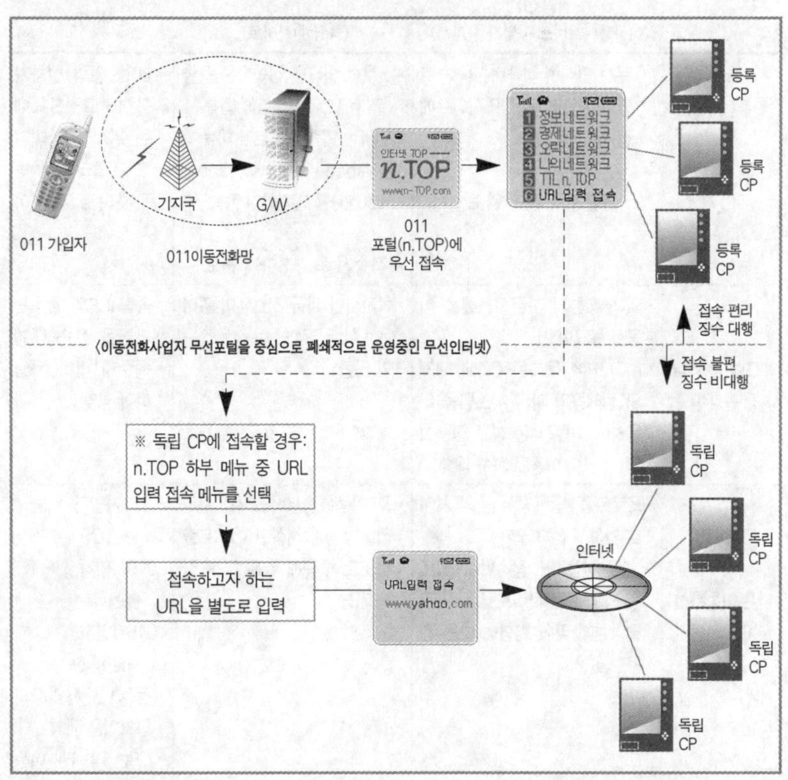

출전) 정보통신정책연구원〔2001. 6〕.

◇ 자체 포털과 독립사이트 비교 (n.TOP의 경우) ◇

	n.TOP (이동통신서비스 사업자 사이트)	Yahoo (독립계 사이트)	비 고
접속방법	① 무선 인터넷 접속버튼을 누르면 자동으로 n.TOP 사이트에 접속 - 1단계로 접속 완료 -	① 무선 인터넷 접속버튼을 눌러 n.TOP 사이트에 접속 ② URL 입력 사이트로 이동 ③ Yahoo주소(www.yahoo.co.kr)를 입력하여 접속 - 접속시 최소 3단계 필요 -	• URL 입력 절차가 불편하고, 선택메뉴 위치가 상대적으로 불리하여 독립사이트 이용이 저조
유료화 및 과금 징수 대행	• SK텔레콤의 과금시스템을 이용한 유료화 가능 • n.TOP에 등록된 CP에 대해 SK텔레콤의 과금 시스템을 이용하여 이동전화통화료 징수시 CP의 정보 이용료 회수 대행	• 독자적인 과금 시스템이 없어 유료화 및 정보 이용료 징수가 곤란	• 독립 CP의 경우는 과금을 징수 대행 해주지 않아 사업 여건 열악
다른 이동통신서비스 사업자를 통한 접속 (예 : 019 → n.TOP, Yahoo 접속)	• 프로토콜, 압축방식 등의 차이로 인하여 접속 불가 ※ 다른 사업자도 접속할 수 있도록 자사 포털 사이트를 타사 기술방식에 맞춰 변형해 놓은 경우는 없음	• 각 이동통신서비스 사업자의 기술방식에 적합한 사이트를 별도로 구축해 놓은 경우 접속 가능	• 011가입자 → n.TOP 019가입자 → ez-i 016가입자 → persnet 등 다른 사업자의 정보이용 제약 • CP는 각 4개 이동통신서비스 사업자에 맞도록 사이트를 중복 운영

출전) 정보통신정책연구원〔2001. 6〕.

【참고 문헌】

[단행본]

· 김광희〔2001〕『21세기 IT가 세계를 지배한다』가림M&B.

· 김광희〔2001〕『e-비즈니스 개론』학문사.

· 김광희〔2001〕『IT 혁명과 e비즈니스 ; IT 혁명과 앞으로의 과제』한국표준협회.

· 김광희〔2001〕『IT 혁명과 e비즈니스 ; e비즈니스 혁명과 패러다임 시프트』한국표준협회.

· 김광희〔2000〕『IT 혁명과 e비즈니스 ; IT 혁명과 e시장 환경』한국표준협회.

· 김광희〔2000〕『인터넷 비즈니스의 이론과 실제』학문사.

· 김광희〔2000〕『IT혁명과 e-Biz.com전략』미래와경영.

· (사)WIPA〔2001〕『WIPA 무선통신 지적재산 세미나』WIPA.

· Brenda Kienan〔2001〕, "*Managing Your e-commerce Business*", Microsoft.

· Amrit Tiwana〔2001〕, "*The Essential Guide to Knowledge Management : e-business and CRM applications*", Prentice Hall PTR.

· Commerce Department〔1999〕, "*The Emerging Digital Economy II*".

· Commerce Department〔2000〕, "*Digital Economy 2000*".

· The Economist Intelligence Unit Limited and Booz Allen & Hamilton〔1999〕, "*Competing in the Digital Age: How the Internet is Transforming Corporate Strategy*".

· Patricia Seybold〔1998〕 "*CUSTOMERS.COM*", Times Book.

· Daniel Amor〔1999〕, "*The E-business (R)evolution*", Prentice Hall PTR.

· 井上能行〔2001〕『次世代移動通信サービスFOMAのすべて』日本實業出版社.

• 小林千壽〔2001〕『次世代携帯電話IMT-2000』こう書房.

• 川名雄兒〔2001〕『デジタル家電ビジネスのしくみ』明日香出版社.

• 夏野 剛〔2000〕『iモード・ストラテジー(i-mode strategy)』日經BP.

• 富士總合研究所〔2000〕『情報家電ビジネス最前線』工業調査會.

• 松原 聰〔2000〕『IT革命が見る見るわかる』サンマーク出版.

• 中山眞敬〔2000〕『次世代インターネット』東洋經濟新報社.

• 宮津和弘〔2000〕『Bluetoothガイドブック』日刊工業新聞社.

[논문]

• 김광희〔2001.8〕「非命令形 유저 인터페이스」경영학회통합학술대회 발표.

• 김광희〔2001.6〕「記述言語가 m-commerce의 成功에 미치는 影響에 관한 小考」한국지능정보시스템학회 춘계학술대회 발표.

• 김광희〔2001.5〕「m-커머스의 성공 사례 연구」『경영연구』협성대학교 경영대학.

• 김광희〔2000.12〕「m-커머스의 서비스 전략에 관한 연구」국제 e-비즈니스학회 동계정기학술대회 발표.

• 김광희〔2000.11〕「모바일 e-비즈니스의 성공전략에 관한 연구」한국지능정보시스템학회 추계학술대회 발표.

• 김광희〔2000.11〕「일본형 IT에 관한 연구」경영정보학회 추계학술대회 발표.

• 김광희〔2000.6〕「e-비즈니스 革命이 가져온 市場環境 및 制度 轉換에 관한 研究」울산대학교 경영학연구논문집.

• 김광희〔2000.4〕「IT革命이 가져온 비즈니스모델 特許에 관한 研究」교보증권 현상 논문 입상.

[잡지 및 신문]

주간경제, enable, On the Net, Mobile Business, Business Week, Forbes, Fortune, News Week, Nikkei Business, Nikkei Mechanical, 週刊ダイヤモンド 등.

한국경제, 매일경제, 조선일보, 중앙일보. 동아일보, 전자신문, 한겨레, 한국일보, The New York Times, 日本經濟新聞, 日經産業新聞 등.

[URL]

http://www.aibo.com/
http://www.dreamlg.com/
http://www.echonet.gr.jp/
http://www.electrolux.com/
http://www.fortune.com/
http://www.halcorp.co.jp/hard/crossam/
http://www.havi.org/
http://www.hitachi.co.jp/
http://www.homepna.org/
http://www.homerf.org/
http://www.honda.co.jp/
http://www.i2soft.net/
http://www.incx.nec.co.jp/
http://japan.internet.com/
http://www.itu.int/
http://www.lgeri.co.kr/
http://www.margherita2000.com/
http://www.mhi.co.jp/
http://www.mimamori.net/

http://www.mic.go.kr/
http://www.nri.co.jp/
http://www.nttdocomo.co.jp/i/
http://nnb.nikkeibp.co.jp/
http://www.nikkei.co.jp/
http://www.personalrobots.com/
http://www.ryojikoike.com/
http://www.sbmedia.co.kr/
http://www.seri.org/
http://www.sharp.co.jp/
http://www.sony.co.jp/
http://www.tele.com/
http://www.tigertoys.com/
http://www.upnp.org/
http://www.zdnet.co.jp/

가림출판사 · 가림M&B · 가림Let's에서 나온 책들

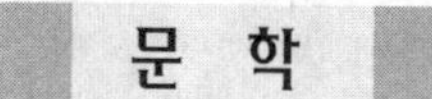

바늘구멍
켄 폴리트 지음 · 홍영의 옮김

미국 추리작가 협회의 최우수 장편상을 받은 초유의 베스트 셀러로 전쟁을 통한 두뇌싸움을 치밀하고 밀도 있게 그려낸 추리소설. 신국판 / 342쪽 / 5,300원

레베카의 열쇠
켄 폴리트 지음 · 손연숙 옮김

최고의 모험, 폭력, 음모 그리고 미국적인 열정 속에 담긴 두 남녀의 사랑이야기를 독자들의 상상을 뒤엎는 확실한 긴장감으로 마지막까지 흥미진진한 켄 폴리트의 장편 추리소설.
신국판 / 492쪽 / 6,800원

암병선
니시무라 쥬코 지음 · 홍영의 옮김

암병선을 무대로 인간생명의 존엄성을 지키기 위해 불의와 맞서는 시라도리 선장의 꿋꿋한 의지와 애절한 암환자들의 심리가 생생하게 묘사된 근래 보기드문 걸작. 신국판 / 300쪽 / 4,800원

첫키스한 얘기 말해도 될까
김정미 외 7명 지음

이 시대의 젊은 작가 8명이 가슴속 깊이 간직했던 나만의 소중한 이야기를 살짝 털어놓은 상큼한 비밀 이야기.
신국판 / 228쪽 / 4,000원

사미인곡 上 · 中 · 下
김충호 지음

파란만장한 일생을 보낸 정철의 생애를 통해 난세를 살아가는 우리에게 삶의 지혜와 기쁨을 선사하는 대하 역사 소설.
신국판 / 각 권 5,000원

이내의 끝자리
박수완 스님 지음

앞만 보고 살아가는 우리에게 자신을 뒤돌아볼 수 있는 여유를 갖게 해주는 승려시인의 가슴을 울리는 주옥 같은 시집.
국판변형 / 132쪽 / 3,000원

너는 왜 나에게 다가서야 했는지
김충호 지음

세상에 대한 사랑의 아픔, 그리움, 영혼에 대한 고뇌를 달래야 했던 시인이 살아 있는 영혼을 지닌 이들에게 전하는 사랑의 메시지. 국판변형 / 124쪽 / 3,000원

세계의 명언
편집부 엮음

위인이나 유명인들의 글, 연설문 혹은 각 나라에서 전해져 오는 속담을 통하여 지난날을 되새겨보는 백과전서로서, 오늘을 반성하는 교과서로서, 그리고 미래를 설계하는 참고서로서 역할을 해줄 것이다. 신국판 / 322쪽 / 5,000원

여자가 알아야 할 101가지 지혜
제인 아서 엮음 · 지창국 옮김

남녀가 함께 살면서 경험으로 터득한 의미심장하면서도 재미있는 조언들을 발췌한 내용으로 독신의 삶을 청산하려는 이들이 알아야 할 유용하고 상상력 풍부한 힌트로 가득찬 감동의 메시지이다. 4 · 6판 / 132쪽 / 5,000원

현명한 사람이 읽는 지혜로운 이야기
이정민 엮음

현대를 살아가는 우리들에게 삶의 가치를 부여해주고 자기 성찰의 기회를 갖게 해준다. 신국판 / 236쪽 / 6,500원

성공적인 표정이 당신을 바꾼다
마츠오 도오루 지음 · 홍영의 옮김

자신뿐만 아니라 주위 사람들의 마이너스 사고를 플러스 사고로 바꾸어서 사람의 마음을 움직이며, 그리고 사람의 마음에 남는 최고의 웃는 얼굴을 만드는 비법 총망라!
신국판 / 240쪽 / 7,500원

태양의 법
오오카와 류우호오 지음 · 민병수 옮김

불법 진리 사상의 윤곽과 그 목적 · 사명을 명백히 함으로써 한 사람 한사람의 인간이 깨달음을 추구하고 영적으로 깨우치기 위한 명확한 방향을 제시하였다. 신국판 / 246쪽 / 8,500원

영원의 법
오오카와 류우호오 지음 · 민병수 옮김

일찍이 설해졌던 적도 없고 앞으로도 설해지지 않을 구원의 진리를 한 권의 책에 이론적 형태로 응축한 기본 삼법의 완결편.
신국판 / 240쪽 / 8,000원

옛 사람들의 재치와 웃음
강형중 · 김경익 편저

옛 사람들의 재치와 해학을 통해 한문의 묘미를 터득하고 한자를 재미있게 배우며 유머감각까지 높일 수 있는 일석삼조의 효과 만점. 신국판 / 316쪽 / 8,000원

지혜의 쉼터
쇼펜하우어 지음 · 김충호 엮음

쇼펜하우어의 철학체계를 통하여 풍요로운 삶의 지혜를 얻고 기쁨을 얻을 수 있도록 꾸며 놓은 철학이야기.
4 · 6판 양장본 / 160쪽 / 4,300원

헤세가 너에게
헤르만 헤세 지음 · 홍영의 엮음

순수한 애정과 자유를 갈구하는 헤세의 아름다운 세상을 통한 깨끗한 정신세계를 공유할 수 있는 기회를 제공.
4 · 6판 양장본 / 144쪽 / 4,500원

사랑보다 소중한 삶의 의미
크리슈나무르티 지음 · 최윤영 엮음

금세기 최고의 사상가이자 철학자인 크리슈나무르티가 인간의
정신적 사고의 구조와 본질을 규명하여 인간의 삶에 대한 가장
완벽한 해답을 제시.   신국판 / 180쪽 / 4,000원

장자-어찌하여 알 속에 털이 있다 하는가
홍영의 엮음

동양 사상의 저변에 흐르고 있는 자연에의 경외감을 유감없이
표현한 장자를 통하여 인간 본연의 자세로 돌아가 나를 돌아보
는 계기를 만들어 주는 책.   4 · 6판 / 180쪽 / 4,000원

논어-배우고 때로 익히면 즐겁지 아니한가
신도희 엮음

인간에게 필요불가결한 윤리와 도덕생활의 교훈들을 평이한
문체로 광범위하게 집약한 논어의 모든 것!!
4 · 6판 / 180쪽 / 4,000원

맹자-가까이 있는데 어찌 먼 데서 구하려 하는가
홍영의 엮음

반성과 자책을 통해 잃어버린 양심을 수습하고 선으로 복귀할
것을 천명하는 맹자 사상의 집대성!!   4 · 6판 / 180쪽 / 4,000원

건 강

식초건강요법
건강식품연구회 엮음 · 신재용(해성한의원 원장) 감수

가장 쉽게 구할 수 있고 경제적인 식품이면서 상상할 수 없을
정도로 뛰어난 약효를 지닌 식초의 모든 것을 담은 건강지침
서! 신국판 / 224쪽 / 6,000원

아름다운 피부미용법
이순희(한독피부미용학원 원장) 지음

피부조직에 대한 기초 이론과 우리 몸의 생리를 알려줌으로써
아름다운 피부, 젊은 피부를 오래 유지할 수 있는 비결 제시!
신국판 / 296쪽 / 6,000원

버섯건강요법
김병각 외 6명 지음

종양 억제율 100%에 가까운 96.7%를 나타내는 기적의 약용버
섯 등 신비의 버섯을 통하여 암을 치료하고 비만, 당뇨, 고혈
압, 동맥경화 등 각종 성인병 예방을 위한 생활 건강 지침서!
신국판 / 286쪽 / 8,000원

성인병과 암을 정복하는 유기게르마늄
이상현 편저 · 민형기 감수

최근 들어 각광을 받고 있는 새로운 치료제인 유기게르마늄을
통한 성인병, 각종 암의 치료에 대해 상세히 소개.
신국판 / 304쪽 / 7,000원

난치성 피부병
생약효소연구원 지음

현대의학으로도 치유불가능했던 난치성 피부병인 건선 · 아토
피(태열)의 완치요법이 수록된 건강 지침서.
신국판 / 232쪽 / 7,500원

新 방약합편
정도명 편역

약물의 성질과 효능을 쉽게 꾸며 놓아 자신의 병을 알고 증세
에 맞춰 스스로 처방을 할 수 있는 가정 한방 주치의 역할을 해
준다. 증상과 처방에 따라 가정에서 조제할 수 있는 보약 506
가지 수록.   신국판 / 416쪽 / 15,000원

자연치료의학
오홍근(신경정신과 의학박사 · 자연의학박사) 지음

대한민국 최초의 자연의학박사가 밝힌 신비의 자연치료의학으
로 자연산물을 이용하여 부작용 없이 치료하는 건강 생활 비법
공개!!   신국판 / 472쪽 / 15,000원

약초의 활용과 가정한방
이인성 지음

현대과학이 밝혀낸 약초의 신비와 활용방법을 수록하여 가정
에서도 주변의 흔한 식물과 약초를 활용하여 각종 질병을 간편
하게 예방 · 치료할 수 있는 비법제시.   신국판 / 384쪽 / 8,500원

역전의학
이시하라 유미 지음 · 유태종 감수

일반상식으로 알고 있는 건강상식에 대해 전혀 새로운 관점에
서 비판하고 아울러 새로운 방법들을 제시한 건강 혁명 서적!!
신국판 / 286쪽 / 8,500원

이순희식 순수피부미용법
이순희(한독피부미용학원 원장) 지음

자신의 피부에 맞는 관리법으로 스스로 피부관리를 할 수 있는
방법을 제시하고 책 속 부록으로 천연팩 재료 사전과 피부 타
입별 팩 고르기.   신국판 / 304쪽 / 7,000원

21세기 당뇨병 예방과 치료법
이현철(연세대 의대 내과 교수) 지음

세계 최초 유전자 치료법을 개발한 저자가 당뇨병과 대항하여
가장 확실하게 이길 수 있는 당뇨병에 대한 올바른 이론과 발
병시 대처 방법을 상세히 수록!   신국판 / 360쪽 / 9,500원

신재용의 민의학 동의보감
신재용(해성한의원 원장) 지음

주변의 흔한 먹거리를 이용하여 신비의 명약이나 보약으로 활
용할 수 있는 건강 지침서로서 저자가 TV나 라디오에서 다 밝
히지 못한 한방 및 민간요법까지 상세히 수록!!
신국판 / 476쪽 / 10,000원

치매 알면 치매 이긴다
배오성(백상한방병원 원장) 지음

자연의 생기를 빨아들이면서 마음을 다스리는 B.O.S.요법으로
뇌세포의 기능을 활성화시키고 엔돌핀의 분비효과를 극대화시
켜 증상에 맞는 한약 처방을 병행하여 치매를 치유하는 획기적
인 치유법 제시.   신국판 / 312쪽 / 10,000원

21세기 건강혁명 밥상 위의 보약 생식
최경순 지음

항암식품으로, 다이어트식으로, 젊고 탄력적인 피부를 유지할
수 있게 해주는 자연식으로의 생식을 소개하여 현대인들의 건
강 길라잡이가 되도록 하였다.   신국판 / 348쪽 / 9,800원

기치유와 기공수련
윤한홍(기치유 연구회 회장) 지음

기 수련을 통해 길러지는 기치유는 누구나 노력만 하면 개발할
수 있고 활용할 수 있는 능력임을 강조하는 저자가 기 수련 방

법과 기치유 개발 방법을 자세하게 소개하고 있다.
신국판 / 340쪽 / 12,000원

만병의 근원 스트레스 원인과 퇴치
김지혁(김지혁한의원 원장) 지음

현대를 살아가는 사람들에게 스트레스는 피할 수 없는 존재.
만병의 근원인 스트레스를 속속들이 파헤치고 예방법까지 속
시원하게 제시!! 신국판 / 324쪽 / 9,500원

김종성 박사의 뇌졸중 119
김종성 지음

우리나라 사망원인 1위. 뇌졸중 분야의 최고 권위자인 저자가
일상생활에서의 건강관리부터 환자간호에 이르기까지 뇌졸중
의 예방, 치료법 등 모든 것 수록. 신국판 / 356쪽 / 12,000원

탈모 예방과 모발 클리닉
장정훈 · 전재홍 지음

미용적인 측면과 우리가 일상적으로 고민하고 궁금해 하는 털
에 관한 내용들을 저자들의 치료 경험을 토대로 다양하고 재미
있게 예들을 들어가면서 흥미롭게 풀어간 것이 이 책의 특징.
신국판 / 252쪽 / 8,000원

구태규의 100% 성공 다이어트
구태규 지음

하이틴 영화배우의 다이어트 체험서.
저자만의 다이어트법을 제시하면서 바람직한 다이어트에 대해
서도 알려준다. 건강하게 날씬해지고 싶은 사람들을 위한 필독
서! 4 · 6배판 변형 / 240쪽 / 9,900원

암 예방과 치료법
이춘기 지음

암환자와 가족들을 위해서 암의 치료방법에서부터 합병증의
예방 및 암이 생기기 전에 알 수 있는 방법에 이르기까지 상세
하게 해설해 놓은 책. 신국판 / 296쪽 / 11,000원

알기 쉬운 위장병 예방과 치료법
민영일 지음

소화기관인 위와 관련 기관들의 여러 질환을 발병 원인, 증상,
치료법을 중심으로 알기 쉽게 해설해 놓은 건강서.
속이 쓰리거나 음식을 삼킬 때 가슴이 막히는 증상 때문에 걱
정이 되는 독자들은 이 책으로 근심을 한 방에 날려버릴 수 있
다. 신국판 / 328쪽 / 9,900원

이온 체내혁명
노보루 야마노이 지음 · 김병관 옮김

음이온의 생성, 음이온이 많은 환경, 음이온이 건강에 미치는
영향 등을 구체적인 실험사례를 들어가면서 설명한 신개념의
건강서. 새로운 건강관리 이론으로 주목을 받고 있는 음이온을
통해 건강을 돌볼 수 있는 방법 제시. 신국판 / 272쪽 / 9,500원

어혈과 사혈요법
정지천 지음

침과 부항요법 등을 사용하여 피를 맑게 함으로써 모든 질병을
다스릴 수 방법과 우리 주변에서 흔하게 접할 수 있는 각 질병
의 상황별 처치를 혈자리 그림과 함께 상세하고 쉽게 해설.
신국판 / 308쪽 / 12,000원

약손 경락마사지로 건강미인 만들기
고정환 지음

경락과 민족 고유의 정신 약손을 결합시킨 약손 성형경락 마사
지로 수술하지 않고도 자신이 원하는 부위를 고치는 방법을 제
시하는 건강 미용서. 4×6배판 변형 / 284쪽 / 15,000원

우리 교육의 창조적 백색혁명
원상기 지음

자라나는 새싹들이 기본적인 지식과 사고를 종합적 · 창조적으
로 발전시켜 창조적인 사고능력을 배양할 수 있도록 한 교육지
침서. 신국판 / 206쪽 / 6,000원

육아아이디어 263
생활컨설턴트그룹 엮음 · 한양심 옮김

세상에서 가장 예쁘고 소중한 우리 아기에게 언제나 여유로우
면서도 무슨 일이든 척척 처리하는 현명한 신세대 엄마가 되기
위한 최신 육아 정보 수록! 신국판 / 318쪽 / 6,000원

현대생활과 체육
조창남 외 5명 공저

건강의 개념 및 체력의 개요를 비롯한 각종 현대병의 원인과
예방 및 운동요법에 대한 이론과 요즘 각광받는 골프 · 스키 ·
볼링 등의 레저스포츠 총망라한 생활체육 총서.
신국판 / 340쪽 / 10,000원

퍼펙트 MBA
IAE유학네트 지음

기존의 관련 도서들과는 달리 Top MBA로 가는 길을 상세하
고 완벽하게 수록. 톱 MBA를 꿈꾸는 지원자들에게 가장 완벽
하고 충실한 최신 정보 제공.
신국판 / 400쪽 / 12,000원

유학길라잡이 I -미국편
IAE유학네트 지음

미국의 교육제도 및 유학을 가기 위해서 준비해야 할 절차, 미
국 현지 생활 정보, 최신 비자정보 등을 한눈에 볼 수 있는 유
학길잡이. 4 · 6배판 / 372쪽 / 13,900원

유학길라잡이 II - 4개국편
IAE유학네트 지음

영어권 국가인 영국 · 캐나다 · 호주 · 뉴질랜드의 현지 정보 ·
교육제도 및 각 국가별 학교의 특화된 교육내용 완전 수록!!
4 · 6배판 / 348쪽 / 13,900원

조기유학길라잡이.com
IAE유학네트 지음

영어권으로 나이 어린 자녀를 유학보내기 위해 준비중인 학부
모 및 준비생들이 반드시 읽어야 할 필독서!!
영어권 나라의 교육제도 및 학교별 데이터를 완벽하게 수록하
여 유학정보서의 질을 한 단계 상승시킨 결정판!!
4 · 6배판 / 428쪽 / 15,000원

현대인의 건강생활
박상호 외 5명 공저

현대인들의 건강한 삶을 위한 사회체육의 중요성을 강조. 건강
과 체력 증진을 위한 기본상식, 노인과 건강 등 이론과 스쿼
시 · 스키 · 윈드 서핑 등 레저스포츠 등의 실기편으로 이루어
진 알찬 내용 수록. 4 · 6배판 / 268쪽 / 15,000원

천재아이로 키우는 두뇌훈련
나카마츠 요시로 지음 · 민병수 옮김

화이트 브레인을 발달시켜야 머리가 좋은 아이가 된다. 머리가
좋은 아이로 키우기 위한 환경 만들기, 식사, 운동 등 연령별
두뇌 훈련법 소개.   국판 / 288쪽 / 9,500원

두뇌혁명
나카마츠 요시로 지음 · 민병수 옮김

『뇌내혁명』 하루야마 시게오의 추천작!!
어른들을 위한 두뇌 개발서로, 풍요로운 인생을 만들기 위한
'뇌' 와 '몸' 자극법 제시.   4 · 6판 양장본 / 288쪽 / 12,000원

취미 · 실용

김진국과 같이 배우는 와인의 세계
김진국 지음

포도주 역사에서 분류, 원료 포도의 종류와 재배, 양조 · 숙
성 · 저장, 시음법, 어울리는 요리에 이르기까지 일반인의 관심
사와 함께 와인의 유통과 소비, 와인 시장의 현황과 전망 등 산
업적 부분까지 다루었다.
특히 와인소매점과 레스토랑 종사자들을 겨냥, 와인 판매 요
령, 와인의 보관과 재고의 회전뿐만 아니라 고객에게 와인을
권하고 추천할 수 있는 능력, '와인 양조 비밀의 모든 것' 을 동
영상으로 제작한 CD까지, 와인의 모든 것이 담긴 종합학습서.
국배판 변형양장본(올 컬러판) / 208쪽 / 30,000원

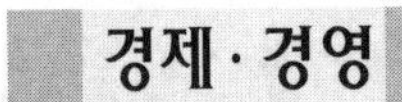

경제 · 경영

CEO가 될 수 있는 성공법칙 101가지
김승룡 편역

미래의 CEO를 위한 획기적인 경영실용서로서 또 한 번의 경제
위기를 겪고 있는 우리의 현실을 극복하고 일어설 수 있는 리
더로서의 역할과 책임에 대한 명확한 해답을 제시해줄 것이다.
신국판 / 320쪽 / 9,500원

정보소프트
김승룡 지음

홍수처럼 쏟아지는 정보를 수집 · 분석하여 효과적으로 활용하
는 방법을 총망라한 정보 전략 완벽 가이드!!
신국판 / 324쪽 / 6,000원

기획대사전
다카하시 겐코 지음 · 홍영의 옮김

저자가 신사업 기획안과 지역 활성화의 프로젝트맨으로 수십
년간 활약하면서 얻은 경험과 체험을 토대로 엮은 완전 실용판
기획지침서로서 히트상품의 개발, 창업의 성공, 업무의 효율
화, 성공적인 마케팅전략, 인재조직의 활용, 비용절감 등 기획
에 관련된 모든 사항을 실례와 도표를 통하여 초보자에서 프로
기획맨에 이르기까지 효율적으로 활용할 수 있도록 체계적으
로 총망라하였다.
신국판 / 552쪽 / 19,500원

맨손창업 · 맞춤창업 BEST 74
양혜숙 지음

창업대행 현장 전문가가 추천하는 유망업종을 7가지 주제별로
나누어 수록한 맞춤창업서로 창업예비자들에게 창업의 길을 밝
혀줄 발로 뛰면서 만든 실무 지침서!!   신국판 / 416쪽 / 12,000원

무자본, 무점포 창업! FAX 한 대면 성공한다
다카시로 고시 지음 · 홍영의 옮김

완벽한 FAX 활용법을 제시하여 가장 적은 자본으로 창업하려
는 예비자들에게 큰 투자를 필요로 하지 않으면서 성공을 이끌
어주는 길라잡이가 되는 실무 지침서.   신국판 / 226쪽 / 7,500원

성공하는 기업의 인간경영
중소기업 노무 연구회 편저 · 홍영의 옮김

무한경쟁시대에서 각 기업들의 다양한 경영 실태 속에서 인
사 · 노무 관리 개선에 있어서 기업의 효율을 높이고 발전을 이
룰 수 있는 원칙을 제시.   신국판 / 368쪽 / 11,000원

21세기 IT가 세계를 지배한다
김광희 지음

21세기 화두로 떠오른 IT혁명의 경쟁력에 대해서 일반인들도
쉽게 이해할 수 있도록 전문가의 논리적이고 철저한 해설과 더
불어 매장 끝까지 실제 사례를 곁들여 이 책을 통해 21세기 최
정상에 오르는 방편을 터득하게 해줄 것이다.
신국판 / 380쪽 / 12,000원

경제기사로 부자아빠 만들기
김기태 · 신현태 · 박근수 공저

날마다 배달되는 경제기사를 꼼꼼히 챙겨보는 사람만이 현대
생활에서 부자가 될 수 있다. 언론인의 현장감각과 학자의 전
문성을 접목시킨 것이 이 책의 특성! 누구나 이 책을 읽고 경제
원리를 체득, 경제예측을 할 수 있게 준비된 생활경제서적.
신국판 / 388쪽 / 12,000원

포스트 PC의 주역 정보가전과 무선인터넷
김광희 지음

포스트 PC의 주역으로 급부상하고 있는 정보가전과 무선인터
넷 그리고 이를 구현하기 위한 관련 테크놀러지를 체계적으로
소개한 21세기의 현자(賢者)가 되기 위한 지침서.
신국판 / 356쪽 / 12,000원

성공하는 사람들의 마케팅 바이블
채수명 지음

마케팅의 A에서 Z까지 마케팅 박사가 최근의 이론을 보완하여
내놓은 마케팅 관련 실무서. 마케팅의 정보전략, 핵심요소, 컨
설팅실무까지 저자의 노하우와 창의적인 이론이 결합된 마케
팅서.   신국판 / 328쪽 / 12,000원

느린 비즈니스로 돌아가라
사카모토 게이이치 지음 · 정성호 옮김

미국식 스피드 경영에 익숙해져 현실의 오류를 간과하고 있는
대기업, 중소기업, 조그맣게 자기 가게를 하고 있는 사람들을
위한 어떻게 팔 것인가보다 무엇을 팔 것인가를 차분히 설명하
는 마케팅 컨설턴트의 대안 제시서!   신국판 / 276쪽 / 9,000원

적은 돈으로 큰돈 벌 수 있는 부동산 재테크
이원재 지음

700만 원으로 부동산 재테크에 뛰어들어 100배 불린 저자가 부
동산 재테크를 계획하고 있는 사람들이 반드시 알아두어야 할
내용을 경험담을 담아 해설해 놓은 경제서.
신국판 / 340쪽 / 12,000원

바이오혁명
이주영 지음

21세기 국가간 경쟁부문으로 새로이 떠오르고 있는 바이오혁명에 관한 기초지식을 언론사에 몸담고 있는 현직 기자가 아주 쉽게 해설해 놓은 바이오 가이드서. 바이오에 관심은 있지만 쉽게 접근하기 어려워하던 독자들이 바이오에 금방 친숙해질 수 있고, 관련 용어 해설을 수록해 놓았다는 것이 이 책의 최대 장점!! 신국판 / 328쪽 / 12,000원

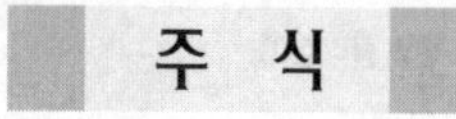

개미군단 대박맞이 주식투자
홍성걸(한양증권 투자분석팀 팀장) 지음

초보에서 인터넷을 활용한 주식투자까지 필자의 현장에서의 경험을 바탕으로 한 주식 성공전략의 모든 정보 수록.
신국판 / 310쪽 / 9,500원

알고 하자! 돈 되는 주식투자
이길영 외 2명 공저

일본과 미국의 주식시장을 철저한 분석과 데이터화를 통해 한국 주식시장의 투자의 흐름을 파악함으로써 한국 주식시장에서의 확실한 성공전략 제시!! 신국판 / 388쪽 / 12,500원

항상 당하기만 하는 개미들의 매도 · 매수타이밍 999% 적중 노하우
강경무 지음

승부사를 꿈꾸며 와신상담하는 모든 이들에게 희망의 등불이 될 것을 확신하는 Jusicman이 주식시장에서 돈벌고 성공할 수 있는 비결 전격공개!! 신국판 / 336쪽 / 12,000원

부자 만들기 주식성공클리닉
이창희 지음

저자의 경험담을 섞어서 주식이란 무엇인가를 풀어서 써놓은 주식입문서. 초보자와 자신을 성찰해볼 기회를 가지려는 기존의 투자자를 위해 태어났다.
신국판 / 372쪽 / 11,500원

선물 · 옵션 이론과 실전매매
이창희 지음

철저한 정글의 법칙이 적용되는 선물과 옵션시장에서 일반인들이 실패하는 원인을 분석하고, 반드시 지켜야 할 투자원칙에 따라 유형별로 실전 매매 테크닉을 터득함으로써 투자를 성공적으로 할 수 있게 한 지침서!!
실패를 딛고 일어선 저자의 생생한 실전 노하우를 수록.
신국판 / 372쪽 / 12,000원

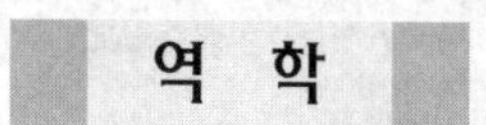

역리종합 만세력
정도명 편저

피흉취길해 나갈 수 있는 생활의 지침서!!
현존하는 만세력 중 최장 기간을 수록하였으며 누구나 이 책을 보고 자신의 사주를 쉽게 찾아보고 맞춰 볼 수 있게 하였다.
신국판 / 532쪽 / 10,500원

작명대전
정보국 지음

좋은 이름 짓는 원리를 체계적으로 공식화한 "쉽게 짓는 작명법"으로 독자들 스스로 작명할 수 있도록 한글 소리 발음에 입각한 작명의 원리를 밝힌 길라잡이이다. 신국판 / 460쪽 / 12,000원

하락이수 해설
이천교 편저

점서학인 하락이수를 직역으로 풀어 놓아 원작자의 깊은 뜻을 원형 그대로 전달하고 원문을 공부하려는 사람들에게 도움이 되는 해설서이다. 신국판 / 620쪽 / 27,000원

현대인의 창조적 관상과 수상
백운산 지음

관상에는 그 사람의 평생 운명이 담겨져 있다. 관상을 보면 그 사람의 성격 및 운세, 미래의 성공 여부도 예측할 수 있다.
관상학을 터득하여 적절히 운명에 대처해 나감으로써 어느 분야에서든지 성공적인 삶을 누릴 수 있는 비법을 전해줄 것이다. 신국판 / 344쪽 / 9,000원

대운용신영부적
정재원 지음

운명을 새롭게 변화시켜주는 신비의 영부적!!
수많은 역사와 신비로운 영험을 지닌 1,000여 종의 부적과 저자가 수십 년간 연구 · 개발한 200여 종의 부적들을 집대성한 국내 최대의 영부적이다. 신국판 양장본 / 750쪽 / 39,000원

사주비결활용법
이세진 지음

컴퓨터와 역학의 만남!! 왕초보자도 한글만 알면 신녹현사주 방정식을 실전에 응용할 수 있다. 운명의 숨겨진 비밀을 꿰뚫어 보는 신녹현사주 방정식의 모든 것을 수록하였다.
신국판 / 392쪽 / 12,000원

컴퓨터세대를 위한 新 성명학대전
박용찬 지음

이름 속에 운명을 바꾸는 비결이 있다. 태어난 아기 이름은 물론 개명 · 상호 · 아호 짓는 법까지 사람이 살아가면서 필요한 모든 이름 짓기가 총망라되어 각자의 개성과 사주에 맞게 이름을 지음으로써 본인의 삶에 이름값을 할 수 있도록 누구나 쉽게 짓는 작명비법을 수록하였다. 신국판 / 388쪽 / 11,000원

길흉화복 꿈풀이 비법
백운산 지음

30년이 넘는 세월을 역학에 몸담으면서 터득한 꿈과 관련된 해몽들이 상세하게 수록되어 있고 길몽과 흉몽을 구분하여 그림과 함께 보기 쉽게 엮었으며, 특히 요즘 신세대 엄마들에게 관심이 많은 태몽이 여러 가지로 자세하게 풀이되어 있다.
신국판 / 410쪽 / 12,000원

새천년 작명컨설팅
정재원 지음

오랜 세월 철학원을 운영한 저자의 경험을 바탕으로 일반인들도 '참 쉽다' 라는 표현이 저절로 나올 수 있도록 쓰여졌다. 독학으로 풍수지리학, 사주추명학 및 성명학을 섭렵한 저자의 경험을 되살려, 혼자 배워야 하는 독자들도 정말 이해하기 쉽도

록 구성된 신세대 부모를 위한 쉽고 좋은 아기 이름만들기의 결정판이다. 더불어 개명·상호명·회사명·상품명까지 체계적으로 원리화하여 손쉽게 지을 수 있는 작명비법을 제시한다. 신국판 / 470쪽 / 13,000원

백운산의 신세대 궁합
백운산 지음

인간의 운명을 예언하는 역리학의 대가이며, 매스컴을 통하여 잘 알려진 백운산 선생이 남녀궁합 보는 법뿐만 아니라 인간관계, 출세, 재물, 자손문제, 건강문제, 성격, 길흉관계 등을 미리 규명할 수 있도록 쉽게 풀어놓았다. 신국판 / 304쪽 / 9,500원

동자삼 작명학
남시모 지음

한글 성명만으로 사람의 운세를 예측할 수 있다. 최초의 한글 성명학으로 한글의 독창성·우수성·과학성을 운명철학 차원에서 검증한, 한국사람에게 알맞은 건물명·상호·물건명 등의 이름을 자신에게 맞는 한글이름으로 지을 수 있는 작명비법을 제시한다. 신국판 / 496쪽 / 15,000원

구성학의 기초
문길여 지음

좋지 않은 운(運)을 길운(吉運)으로 바꾸어 운명을 새롭게 변화시키는 방위학의 모든 것을 통하여 개인의 일생운·결혼운·사고운·가정운·부부운·자식운·출세운을 성공적으로 이끄는 비법 공개. 신국판 / 412쪽 / 12,000원

법률 일반

여성을 위한 성범죄 법률상식
조명원(변호사) 지음

성희롱에서 성폭력범죄까지 여성이었기 때문에 특히 말 못하고 당해야만 했던 이 땅의 여성들을 위한 성범죄 법률상식서. 사례별 법적 대응방법 제시. 신국판 / 248쪽 / 8,000원

아파트 난방비 75% 절감방법
고영근 지음

예비역 공군소장이 잘못 부과된 아파트 난방비를 최고 75%까지 줄일 수 있는 방법을 구체적인 법적 근거를 토대로 작성한 아파트 난방비 절감방법 제시. 신국판 / 238쪽 / 8,000원

일반인이 꼭 알아야 할 절세전략 173선
최성호(공인회계사) 지음

세법을 제대로 알면 돈이 보인다.
현직 공인중계사가 알려주는 합법적으로 세금을 덜 내고 돈을 버는 절세전략의 모든 것!
신국판 / 392쪽 / 12,000원

변호사와 함께하는 부동산 경매 닷컴
최환주(변호사) 지음

경매재테크의 성공을 위한 입찰준비에서 낙찰까지의 경매 입찰 테크닉을 경매 전문 변호사가 명쾌하게 해설한 실전 경매 완벽 가이드서. 신국판 / 364쪽 / 11,000원

혼자서 쉽고 빠르게 할 수 있는 소액재판
김재용·김종철 공저

나홀로 소액재판을 할 수 있도록 소장작성에서 판결까지의 실제 재판과정을 상세하게 수록하여 이 책 한 권이면 모든 것을 완벽하게 해결할 수 있다. 신국판 / 312쪽 / 9,500원

"술 한 잔 사겠다"는 말에서 찾아보는 채권·채무
변환철 지음

현대인들의 삶은 채권·채무라는 법률영역으로부터 벗어나서 살 수 없기 때문에 채권·채무 관련 분쟁이 끊임없이 발생하고 있다. 이러한 사실에 착안하여 전문 변호사가 속시원하게 구수한 문장력으로 해설해주는 일반인들이 꼭 알아야 할 채권·채무에 관한 법률 사항을 빠짐없이 수록했다.
신국판 / 408쪽 / 13,000원

알기쉬운 부동산 세무 길라잡이
이건우 지음

부동산을 사거나 팔 경우, 상속을 받을 경우, 또는 부동산을 소유하고 있을 경우 부동산에 관련된 모든 세금을 알기 쉽게 단계별로 해설하고 있다. 합리적이고 탈세가 아닌 적법한 절세법 제시. 신국판 / 400쪽 / 13,000원

알기쉬운 어음, 수표 길라잡이
변환철(변호사) 지음

어음, 수표의 발행에서부터 도난 또는 분실한 경우의 공시최고와 제권판결에 이르기까지 어음, 수표 관련 법률사항을 쉽고도 상세하게 설명, 한 권으로 압축해 놓은 생활법률서.
신국판 / 328쪽 / 11,000원

제조물책임법
강동근·윤종성 공저

제품의 설계, 제조, 표시상의 결함으로 소비자가 피해를 입었을 때 제조업자가 배상책임을 져야 하는 제조물책임 시대를 맞아 제조업자가 갖춰야 할 법률적 지식을 조목조목 설명해 놓은 법률서. 신국판 / 368쪽 / 13,000원

생활법률

부동산 생활법률의 기본지식
대한법률연구회 지음·김원중 감수

부동산관련 기초지식과 분쟁해결을 위한 노하우, 테크닉을 제시하고 권두 특집으로 주택건설종합계획과 부동산 관련 정부 주요 시책을 소개하였다. 신국판 / 480쪽 / 12,000원

고소장·내용증명 생활법률의 기본지식
하태웅 지음

독자들이 고소·고발의 법적 의미를 정확히 이해하고 스스로 고소·고발장을 작성할 수 있도록 예문과 서식을 함께 소개하여 문제 해결에 대응할 수 있도록 하였다. 또 민사소송에 대해서도 자세하게 설명하였으며 부록에는 형법과 형사소송법의 원문을 게재하여 법전 역할까지 할 수 있도록 하였다.
신국판 / 440쪽 / 12,000원

노동 관련 생활법률의 기본지식
남동희 지음

인터넷 노무 상담실을 운영하며 4만 여 건 이상의 무료 상담을 계속하고 있는 저자의 상담 사례를 통해 문답식으로 속시원하게 풀어나가는 노동 관련 생활법률 해설의 최신 결정판이다.

아울러 취업규칙 · 단체협약 · 고용보험 관련 여러 가지 서류 및 직장 내 성희롱 예방 지도 지침 등과 같은 노동 관련 양식도 곁들였다. 신국판 / 528쪽 / 14,000원

외국인 근로자 생활법률의 기본지식
남동희 지음

외국인 연수협력단의 자문위원으로 오랜 시간 실무를 접했던 저자의 경험을 바탕으로 외국인 근로자의 체류자격 및 취업자격 등 법적 문제와 법률적 지위를 상세하게 다루었다.
신국판 / 400쪽 / 12,000원

계약작성 생활법률의 기본지식
이상도 지음

법을 전공하지 않은 사람이라도 국민생활과 직결된 계약법의 기초를 이루는 핵심 기본지식을 체계적으로 쉽게 이해할 수 있도록 했으며, 간단명료한 해설과 더불어 이와 관련된 계약서 작성 예문을 상세하게 예시함으로써 실제 상황에 활용가능하게 하였다. 신국판 / 560쪽 / 14,500원

지적재산 생활법률의 기본지식
이상도 · 조의제 공저

현대 산업사회에서 중요시되고 있는 특허, 실용신안, 의장, 상표, 저작권, 컴퓨터프로그램저작권 등 지적재산의 모든 것을 체계화하여 한 권으로 요약하였다. 아울러 지적재산 전체를 통틀어 다루되 상호 연관적으로 해설하여 실무에 직접 활용할 수 있도록 하였다. 신국판 / 496쪽 / 14,000원

부당노동행위와 부당해고 생활법률의 기본지식
박영수 지음

노사관계 이슈 중에서 주요 핵심사항인 부당노동행위와 정리해고 · 징계해고를 중심으로 간단 명료한 해설과 더불어 대법원 판례, 노동위원회에 의한 구제절차, 소송절차 및 노동부 업무처리지침을 소개하여 실질적인 도움이 되도록 하였다.
신국판 / 432쪽 / 14,000원

주택 · 상가임대차 생활법률의 기본지식
김운용 지음

전세입자들이 보증금 반환소송이나 민사소송, 경매절차까지의 모든 기본적인 흐름을 알 수 있도록 인터넷을 통한 실제 법률상담을 전격 수록하였다. 이 책을 통하여 사전 분쟁을 막고 많은 시간과 비용 및 정신적 고통까지 당하는 소송이나 강제집행의 단계에 이르지 않고 문제 해결을 할 수 있도록 하였다.
신국판 / 480쪽 / 14,000원

하도급거래 생활법률의 기본지식
김진홍 지음

경제적 약자인 하도급업자를 위하여 하도급거래 관련 필수적인 법률사안들을 쉽게 해설함과 동시에 실무에 필요한 12가지 하도급표준계약서를 소개하여 공정한 하도급거래의 법률자문 역할을 할 수 있도록 하였다. 신국판 / 440쪽 / 14,000원

이혼소송과 재산분할 생활법률의 기본지식
박동섭 지음

이혼과 관련하여 해결해야 할 법률문제들을 저자의 실무경험을 바탕으로 명쾌하게 해설하였다. 아울러 약혼이나 사실혼파기로 인한 위자료문제도 함께 다루어 가정문제로 고민하는 사람들에게 길잡이가 되도록 하였다. 신국판 / 460쪽 / 14,000원

부동산등기 생활법률의 기본지식
정상태 지음

등기를 하지 않으면 어떤 위험이 따르고, 등기를 하면 어떤 효력이 생기는가! 등기신청은 어떻게 하며, 필요한 서류는 무엇이고, 등기종류에는 어떤 것들이 있는가 등 부동산등기 전반에 걸쳐 일반인이 꼭 알아야 할 법률상식을 간추려 간단, 명료하게 해설하였다. 신국판 / 456쪽 / 14,000원

기업경영 생활법률의 기본지식
안동섭 지음

사업을 구상하고 있는 사람이나 현재 경영하고 있는 사람 및 관리실무자에게 필요한 법률을 체계적으로 알려줌으로써 성공적인 기업 경영자의 비전을 제시해준다. 또한 관련 법률서식과 서식작성 예문도 함께 소개하였다. 신국판 / 466쪽 / 14,000원

교통사고 생활법률의 기본지식
박정무 · 전병찬 공저

교통사고 당사자가 쉽게 응용할 수 있도록 단계별 해결책을 제시함과 동시에 사고유형별 Q&A를 통하여 상세한 법률자문 역할을 하였다.
신국판 / 480쪽 / 14,000원

소송서식 생활법률의 기본지식
김대환 지음

일상생활과 밀접한 소송서식을 중심으로 소장작성부터 판결을 받을 때까지 그 절차마다 법원에 제출하는 순위에 따라 그 서식작성요령을 서식마다 항목별로 자세하게 설명하였다.
신국판 / 480쪽 / 14,000원

호적 · 가사소송 생활법률의 기본지식
정주수 지음

개명, 성 · 본 창설, 취적절차 및 법원의 허가 및 판결에 의한 호적정정절차, 친권 · 후견절차, 실종선고 · 부재선고절차에 이르기까지 상세한 해설과 함께 신고서식 작성요령과 구비할 서류 및 재판절차에 대하여 자세히 설명하였다. 신국판 / 516쪽 / 14,000원

상속과 세금 생활법률의 기본지식
박동섭 지음

지금 우리 주위에 상속을 둘러싸고 형제간, 부모자식간에 다툼이 갈등이 있는 경우를 심치치 않게 본다. 이럴 때 상속재산분할, 상속회복청구, 유류분반환청구, 상속세부과처분취소 등 상속관련 사건들을 해결하는 데 도움이 되도록 상속법과 상속세법을 상세하게 함께 수록. 신국판 / 480쪽 / 14,000원

처 세

성공적인 삶을 추구하는 여성들에게 우먼파워
조안 커너 · 모이라 레이너 공저, 지창영 옮김

사회의 여성을 향한 냉대와 편견의 벽을 깨뜨리고 성공적인 삶을 이루려는 여성들이 갖추어야 할 자세 및 삶의 이정표 제시!!
신국판 / 352쪽 / 8,800원

聽 이익이 되는 말 話 손해가 되는 말
우메시마 미요 지음 · 정성호 옮김

상호 교류감이 있는 대화가 인생과 비즈니스를 성공으로 이끈다. 직장이나 집안에서 언제나 주고받는 일상의 화제를 모아 실음으로써 대화의 참의미를 깨닫고 비즈니스를 성공적으로 이끌기 위한 대화술을 키우는 방법 제시!!

신국판 / 304쪽 / 9,000원

성공하는 사람들의 화술테크닉
민영욱 지음

개인간의 사적인 대화에서부터 대중을 위한 공적인 강연에 이르기까지 어떻게 말하고 어떻게 스피치를 할 것인가에 관한 지침서. 자신의 경험을 바탕으로 한 이론을 통해 화술이 부족해서 사회에 적응하지 못하는 사람들에게 길라잡이가 된다.
신국판 / 320쪽 / 9,500원

부자들의 생활습관 가난한 사람들의 생활습관
다케우치 야스오 지음 · 홍영의 옮김

경제학의 발상을 기본으로 하여 사람들이 살아가면서 생활에서 생각해 볼 수 있는 이익을 보는 생활습관과 손해를 보는 생활습관을 수록, 독자 자신에게 맞는 생활습관의 기본 전략을 설계할 수 있도록 제시.   신국판 / 320쪽 / 9,800원

코끼리 귀를 당긴 원숭이-히딩크식 창의력을 배우자
강충인 지음

코끼리와 원숭이의 우화를 히딩크의 창조적 경영기법과 리더십에 대비하여 자기혁신, 기업혁신을 꾀하는 창의력 개발법을 제시.   신국판 / 208쪽 / 8,500원

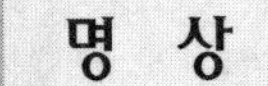

명 상

명상으로 얻는 깨달음
달라이 라마 지음 · 지창영 옮김

티베트의 정신적 지도자이자 실질적 지도자인 달라이 라마의 수많은 가르침 가운데 현대인에게 필요해지고 있는 인내에 대해 문답형으로 풀어놓았다. 달라이 라마와 함께 풀어보는 인내에 대한 이야기. 국판 / 320쪽 / 9,000원

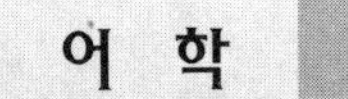

어 학

2진법 영어
이상도 지음

영어학습의 대혁명!!
2진법 영어의 비결을 통해서 기존 영어학습 방법의 단점을 말끔히 해소시켜 주는 최초로 공개되는 고효율 영어학습 방법. 적은 시간을 투자하여 영어의 모든 것을 획기적으로 향상시킬 수 있는 비법을 제시한다.   4 · 6배판 변형 / 328쪽 / 13,000원

한 방으로 끝내는 영어
고제윤 지음

일상생활에서의 이야기를 바탕으로 하는 영어강의로 영어문법은 재미없고 지루하다고 생각하는 이 땅의 모든 사람들의 상식을 깨면서 학습 효과를 높이기 위한 공부방법을 제시하는 새로운 영어학습서.

이 책으로 영어문법을 마스터하여 영어의 벽을 뛰어넘도록 하자.   신국판 / 316쪽 / 9,800원

한 방으로 끝내는 영단어
김승엽 지음 / 김수경 · 카렌다 감수

일상생활에서 우리가 무심코 던지는 영어 한마디가 당신의 영어수준을 드러낸다는 사실을 깨닫게 하는 영어 실용서. 풍부한 예문을 통해 참영어를 배우겠다는 사람, 무역업이나 관광 안내업에 종사하는 사람, 영어권 나라로 이민을 가려는 사람들에게 많은 도움을 줄 것이다.   4 · 6배판 변형 / 236쪽 / 9,800원

테마별 고사성어로 익히는 한자
김경익 지음

세글자, 네글자로 이루어진 고사성어를 통해 실용한자를 익히고 성어 속에 담긴 의미도 오늘에 맞게 재해석 해보는 한자 학습서 4 · 6배판 변형 / 248쪽 / 9,800원

해도해도 안 되던 영어회화 하루에 30분씩 90일이면 끝낸다
Carrot Korea 편집부 지음

온라인과 오프라인을 넘나들면서 영어학습자들의 각광을 받고 있는 린다의 현지 생활 영어 수록. 교과서에서 배울 수 없었던 생생한 실생활 영어를 90일 학습으로 모두 끝낼 수 있다.
4 · 6배판 변형 / 260쪽 / 15,000원

바로 활용할 수 있는 기초생활영어
김수경 지음

다양한 상황에 대처할 수 있도록 인사나 감정 표현, 전화나 교통, 장소 및 기타 여러 사항에 관한 기초생활영어를 총망라.
신국판 / 240쪽 / 10,000원

스포츠

수열이의 브라질 축구 탐방 삼바 축구, 그들은 강하다
이수열 지음

축구에 대한 관심만으로 각 나라의 축구팀, 특히 브라질 축구팀에 애정을 가지고 브라질 축구팀의 전력 및 각 선수들의 장단점을 나름대로 분석하고 연구하여 자신의 의견을 피력하고 있는 축구 길라잡이서.   신국판 / 280쪽 / 8,500원

마라톤, 그 아름다운 도전을 향하여
빌 로저스 · 프리실라 웰치 · 조 헨더슨 공저 / 오인환 감수 / 지창영 옮김

마라톤에 입문하고자 하는 초보 주자들을 위한 마라톤 가이드서. 올바르게 달리는 법, 음식 조절법, 달리기 전 준비운동, 주자에게 맞는 프로그램 짜기, 부상 예방법을 상세하게 설명하고 있다.   4 · 6배판 / 320쪽 / 15,000원